엄마 아빠,
나 정말
상처받았어!

엄마 아빠,
나 정말
상처받았어!

이호철 글

보리

이 책이 필요 없는 세상이 되기를

《학대받는 아이들》을 내고 벌써 10년이 지났다. 처음 이 책을 낼 때는 아이를 둔 부모, 아니 어른들이라면 모두 읽도록 해서 '아동 학대가 이런 것이구나' '아동 학대가 심각하구나' '나는 우리 아이를 학대하지 않아야겠다' 하는 마음을 불러일으키고 싶었다. 그 기대에 걸맞게 신문, 잡지마다 크게 다루어졌고 그만큼 충격을 주기도 했다. 그렇지만 그것으로 그만이었다. 정작 가장 관심을 가져야 할 부모들은 특별한 몇 분 말고는 시큰둥했다. 왜냐? 부모들이 '나는 우리 아이를 학대하지 않는다'고 생각하기 때문이다. 부모는 아이를 학대하면서도 학대하는지 모르고, 아이는 학대받으면서도 받는지 모르고 '그냥 이렇게 사는가 보다' 하고 살아가고 있는 것이다.

그런데 10년 전에 견주어 지금도 아이 학대는 줄지 않았다는 게 내 판단이다. 스스로 목숨을 끊는 아이가 한 해 200명을 넘어선 것만 봐도 짐작할 수 있다. 다만 신체 학대보다 정서 학대가 훨씬 더 늘어 가고 있다는 것이 변화라면 변화라 하겠다.

거기다 국가수준 학업성취도 평가(일제고사)가 시작된 뒤부터는 초등학교 아이들까지 0교시 수업을 한다느니 야간 보충학습을 한다느니 해서 더욱 닦달하고 있다. 방학 때도 일제고사 대비 보충수업을 하는 학교까지도 있단다. 이렇게 할 수밖에 없는 까닭은 시험 성적으로 줄 세우는 경쟁을 붙였기 때문이다. '경쟁'이 뭐냐? 서로 앞서거나 이기려고 다투는 것이다. 다투면 어떻게 되나? 일부러 짓밟지 않아도 짓밟히는 사람이 있게 마련이다.

말이 좋아 선의의 경쟁이지 실제는 그렇지 못하다는 게 문제다. 그러니 아이들을 들볶지 않을 수 없고, 아이들만 더 힘겹게 된 것이다.

나는 앞날의 희망인 우리 아이들이 학대받지 않고 모두가 행복하게 살아가게 되어서 이 책이 쓰레기통에 들어가기를 바랐다. 하지만 그렇게 되지 못했다. 이젠 더욱 널리 읽혀서 모든 어른이 반성했으면 하는 생각이다. 고침판을 내는 까닭은 그러하다.

고침판에서는 아이들에게 얻은 자료 가운데 현실에 맞지 않겠다 싶은 내용은 빼 버리고 요즘 아이들에게 새로 얻은 자료를 넣었다. 그리고 학교 관련 학대 사례를 새로 한 꼭지 만들었다. 그러고도 사회 어른들에게 학대받는 아이들 모습까지는 넣지 못했다. 그 모습은 언젠가 따로 내보여서 어른들에게 더 큰 깨우침을 주고 싶다.

나는 다시 어른들에게 외친다. 말로만 아이들은 우리 앞날의 희망이라고 하지 말고, 정말 우리 아이들만큼은 행복하게 자랄 수 있도록 하자고. 먼 앞날의 행복을 담보로 지금 행복을 희생시켜선 안 된다. 아니, 행복은 주지 못하더라도 적어도 학대는 하지 않았으면 하는 것이 내 간절한 마음이다.

2011년 3월
이호철

놀라운 치료의 마술

한 십 년 되었나? 충청북도 청주 가까이 있는 매포에서 '한국글쓰기교육 연구회' 여름 연수가 열렸다. 그때 이호철 선생이 《학대받는 아이들》 첫 사례들을 발표했다. 어눌하고 발음도 분명치 않아서 신통치 않은 강연이었지만 그이가 발표한 사례문은 듣는 이들에게 깊은 충격을 주었다. 우리 아이들이 집 안팎에서 부모와 어른들에게 이렇게 학대를 받고 있구나, 그 끔찍한 학대에 만신창이가 된 아이들 마음을 이렇게 따뜻하게 어루만져 안으로 곪아 응어리가 되지 않고 밖으로 드러나 낫게 하는 보기 드문 교사가 있구나, 말은 좀 못해도 아이들 교육은 기가 막히게 잘하는 선생님이로구나…… 하는 이야기들을 다른 선생님들과 모닥불 가에 둘러앉아 나눈 기억이 있다.

그 뒤로 이호철 선생은 한국글쓰기교육연구회 회보에 '학대받는 아이들'이 쓴 글들을 발표했다. 어쩌면 아이들 마음을 이다지도 모질게 짓밟을 수 있나, 어쩌다가 아이들 권리가 이렇게 내 집 내 부모한테도 보호받지 못할 지경에 이르렀나, 아이들이 무엇에, 왜 마음에 상처를 입는지 그렇게 모를 수도 있나……. 이러한 놀라움과 안타까움을 넘어서서, 이 아이들은 커서 어떻게 되나, 어려서 입은 마음의 상처는 자라서도 옹이로 남아 몸과 마음에 크고 작은 병의 씨앗이 된다는데, 오늘 이 순간도 꼼짝없이 일방으로 당하기만 하는 그 많은 아이들이 나중에 이루어 낼 우리 사회 미래는 어떤 모습을 띨까 하는 걱정으로 이어질 만큼 아픔을 절절하게 드러내는 글들이었다.

　나중에 이호철 선생이 가르친 아이들이 쓴 아픈 마음의 기록들을 다 읽어 볼 기회가 왔다. 학대받는 아이들의 참상을 두루 살필 수 있는 소중한 기회였다. 이 사례들이 언젠가 이호철 선생과 아동 심리 학자와 정신 분석 학자의 공저로 하나도 남김 없이 발표될 날이 오기를 기대한다.

　여기 그 방대한 자료 가운데서 가려 뽑아 묶은 글들이 있다.《학대받는 아이들》은 어른들이 자기도 모르는 사이에, 이성을 잃고 감정에 치우치는 순간에 저지르는 학대 사례를 낱낱이 담았다. 아이들이 어찌 학부모나 이웃 어른들한테만 학대를 받으랴. 그에 못지않게 교사나 더 넓은 세상 어른들에게도 학대를 받고 있다. 그리고 학대받는 아이들이 어찌 이호철 선생 반에만 유독 많이 모여 있으랴. 이 땅에서 자라는 아이들 거의 모두 이런 학대를 감수하고 있다고 해도 지나친 말이 아니리라.

　이 책을 오늘 이 순간에 모든 부모가 다 읽어야 하는 까닭은 이 책 속에서 내 아이도 다른 아이 목소리를 빌려 울고 있기 때문이다. 내가 내 아이에게 어떻게 무슨 짓을 저질러 왔고, 어른으로서 대수롭지 않게 내뱉은 말이나 무의식중에 보인 행동이 아이 마음에 얼마나 큰 상처를 입혔는지 일깨워 주기 때문이다.

　또 이 책을 오늘 이 순간에 모든 교사가 다 읽어야 하는 까닭은 이 책 속에서 내가 가르치는 아이도 나에게 아픈 마음을 드러내고 상처를 보여 주는데, 그 속에서 그 아이 상처를 어루만지고 치료해 줄 희망을 찾을 수 있기 때문이다.

아이들은 아무한테나 마음을 털어놓지 않는다. 자기가 정말로 믿고 사랑하는 사람, 자기를 진심으로 아끼고 감싸 줄 거라 믿는 사람한테만 마음을 털어놓는다. 마음 깊이 옹이져 앙금으로 갈앉은 해묵은 상처를 드러낼 수 있으려면 더 큰 사랑과 더 큰 믿음이 있어야 한다. 이호철 선생과 여기 실린 글을 쓴 아이들은 바로 이 큰 사랑과 믿음으로 맺어져 있다. 교사 이호철이 아이들 가슴에서 끌어낸 이 기록은 '치료의 마술'이라고 불러도 좋다. 이호철 선생은 밖으로 드러내지 않으면 두고두고 가슴에 남아 몸과 마음을 괴롭히는 질병의 원인이 되었을 내상(內傷, trauma)을 아이들이 스스로 기억해 드러내도록 이끌어 고쳐 주는 마술사다.

나는 이 땅에 이런 교사가 있다는 게 자랑스럽다. 그리고 이런 책이 나올 수 있다는 데에서 우리 교육이 완전히 망가지지는 않았구나 하는 위안을 얻는다. 다른 이들도 나처럼 이 책을 보면서 부끄러움을 느끼고, 스스로를 뒤돌아보고, 마침내 아이들을 온몸과 마음으로 끌어안을 큰 사랑을 배우기 바란다.

2001년 1월 6일

윤구병

응어리지고 상처 입은 마음들

가끔 텔레비전에 부모한테 매를 맞아 끔찍할 정도로 상처를 입은 아이들이나, 목숨을 잃기 바로 전에 구출되는 아이들이 나와서 우리를 놀라게 한다. 이 땅의 많은 부모들은 이런 장면을 보고 나서 무슨 생각을 하며 어떻게 살아갈까? 그 부모들에게 돌을 던지면서 "나는 그 정도로 혹독하게 아이를 학대하지는 않았다"고 위안을 할까? 아니면 아이를 학대할 수밖에 없는 그 사람들 삶의 조건이나 모자란 정신 상태에 연민을 보내면서 마냥 팔짱 끼고 보고만 있을까? 아니면 아이를 함부로 대하면서 모멸감을 주었던 자기 말과 행동을 되돌아볼까?

그런데 뜻밖에도 많은 부모와 사회 어른들은 자기들이 아이들을 학대하고 있다는 사실을 잘 모르고 있다. 왜냐하면 자기가 하는 어떤 말과 행동이 아이를 학대하고 있는지 모르기 때문이다. 아주 혹독한 짓만 학대로 알고 있는 어른들이 많다. 그러나 아이를 감금하거나 심하게 매질하는 신체 학대만 학대가 아니다. 정서 학대도 학대다. 욕설이나 가볍게 던지는 말로 아이에게 모멸감을 주거나 마음에 상처를 남기는 것도 학대고, 부모 욕심으로 지나치게 명령하고 간섭하고 통제해서 아이를 아이답게 자라지 못하게 하거나 자유롭지 못하게 하는 것도 학대다. 그뿐인가. 부모가 어려운 형편에 놓여 있다고 해서 아이를 돌보지 않고 되는대로 내버려 두는 것도 학대다. 또 사회 어른과 부모가 아이들에게 성폭력을 저지르는 것이나, 성폭력의 위험에 아이들을 그대로 노출시켜 두고 방치하는 것도 학대다.

나는 오래전부터 학대받는 아이들에 대해 관심을 가져 왔다. 그러면서 오래전이나 지금이나 아이 학대가 줄어들지 않고 있다는 사실을 알게 되었다. 왜 많은 부모들이 아이를 학대하면서도 멀쩡하게 살아갈까? 왜 학대하고 있다는 것을 의식하지 못할까?

가장 큰 까닭은 아이를 독립된 인격체로 보지 않고 자기 마음대로 해도 되는 소유물로 여기기 때문이다. 많은 부모들이 자신이 이루지 못한 이상이나 채우지 못한 욕심을 아이를 통해 이루려고 한다. 그러다 보니 함부로 말하고, 명령하고, 멋대로 간섭하고, 억누르는 것이다.

또 다른 까닭은 경제 지위로 사람을 대접하는 사회와 가정에서 쌓인 울분이나 억눌림을 약자인 아이들을 대상으로 분풀이하기 때문이다. 아이의 행복과 불행은 부모의 행복과 불행에 종속되어 있다. 아이들은 약자이기 때문에 말문을 열지 못하고 당하기만 할 수밖에 없다.

그 밖에 중요한 까닭은 아이 인권을 무시하고 아이 학대를 허용하는 우리 사회 탓이다. 아이들 마음은 연약한 새싹과 같다. 조금만 상처를 주어도 아물지 않는 큰 상처로 남거나 아예 꺾여 버려서 바로 자라지 못하게 될 수도 있다. 어른이 되면 마음 밑바닥에 남은 응어리를 자식에게 물려주기 쉽고, 자신이 학대받았던 때와 비슷한 환경을 만나 그 상처가 되살아나면 자신과 남의 삶에도 나쁜 영향을 끼쳐서, 고스란히 사회로 돌아가는 악순환을 되풀이하게 된다. 아이를 키우는 부모나, 아이 교육을 맡은 교사나,

우리 사회 어른이라면 모두, 아이가 이 땅에 태어나서 건강하고 행복하게 자랄 권리를 지키고 보호할 의무와 책임이 있다. 부모가 부모 노릇을 못 하면 사회와 사회 어른들이 책임과 의무를 다해야 한다고 본다.

그래서 나는 학대 현실을 생생하게 알려 부모와 사회 어른들이 깊이 깨닫게 해야겠다는 생각을 해 왔다. 생생하게 알려 주어 가슴 뜨끔한 자극을 받도록 하는 방법은 다름 아닌 아이들 목소리를 직접 듣도록 하는 것밖에 없겠다는 결론을 얻었다.

그동안 초등학교 아이들 목소리를 내 나름대로 모아 왔는데, 여기에 내보이는 것은 그 일부다. 아이들 목소리를 담은 자료를 얻기가 쉽지 않고, 더구나 다른 사람들에게 얻기는 더욱 어려워 대부분 나 혼자 자료를 모을 수밖에 없다 보니, 지방(경상북도) 아이들 글만 실리게 되었다. 그러나 정도 차이는 있겠지만 우리 나라 어느 도시, 어느 지방에서나 일어날 수 있는 학대 현실이라고 본다.

내가 이런 자료를 얻을 수 있었던 것은 아이들과 나 사이 믿음 관계가 든든했기 때문이다. 든든한 관계를 만드는 길은 어른인 내가 아이들 생활 방식에 맞추고, 함께 어울려 생활하면서 아이들 말을 진정으로 들어 주고 받아 주는 것뿐이다. 이를테면 몸으로 하는 놀이를 하면서 함께 뒹굴고, 마음 놓고 토론을 하도록 하고. 어른 생각으로는 엉뚱하다 싶은 주장도 마음대로 하도록 했다. 그리고 담임인 나에 대한 비판이나 어떤 불만이라도 마음 놓고 말할 수 있는 기회를 주면서 민주 학급을 꾸리려고 노력해 왔다.

그리고 내가 어린 시절에 꾸중 들은 이야기나 부끄러운 이야기도 해 주면서 일기장에 어떤 비밀이나 하고 싶은 말도 쓰도록 했고, 나아가서는 마음이 가는 대로 하고 싶다면 욕까지 털어놓도록 이끌기도 했다. 그러는 가운데 부모에게 맺혔던 일이나, 자신의 부끄러운 일도 숨기지 않고 내게 쏟아 놓을 수 있었던 것이다. 부모를 실망시키거나 부모 마음을 상하게 하지 않으려는 마음 때문에 부모에게는 할 수 없는 말을, 교사인 나에게는 두려움 없이 털어놓지 않았을까 한다.

응어리지고 상처 입은 아이들 마음을 치료해 주어야 한다. 치료하는 데는 특별한 방법이 따로 있는 게 아니다. 상처가 속으로 곪지 않게, 겉으로 드러내어서 독을 풀어 주는 일부터 먼저 해야 한다. 아이 스스로 학대받은 일을 밖으로 내쏟다 보면 자연스럽게 응어리가 풀리고 상처가 치유된다는 것을 나는 잘 안다.

거기에 보태어 아이와 이야기를 나누며 위로해 주고, 스스로 풀지 못한 응어리를 풀게 하기도 했다. 그렇다. 나는 부모가 아무리 나빴더라도 부모 처지를 헤아려 달라는 말밖에 한 것이 없다. 그리고 아이들을 위로해 준 일밖에 없다. 그래서 지금 이렇게 부모들에게 외치고 있는 것이다.

여기에 밝히지는 못했지만 그 밖에도 여러 가지 아이 학대가 많다. 어디에서 어떤 상태로 학대를 당해 응어리지고 상처를 입었다 해도 그것을 깨끗이 풀어 줄 사람은 집안 식구이다. 부모는 학대를 하지 않으려고 노력해야 함은 말할 것도 없고 혹시라도 상처를 입혔다면 사랑으로 치유해 주어야 한다. 지금이라도 그것을 깨우치지 못한다면 옳은 부모라고 말할 수 없다.

이 책에 나오는 부모들이 나쁘게 비치겠지만 모두 누구보다 자식을 사랑하는 부모들이다. 그리고 여기에 나오는 아이들 가운데 많은 아이들이 그릇되지나 않을까 걱정하는 어른도 있겠다. 그렇지만 마음속 응어리를 풀지 못하고 지내는 아이들보다는 모두 바르게 자라고 있고, 그렇게 할 수밖에 없었던 부모들 마음까지도 헤아릴 줄 아는 사람으로 자라고 있을 줄 믿는다.

이 책을 내면서도 전문 지식이 모자라 문제 해결 방법을 시원하게 내보이지 못해 부끄럽다. 그러나 부모들이 아이들을 어떻게 학대하고 있는지, 아이들이 어떤 아픔을 겪고 있는지 바로 알아서, 진정한 사랑 속에서 아이들이 건강하고 행복하게 자라도록 하는 데는 도움이 되리라 믿는다.

2001년 6월

이호철

차례

| 일러두기 |

· 이 책에 실려 있는 아이들 글은 이호철 선생님이 가르친 초등학교 아이들이 쓴 글이다. 꼭 필요한데 구하지 못한 사례는 다른 책에서 따오고 책 이름을 밝혔다.

· 아이들 글에서, 사람 이름이나 지방 이름 따위는 인격을 보호하려고 밝히지 않거나 바꾸었다.

· 아이들 글에서 띄어쓰기와 잘못 쓴 글자는 다 바로잡았으나, 사투리와 입말은 되도록 살렸다. 사투리 가운데 알아듣기 힘든 말은 괄호 안에 표준어를 보여 주었다.

01

어른은 아이의 표현을 제대로 받아들이는가

아이들은 단순하고 순진해서 여러 가지 감정과 생각을
거리낌 없이, 때로는 아주 거칠게 표현하기도 한다.
어른들은 아이들이 하는 그 모든 표현을 받아 주어야 한다.
그것은 곧 표현에 담긴 일, 생각, 사상, 감정 따위를
옳거나 그르거나 모두 받아들인다는 뜻이다.
말하자면 그 아이의 모든 것을 받아들인다는 것인데,
그래야만 아이들 앞에 바로 설 수 있는 진짜 어른이 될 자격이 있다.

어른은 아이의 표현을
제대로 받아들이는가

글 쓰는 것

방학 때 나는 학교 신문을 못 받았는데
엄마는 내가 쓴
〈엄마〉라는 시까지 읽고 오셔서
"쓸 건 쓰고 안 쓸 건 안 써야지.
우리 얼마나 불쌍하다 카겠노."
하며 야단치셨다.
난 보지도 못했는데
엄마는 읽고 오다니 기절할 노릇이다.
언니는 덩달아서
뱀이 독 쓰는 모습으로
"맞다, 맞다."
하며 같이 꾸중을 했다.
미칠 지경이었다.
"글 쓰는 걸 모르니까 카지,
다른 집에는 아무것도 안 칸다.
아무것도 모르면서 몰라, 몰라. 앙앙아아."
울었다.
진짜 우리 집 식구는 뭘 모른다.
왜 글 쓰는 걸 이해 못 하는지?
내가 이해시켜 줘야 될까?
글 쓰는 것이 무섭다.
식구들이 글 쓰려는 걸 이해해 주고
밀어줬으면 좋겠다.

(6학년 여)

아이들은 본 대로 느끼고, 생각한 대로 숨김없이 말하고 글을 쓴다. 그림이나 다른 여러 가지 표현에서도 마찬가지다. 자유롭게 자기표현을 하는 것이 아이들 특성이다. 그런데 요즘 아이들을 보면, 솔직하게 표현하는 것 같아도 무언가 한 꺼풀 포장하고 있다는 느낌이 든다. 진정한 속마음은 꼭꼭 숨겨 놓고 어른 비위에 맞게 틀을 만들기 때문이다. 그렇게 하지 않으면 불이익을 당하니까 어쩔 수 없겠지.

　그래도 제대로 물꼬만 터 주면, 아이들은 말로 다 하지 못한 속마음을 글이나 그림 같은 것으로 표현한다. 그런데 어른들은 알게 모르게 이런 표현마저 막아 버리거나, 아이들이 마음껏 표현한 것도 제대로 받아들이지 못하는 경우가 많다. 표현의 길이 두 겹 세 겹 막혀 있는 셈이다.

　이오덕 선생님은 이렇게 말하고 있다.

　사람은 누구든지 그 마음속에 쌓인 생각을 밖으로 나타내어 보이려고 하는데, 여러 가지 개인의 사정이나 사회적인 관계에서 그것이 제대로 안 되는 경우가 흔하다. 그럴 때는 쌓이고 쌓였던 감정이나 생각이 어느 기회에 한꺼번에 터져 나오는 수도 있고, 또 가장 많이 쓰는 표현의 수단이 어떤 내부나 외부의 장애로 인해 오랫동안 막혀 버려서 다른 표현의 수단을 빌려 나타나는 수도 있지만, 어느 때 어떤 수단으로든지 그것이 밖으로 터져 나오지 못하면 필경 병이 들고 만다.

　모든 표현의 수단을 빼앗기고 표현의 길이 꽉 막혀 버린 사람은 죽을 수밖에 없다. 자살은 단 하나 마지막 남은 표현의 수단이다.

(이오덕, 《참교육으로 가는 길》, 한길사)

자유로운 표현은 아이를 살리는 길

아이들이 속마음을 자유롭게 표현하느냐 못 하느냐는 어른들이 아이들 표현을 어떤 눈으로 바라보느냐에 달려 있다. 대체로 어른들은 아이 행동이나 생각을 아이 처지에서 있는 그대로 보지 않고, 어른 잣대로 보는 경우가 많다. 아직도 우리는 도덕이나 권위를 내세워 아이를 마음대로 하는 것을 당연하게 여기는 사회에서 살고 있기 때문이다.

아이가 속마음을 자유롭게 표현하기 바라는 부모라면, 자신이 아이가 보고 듣고 느끼고 생각하는 모든 것을 아이 눈으로 보는지, 어른인 자기 눈으로만 보는지 되돌아보아야 한다. 그리고 아무리 어려운 처지에 놓여 있더라도 아이의 표현을 받아들여야 한다. 받아들인다는 것은 아이들이 마음대로 표현할 수 있는 환경을 만들어 주는 것이다. 이것은 부모들이 갖추어야 할 매우 중요한 덕목이다.

아이가 쓴 글을 보면서 한번 생각해 보았으면 한다.

동생과 싸움

오후 늦게 동생과 싸웠는데 엄마가 오더니 나만 때렸다. 하도 많이 맞아 손이 퉁퉁 부었다. 동생한테는 별로 많이 안 때렸다. 난 눈물을 글썽거렸다. 동생이 먼저 나를 때리고 까불고 그래서 조금 때렸다. 그런데 동생이 많이 맞은 것처럼 크게 울었다.

난 속으로 엄마한테 욕을 막 했다.

'계모 엄마, 바보, 지옥에나 갔다 오너라!'

동생은 계속 웃었다. 나를 또 놀렸다. 난 속에서 불이 났지만 참았다. 엄마가 왜 저런 동생을 낳았는지 재수가 없다.

또 엄마는 공책 검사를 하더니 글씨가 날아갔다고 막 때렸다. 엄마는,

"죽어라! 죽어라! 죽어라!"

하며 계속 때렸다. 난 울고 또 울었다. 엄마는 완전히 미쳤다. 나는 차라리 엄마가 없는 것이 낫겠다고 생각했다. 엄마나 죽어라! 지가 뭐 잘났다고 난리고!

용이 엄마가 와서 말렸다. 난 세수를 하면서 죽고 싶었다. (5학년 남)

이 글을 아이 어머니가 보았다면 어떻게 받아들일까? 아이 마음을 헤아리고, 아이의 맺힌 마음을 풀어 줄 수 있을까?

'화가 나서 그랬기로서니 저를 낳아 주고 길러 준 나한테 그렇게 심한 말을 할 수 있어!'

이렇게 괘씸하게 여기는 마음이 더 클 것이라고 생각한다.

그러나 현명한 어른이라면 마음을 가라앉히고, 아이 처지에서 생각할 수 있어야 한다. 동생이 먼저 때리고 까불었는데도 손이 퉁퉁 부을 만큼 맞았으니, 이해받지 못했다는 마음이 앞선 아이는 억울하고 분할 따름이다. 그래서 "계모 엄마, 바보, 지옥에나 갔다 오너라!" 하고 속으로 말한다. 이 말은 화를 푸는 말이지 정말로 그리 되라고 하는 말이 아니다. 아이 말에 담긴 속뜻을 어른은 헤아릴 줄 알아야 한다.

게다가 어머니는 글씨가 엉망인 것을 꼬투리 잡아 아이를 때리면서 "죽

어라! 죽어라! 죽어라!" 하고 감정을 터뜨렸다. 거기에 대해 아이는 또 울면서 "엄마는 완전히 미쳤다. 나는 차라리 엄마가 없는 것이 낫겠다고 생각했다. 엄마나 죽어라! 지가 뭐 잘 났다고 난리고!" 하고 속으로 반항한다.

아이나 어른이나 똑같이 "죽어라!" 하고 감정을 터뜨리지만, 정말 죽기를 바라는 것은 아니다. 이러면서 마음을 푸는 것이지. 그러나 어른은 아이에게 대놓고 감정을 터뜨려서는 안 된다. 아이들은 어른들이 생각 없이 내뱉는 말도 곧이곧대로 받아들이기 때문이다. 그래서 이 아이도 어머니가 한 말을 되받아서 반항한 것이다. 물론 속으로지만. 어른에게 대놓고 말했다가는 혼날 게 뻔하기 때문에 아이들은 이렇게 속으로 말하고 글로 쓰면서 마음을 푼다.

어머니 앞에서 할 수 없는 말을 글로라도 표현한 것은 이 아이가 살아 있음을 보여 주는 것이다. 이것을 막으면 아이를 죽이는 것이나 다름없다.

아이의 표현을 가로막는 어른

아이들은 꾸미지 않고 그때 그 감정대로 글을 쓰면서 맺힌 마음을 푼다. 어른들은 이런 아이들 글에서 자기 모습을 거짓 없이 들여다보았으면 싶다. 그리고 어른들이 아이들의 자유로운 표현을 어떻게 가로막는지도 함께 살펴보았으면 좋겠다.

일기

우리 어머니께서는 일기장이나 어디에 어머니에 대한 것을 써 놓으면 좋아하시지 않는다. 그 이유는 이렇다.

4학년 겨울 방학 때는 일기를 하루도 빠짐없이 다 썼다. 그런데 하루는 어머니께서 무엇을 찾는다고 하면서 책꽂이를 다 디벼(뒤져) 보셨다. 그러다가 거기에서 내 일기장을 발견해 읽어 보셨다. 일기 내용은 우리 어머니께서는 새엄마라는 것을 알았다고 하는 내용이다. 어머니께선 읽어 보고 오더니 화를 내시며,

"너거 선생님이 일기 잘 쓰면 상 준다고 하드나, 어! 일기장에 내가 뭐 새엄마고 동생한테만 잘해 주고 난 뭐 잘 안 해 주고 하며 욕을 엄버지기 해 놓고, 어! 내가 헌 엄만지 새엄만지 어떻게 알았노! 내가 니한테 뭐 잘 안 해 주더노! 니한테 뭘 시키면 똑바로 안 해 주니깐 내가 욕을 했지. 그것은 니가 잘못했는 것 아니가, 어!"

꼬치꼬치 따지며 고함을 지르셨다.

그때부터는 일기를 쓰면 다 검사하셨다. 난 또 그때부터 안 쓰기로 했다. 어머니와 정도 다 떨어졌다.

5학년 땐 일기를 안 썼는데 6학년 땐 우리 선생님께 글쓰기를 옳게 배워서 용감해졌고 또 '학급 문집'이라는 것을 내시기 때문에 다시 썼다. 우리 선생님은 진실하게 살아야 하고 언제나 열심히 살아야 한다고 말씀하신다. 그래서 늘 그렇게 살려고 난 애를 쓰는 편이다. 그래서 그런지 학급 신문에는 내 글이 많다. 거기엔 어머니 꾸중, 아버지에 대한 글, 불쌍한 사람에 대한 글 등이 많다.

어느 날 이 학급 문집을 본 어머니께선,

"어머니의 꾸중이면 꾸중 들었는 것만 쓰지, 뭐 나는 비교하는 것이 싫니 안 싫니까지도 다 쓰노. 또 꾸중 들었을 때 대꾸를 하지 왜 공책에 대꾸까지 다 쓰노, 어! 반항하는 기가 뭐꼬! 니 4학년 때 그때 그만큼 꾸중 들었으면 됐지 또 이런 글을 써서 내 욕이나 비게 하나. 내가 그렇게 밉나, 어!"

하시며 고함을 지르셨다. 꾸중 듣는 것도 지쳤다. 어머니께서 꾸중하시니깐 아버지께서도 꾸중하신다. 어머니와 아버진 오해를 하시는 거다. 누가 자기 어머니의 욕을 하고 누가 다른 사람이 자기 어머니의 욕을 하는 것을 듣고 좋아하나. 나는 어머니를 욕비게 하려고 그런 것이 아니다.

나는 학급 신문을 받으면 집에 가지고 가기 싫고 일요일날엔 어머니께서 우리 방에 들어가시는 것만 봐도 겁이 난다. 일기장을 찾아내어 또 꾸중하실까 봐서. 내가 쓴 이 글도 보시면 꾸중하실 것이다.

"선생님, 나중에 일기장을 돌려줄 때 제 것은 돌려주지 마세요. 또 받았다가 어머니나 아버지께 들켜 꾸중 들을까 봐 겁나요."

어머니께선 왜 일기장을 보고 다른 사람보다 더 뭐라 하시는가 하면, 어머니께서 친어머니가 아니기 때문에 다른 사람이 글을 읽어 보면서,

"지 딸이 아니니깐 이렇게 일을 많이 시키지. 조금만 잘못해도 이렇게 꾸중하잖아."

이런 말을 할까 봐 더 꾸중하신다. 어머닌 사실 안 그런데 사람들이 그렇게 인정하기 때문이다.

'어머니 아버지, 이제 오해를 푸세요. 제발요.'

'선생님, 이제 내 글 싣지 마세요. 다른 아이들 글을 많이 실으셔요. 글 많이 실어도 싫어요. 어머니 아버지 오해를 풀어 즐겁게 지내 보고 싶어요.' (6학년 여)

누구나 자기 약점을 꼬집으면 기분이 좋지 않은 것이 사실이다. 더구나 나름대로 잘해 주느라고 노력했는데, 자식이 부모 마음은 헤아릴 줄 모르

고 미우니 싫으니 할 때 어떤 생각이 들지 미루어 알 만하다. 그러나 조금
만 잘 대해 주면 우리 어머니 아버지가 가장 좋다고 하다가도, 어쩌다 한
번 섭섭하게 대하면 이 세상에서 가장 미우니 싫으니 하는 게 아이들이다.
그런 아이들 심리를 안다면, 그렇게 괘씸하게 여길 까닭이 없다. 그러나
어머니는 모진 말을 많이 해 버렸다. 아이가 쏟아 내고 싶어 하는 말을 막
아서 속으로 삼키게 하고 말았다.

　이 글을 쓴 아이는 수줍음을 많이 타고 조금 큰소리를 내도 남들보다 잘
놀란다. 말이 적고 좀처럼 겉으로 자기를 드러내지도 않는다. 그러나 글쓰
기를 좋아해 일기장에 자기 이야기며 집안 이야기, 둘레 사람들 이야기 따
위를 자기 생각대로 꼬박꼬박 잘 써 나가는 아이다. 말하자면 글쓰기가 숨
구멍인 셈인데 이렇게 막혀 버린 것이다. 글에서 보면 4학년 때부터 일기
쓰기를 감시받은 것 같다.

　다음은 어머니가 학급 문집에서 보았다는 이 아이 글이다.

엄마의 꾸중

　어젯밤에 11시 가까이에 잤다. 그래서 오늘은 좀 늦게 일어났다. 그
때는 6시쯤 되면 일어났는데 오늘은 6시 30분쯤에 일어났다. 아침 청
소도 못 하고 상을 펴 밥을 먹는데 동생이 표준 수련장 사야 된다고 떼
를 썼다. 엄마는,

　"책도 읽을 줄 모르면서 무슨 책을 사노!"

하고 뭐라 하셨다. 동생은 계속 사야 된다고 고집을 부렸다. 엄마는 동
생 때문에 화가 났다. 내가 가방을 챙기고 밖에 빗자루를 가지러 가는
데 엄마는 내가 학교에 가는 줄 알고,

　"자기가 자고 일어났던 방도 하나 안 쓸고 학교에 가려고 하나!"

하고 말했다. 나는 학교에 가려는 것이 아닌데 엄마가 잘못했지 싶다.

내가 빗자루를 가지고 방을 쓸고 있으니까 엄마가 와서,

"그것도 방 씨는 거가? 방 씰라마 똑바로 씰어야지 6학년이라 하는 기 방도 하나 잘 못 씰고, 아침에 안 깨우면 일어나기나 하나? 딸 하나 있는 기 알 만하다. 종내기(어린애)는 종내기라 못한다 하지만 정말 니는 알 만하다. 내년에도 안 깨우면 안 일어나겠제!"

하고 막 몰아붙였다. 나는 내가 잘못했지 싶어서 좀 참았지만 화가 났다. 엄마가,

"○○○ 집에 가 봐라. 저거 엄마 밤늦게 오면 니만 한 게 밥도 하고 반찬도 잘하고 아침에 일찍 일어나 엄마 일도 도와준다는데 니는 뭐꼬? ○○○ 집 딸아 뺀(본) 좀 봐라!"

하고 말하니까 화가 더 났다. 나는 다른 집 아이하고 비교하는 것이 제일 싫다. 다른 아이들도 나와 같은 생각을 할 것이다.

'누구는 ○○○ 집 아이처럼 밥도 못 하나! 반찬도 못 만드나 뭐!'

이런 생각이 들었다.

우리 집에서 나는 엄마에게 대꾸를 못 한다. 오빠, 동생은 엄마가 말하면 "누구는 못할 줄 아나!" 등 대꾸를 한다. 대꾸를 하는 것은 나쁘지만 어른이 잘못했을 때는 대꾸를 해도 된다고 생각한다. 내가 엄마에게 다른 집 애하고 비교 좀 하지 마라고 말을 하려고 해도 엄마가 무서워서 말이 안 나온다.

요즘에는 3월달 농사철이라서 바쁘다. 작년에 우리는 태풍 때문에 피해를 많이 입어 다른 집보다 더 바쁘다. 그래서 내가 아침에 마루 청소와 아침 설거지를 하면 엄마가 일을 더 많이 할 수 있다. 엄마가 화낼 처지도 돼 있다.

그랬든지 말든지 엄마의 꾸중을 들으니까 화가 너무도 났다. 나는

화가 나면 무슨 일이든지 다 하는 습성이 있다. 오늘 설거지, 청소 다 하고 학교에 갔다. (6학년 여)

이렇게 어머니 자신의 좋지 않은 모습이 드러나니까 아예 일기를 못 쓰게 막았던 것이다. 이런 식으로 막아 버린다고 해서 가려지는 것은 아니다.

결과가 이러니 글을 학급 신문에 함부로 실은 나도 아이에게 큰 상처를 준 공범자가 되고 말았다. 이 아이가 쓴 글 한 편을 더 보자. 앞서 보인 〈일기〉라는 글보다 먼저 쓴 글이다.

쓸모 있을까?

요즘 또 어머니께 잔소리를 듣는다. 잔소리를 듣는 것은 내가 잘못해서 듣지 어머니께서 그냥 뭐라 하는 것은 아니다. 난 어머니께 잔소리를 들을 때마다 '나는 이 세상에서 쓸모 있을까?' 걱정이 된다. 다른 사람들은 이런 생각이 안 들까?

난 내 마음대로 말을 못 한다. 일기장에 털어놓으면 우리 집 식구가 볼까 봐 겁이 난다. 또 다 잡아 째 뿌면 난 또 걱정이 되고 모든 일이 안 된다. 난 내 마음대로 기쁠 때는 웃고 슬플 때는 펑펑 울고, 욕하고 싶을 때는 내 마음대로 욕을 하는 시간, 장소가 있었으면 좋겠다. 난 어떤 때는 물에 빠져 죽고 싶을 때도 있다. 난 그때마다 '내가 빠져 죽어 봤자 무슨 소용이 있어. 내가 죽는다고 해서 모든 일이 다 해결되는 건 아니잖아. 살자! 나도 생명이 있고 아직 죽으려면 멀었어. 아직 난 어리고 나의 재주를 발휘할 수 있으니까 끝까지 살아야 돼' 이런 생각이 들면 마음이 좀 가라앉는다. (6학년 여)

글 속에서라도 마음대로 웃고, 울고, 욕하고 싶을 때는 욕하게 해 주어야 하는데, 자꾸만 막으니까 어찌할 줄 몰라 죽고 싶은 마음도 생긴다. 누구나 자기 속마음을 쏟아 내고 싶은 대로 쏟아 내고 나면 숨통이 트인다. 그러고 나면 자기를 되돌아볼 수 있는 마음의 여유도 생기고, 또 용기도 얻어 힘차게 살아가게 되는 것이다.

다른 아이들 글을 더 보자.

고스톱 고수의 비밀

우리 엄마는 고스톱 고수이다. 우리 엄마의 고스톱 사랑은 아무도 못 말린다. 우리 엄마는 시간만 나면 컴퓨터를 틀어 ○○ 뉴맞고를 한다. 옛날에는 하수였다가 전번에는 중수이고 이제는 고수이다. 아침이 되고 저녁이 되고 새벽이 돼도 어김없이 들려오는 소리는,

"아싸! 가오리!"

"투고!"

"새가 다섯 마리!"

"쪽! 히히히히히."

이런 소리다. 잘 때 매일 이런 소리가 들리니까 이제는 왠지 익숙해져서 엄마의 자장가 같다.

맨 처음에는 아빠와 언니, 내가 계속 말렸는데 안 되어서 포기를 했다. 내가 그것을 일기장에 적으니까 엄마가 나를 혼냈다.

"니는 왜 이렇게 융통성이 없노! 니가 이렇게 적으면 선생님이 엄마 욕할 거 아니가, 가시나야!"

이렇게 말하면서 얼굴을 잔뜩 찌푸린다. 그래서 내가,

"선생님이 일기장에는 어떤 내용을 적어도 좋다고 했거든!"

이러니까,

"그렇다고 다 적나, 가시나야! 그리고 엄마가 언제 그렇게 하드노?"

이러며 머리를 칵 쥐어박았다.

"아야! 왜 그래잉 씨이!"

"뭐라카노, 가시나!"

이렇게 말하고 또 쥐박을라고 했다.

그리고 일기는 엄마라도 보면 안 되는 것인데 엄마가 봐서 일어난 일이니까 엄마의 잘못도 있다. 그리고 나쁜 고스톱에 너무 빠져서 고스톱 친 것도 엄마의 잘못이다.

엄마는 너무 뻔뻔스러운 것 같다. 내가 만약에 어른이 되면 엄마처럼 하지는 않겠다. (4학년 여)

어머니는 자기 행동이 잘못되었다는 것을 모르지 않는 것 같다. 그런데 고치려고 하지는 않고 오히려 많이 안 했다고 변명하고, 그런 것을 글로 쓴 아이를 나무라기만 한다. 그래도 아이는 굽히지 않는다. 어머니가 고스톱에 너무 빠지는 것은 좋지 않다. 그런 비판을 적은 일기장을 어머니가 함부로 본 것도 옳지 않다는 내용까지 적었다. 어른들은 이렇게 비판하는 아이를 나무랄 것이 아니라 오히려 바르게 비판하는 것을 칭찬해 주어야 한다.

감시당하는 일기장

오늘 아빠가 몸이 조금 편찮아서 집에서 쉬고 계셨다.

내가 학교에서 돌아와 보니 아빠가 내 일기장을 보고 계셨다. 정말 기분이 나빴다. 그래서 내 자존심이 무척 상했다. 아무리 아빠라지만

딸의 일기장을 몰래 훔쳐보는 아빠가 얄미웠다. 내가 아빠께 투정을 부렸더니,

"아니 순희야, 이게 감히 어디에 대고 투정을 부려? 아빠가 니 일기장을 몰래 봤기로서니 그렇게 해도 되는 거야? 아빠는 니가 잘하고 있는지 걱정이 되어서 캤다. 니가 똑바로 행동을 하고 다니는지 알아보려고 했다. 이 아빠가 딸에게 관심 주는 것이 어디 잘못되었는 거가, 응?"

하며 소리를 꽥 지르시고 인상을 찌그리시며 화를 내셨다.

나는 아무리 딸의 아빠이지만 딸을 무시하는 행동을 할 수 없다고 생각한다. 어떻게 자기 딸이 나쁜 행동을 한다고 생각을 하며 일기장을 훔쳐보실까.

선생님께서 일기장을 보는 것도 불만스러운데 아빠까지 이러시니 정말 일기 쓸 맛이 하나도 나지 않는다. 선생님들이 일기 검사하는 것도 따지고 보면 잘못이라고 생각한다. 남의 비밀을 훔쳐보는 것이기 때문이다. 나는 우리 선생님은 좀 믿는 편이다. 비밀을 꼭 지켜 주고 일기장 내용 가지고 말 안 하기 때문이다.

하여튼 내 일기장이 감시당하고 있다는 생각을 하니 불쾌하고 또 불쾌하다. 아빠도 남이 일기장을 훔쳐보면 좋은가? 난 이 세상에서 내 일기장 훔쳐보는 것이 제일 싫다.

난 앞으로 조금 불만스럽지만 선생님께만 일기장을 보여 드리고 아무도 모르게 숨겨 놓을 것이다. 그래서 내 일기장이 감시당하지 않도록 할 것이다. (6학년 여)

이 아이는 어머니가 집을 나가서 아버지와 살고 있다. 아버지는 날마다

일터에 나가야 하는 형편이니, 아이가 바르게 자라고 있는지 궁금했을 것이다. 그래서 몰래 일기장을 뒤져 보았겠지. 하지만 방법이 잘못되었다.

이 글에 대해서는 이오덕 선생님이 한 이야기를 따오면 될 것 같다.

> 일기 쓰기는 참 좋은 공부입니다. 그러나 억지로 쓰게 하면 도리어 해로운 공부가 됩니다. 억지로 쓰게 하니까 또 그것을 검사하게 되지요. 검사란 것은 믿지를 못해서 조사하는 것이고, 그래서 거기 뭔가 잘못된 것을 찾아낸다는 뜻이 들어 있는 말입니다. (줄임)
> 그런데 이 어린이의 아버지는 딸의 일기장을 '몰래 훔쳐' 보았습니다. 그래서 딸은 이런 글을 써서 항의를 하고 있습니다.

(이오덕, 《이오덕 글 이야기》, 산하)

엄마

엄마는 어떤 때 내 일기를 볼 때가 있다. 우리 엄마는 내가 놀러 갔을 때나 잘 때 일기를 본다. 그래서 이제는 숨겨 둔다. 엄마가 봤을 때 나는 성이 나는데 엄마는 웃을 때도 있다. 또 엄마 이야기를 썼을 때 나쁜 이야기를 쓰면 꾸중 듣거나 볼때기를 맞는다. 좋은 이야기를 쓰면 웃거나 안아 준다. 도대체 엄마는 나를 싫어하는 거가 좋아하는 거가 모르겠다. 다른 엄마들도 나쁜 이야기를 쓰면 때리는지 모르겠다. 그냥 쓰지 마라 하면 되는데 우리 엄마는 때리기만 한다. (3학년 여)

아이들, 더구나 저학년 아이들은 거짓말을 잘 안 한다. 보면 본 대로, 겪으면 겪은 대로 글을 쓴다. 그렇게 쓰지 못한다면 그건 어른이 보는 눈을 막아 버렸기 때문이다.

아이 어머니는 아이를 때리기까지 하면서 거짓말 일기를 강요하고 있다. 그렇게 당한 아이는 어머니를 의식해서 무조건 어머니가 좋다고 꾸며 쓰게 된다. 그런 과정에서 잘잘못의 판단이나 참된 가치관이 흐려지게 된다. 어른이 그릇된 행동을 고칠 생각은 하지 않고 가리려고만 하면 아이는 무엇을 배우겠는가.

일기

아버지는 내가 일기 쓰는 것을 보고 어디 한번 보자고 말씀하셨다. 나는 응하지 않았다.

제목을 쓰는데 또 말씀하셔서 할 수 없이 아버지한테 지고 말았다. 보여 주는 대신에 조건 두 가지를 내세웠다. 아버지를 흉봐도 용서해 줄 것, 어머니한테 호통치지 않을 것, 이렇게 두 가지 조건이다. 아버지가 지키겠다고 해서 보여 주었다. 중간쯤에 와서 또 두 가지 조건을 지켜야 된다고 또 말했다. 그다음 중간에도 이 두 가지 조건을 지켜야 된다고 충고를 다시 한번 주었다. 이렇게 충고를 줄 때마다 아버지께서는 웃으셨다. 다 읽고 나자 또 빙그레 웃으며 큰방으로 가셨다.

(3학년 남)

까닭이야 어떻든 남의 일기를 보는 것은 인권을 짓밟는 일이다. 아이가 응하지 않는데도 억지로 보는 일은 하지 말아야 한다. 아이와 믿음 관계가 아주 단단해졌을 때 아이 허락을 받고 보아야겠지. 그래도 아주 가끔이어야지, 자주 보면 아이는 일기를 볼 어른을 의식해서 터놓고 쓰지 않는다.

일기를 보더라도 그 내용으로 나무라지 말아야 한다. 아이가 보여 주기 싫어하는데 생활 지도를 위해 꼭 보고자 할 때는 아이 모르게 조심스럽게 보는 것이 좋겠다. 실은 감출 것 없이 대화를 자유롭게 한다면 아이 일기를 억지로 볼 필요도 없겠지.

"아버지 흉을 봐도 용서해 줄 것, 어머니 호통치지 않을 것."

아이가 내세운 이 두 가지 조건을 보면, 아이 인권을 어떻게 지켜 주어야 하는지 미루어 알 수 있다.

부탁 편지

며칠 전에 학교에서 부탁 편지를 썼다. 그냥 학교에 내기보다는 아빠에게 보여 주고 싶어서 아빠에게 보여 주었다. 아빠는,

"아빠만 알고 있지?"

"아니요! 학교에 냈어요."

"뭐? 학교에 냈다고? 선생님이 아빠 술 먹어서 당뇨 걸렸는 거 알면 좋아?"

"아뇨……."

아빠는 화가 많이 났는지 눈을 부릅뜨고 오른손 검지는 펴고 왼손으로 곧 때릴 것같이 주먹을 쥐고 나를 바라보았다. 나는 아빠가 화낼 거라고는 생각도 못 했다. 나는 아빠가 건강이 안 좋으니까 술을 안 마셨으면 좋겠다는 부탁 편지를 쓴 것이다.

"아빠는 내가 아빠에게 편지 쓴 거를 다른 사람이 보지 않았으면 좋겠어요?"

"꼭 그런 건 아니야. 하지만 아빠의 비밀이잖니. 물론 선생님께서 비밀을 지켜 줄 거라고 믿지만 아빠의 너무 큰 비밀이라……."

"네. 나는 아빠의 큰 비밀이 아닌 줄 알았어요."

지금 생각하니 너무 후회도 되고 아빠한테 미안하다.

시간이 지났는데도 아빠는 내가 편지를 학교에 낸 것에 대해 화가
풀리지 않으셨나? 아빠는

"소희야, 다시는 그런 짓 하지 말거라. 큰 비밀은 지키는 법이야."

하고 말씀하셨다. (4학년 여)

건강을 걱정한 나머지 아버지께 부탁 편지를 써서 보여 드렸는데, 아버
지는 그 편지를 학교 선생님한테 냈다고 나무란다. 아버지 처지에서는 그
럴 만도 하겠지만 그렇다고 무조건 아이 표현을 막는 건 좋지 않다. 그러지
않아도 요즘 아이들은 영악해서 자기 본심은 감추어 놓고 어른들 기분 언
짢게 하지 않으려고 꾸며서 말하는 경우가 많지 않은가.

꼭 지켜야 할 비밀이라면 그 까닭을 조곤조곤 이야기해 주어서 아이가
잘 받아들일 수 있도록 해 주어야 한다. 또한 일기장에 쓴 글은 어떤 내용
이든 간섭하지 말아야 한다.

시끄럽다!

내 동생이 엄마한테 영어 알파벳 모른다고 혼날 때 나는 일기를 쓰
고 있었다. 그때 엄마가 갑자기 나한테,

"아, 그리고 안혜영! 니는 저번에 보니까 엄마한테 욕하는 글 그런
거 쓰던데 이제 그런 거 쓰지 마라."

하고 말했다. 나는,

"왜?"

하고 물었다. 그런데 엄마는,

"쓰지 말라면 쓰지 말라는데!"

했다.

"선생님이 그런 것도……."

나는 아직 말이 끝나지도 않았는데 엄마가,

"아, 됐다 됐다! 시끄럽다!"

하는 것이었다. 나는 다시,

"아니, 그게 아니라. 그러니까……."

하고 말을 이어 가려는데 엄마는 다시,

"시끄럽다! 엄마가 시끄럽다 카면 가만히 조용히 있으면 되지 뭔 말이 많은데, 어?"

하고 내 말을 끊어 버렸다. 나는,

"아휴우."

하고 한숨을 쉬었다. 엄마도,

"휴우."

하고 나처럼 한숨을 쉬었다. 나는 엄마한테,

"땅 꺼지겠다."

하고 말하고 싶었다.

엄마는 툭하면 내 말을 막고 끊어 버린다. 전에 내가,

"아, 나 밥 별로 안 먹었다."

하고 말하니까 엄마는,

"으이구! 그게 별로 안 먹은 거가?"

하고 말했다. 내가,

"별로 안 먹은 거지."

하니까 엄마는,

"시끄럽다!"

하고 말을 끊어 버렸다.

엄마는 툭하면 내 말을 무시하고 말을 못 하도록 막아 버린다.

(4학년 여)

아이가 어떤 일을 두고 설명이나 해명을 하려고 하면 "네 말은 들을 가치조차 없어!" 하는 식으로 싹둑 잘라 버리는 경우다. 아이 처지에서 보면 참 기가 막히는 일이다. 아이 존재를 업신여기는 행위라고 볼 수밖에 없다. 이런 가운데서는 아이 자존감이 살아날 수 없다. 모든 일에 자신감을 잃고, 나아가서는 자기를 말살할 수도 있다. 그러니 아무리 바빠도 아이 말을 끝까지 들어 주어야 한다. 제때 못 들어 주었다면 나중에라도 그 말을 하게 하고 깊은 관심으로 들어 주어야 한다. 그렇게 해서 잘된 점은 무엇인지, 무슨 문제가 있는지, 문제가 있으면 어떻게 하는 것이 좋을지 친절하게 말해 주어야 한다. 그래야 부모 말을 더욱 믿고 따를 것이다. 그리고 부모가 잘못했을 때는 깨끗이 잘못했다고 말해 주고 고쳐야 한다.

우리 사회는 진실을 덮어 놓고 보기 좋은 것으로만 번지르르하게 포장해서 마치 진실인 양 내세우는 일이 얼마나 많나. 그리고 그것을 진실로 믿고 사는 사람 또한 얼마나 많나. 거짓을 밝히지도 비판하지도 않는 사회는 썩은 사회다. 아이들이 맞는 것은 맞고 아닌 것은 아니라고 정직하게 말하고 적는 태도를 기르는 것은 앞으로 건강한 사회를 만들어 가는 데 튼튼한 바탕이 될 것이다. 그래야 앞날이 밝을 수 있다.

어른은 아이의 모든 것을 받아들여야 한다

어느 정신 분석 학자 말에 따르면, 아이들 정신 건강에서 가장 무겁게 자리를 잡고 있는 것이 적개심이라고 한다. 아이들은 어른 중심 사회, 어른에게는 무조건 복종해야 하는 사회에서 비롯된 적대 환경에 둘러싸여 있다. 이런 환경 속에서는 적개심이 싹틀 수밖에 없겠지. 그러나 적개심을 겉으로 드러내면 죄의식을 느끼도록 교육받기 때문에, 속으로 눌러둘 때가 많다.

이 눌러둔 적개심이 제멋대로 터지면 다른 사람을 미워하면서 사회 문제를 일으키고, 그렇다고 그놈을 안에 가두어 두면 자기를 부숴 버리는 행동을 하게 된다고 한다. 또 적개심이 눌려 있으면 불안도 따르게 되는데, 이것을 잘못 다루면 온갖 정신병이 생길 수도 있다고 한다.

그러니 적개심을 어떻게든 밖으로 내쫓아야만 건강하게 살 수 있다. 한꺼번에 터뜨려 큰 비행으로 나타나지 않게, 앞에 내보인 아이들 글처럼 밖으로 쏟아 내도록 해 주어야 한다.

아이들은 단순하고 순진해서 여러 가지 감정과 생각을 거리낌 없이, 때로는 아주 거칠게 표현하기도 한다. 어른들은 아이들이 하는 그 모든 표현을 받아 주어야 한다. 그것은 곧 표현에 담긴 일, 생각, 사상, 감정 따위를 옳거나 그르거나 모두 받아들인다는 뜻이다. 말하자면 그 아이의 모든 것을 받아들인다는 것인데, 그래야만 아이들 앞에 바로 설 수 있는 진짜 어른이 될 자격이 있다.

02

매 맞는 아이들

아이를 기르다 보면 정말 어쩔 수 없이 매를 들어야 할 때도 있다.
아이들 몸과 마음에 상처를 남기는 일이 없도록 하면서 말이다.
그런데 아이들 글에 나타난 어른들을 보면 하나같이 어른들 사이 갈등을
매질로 풀거나, 자기 잘못까지 아이에게 덮어씌우기도 하고
아이의 조그만 잘못을 꼬투리 잡아 매질을 하고 있다. 참으로 부끄러운 일이다.

매 맞는 아이들

우울한 하루

아버지가 어제의 화가 다 풀리지 않았는지
그저 화내기만 한다.
고함을 버럭버럭 지르며 우리를 막 때린다.
회초리로 등을 찰싹찰싹 막 때린다.
왠지 선생님만 자꾸 보고 싶다.
다 싫다.
엄마도, 할머니도 아무도 보고 싶지 않지만
선생님을 만나서 얘기하고 싶다.
내가 다 싫어하는 것처럼 식구들도 나를 다 싫어한다.
얘기하기도 싫어하고 놀기도 싫어한다.
선생님, 저의 마음이 언젠가 활짝 펴져서
마음껏 공부하고, 운동도 하고, 시도 써 보고 싶어요.
저도 새가 되어서 온 사방을 돌아다니고 싶어요.
맑은 공기 마시며 푸른 하늘로 가고 싶어요.
하지만 오늘은 아버지 일 때문인지 죽고 싶기만 해요.

(6학년 여)

내가 어릴 때만 해도 어른들이 살아가는 태도가 요즘보다는 올곧았다. 아이들도 그런 어른 모습을 보며 자랐고 가정 교육도 엄격한 편이어서, 그릇된 행동을 잘 하지 않았다.

　어른들 이야기로는 우리 어릴 때보다 더 옛날에는 매 맞을 짓도 잘 안 했다고 한다. 가끔 매 맞을 짓을 하면 회초리를 드는 사람은 대체로 가장 웃어른인 할아버지였다고 한다. 그 이야기를 간추리면 이렇다.

　매를 드는 어른은 아무리 화가 나도 화난 채로 때리지 않았다. 먼저, 잘못을 저지른 아이에게 회초리를 꺾어 오게 하고, 다음에는 아이 스스로 바지를 걷어 올리게 해서 목침 위에 올려 세운다. 그렇게 하는 데는 까닭이 있다. 그동안 아이는 무엇을 잘못했나 생각할 테고, 매를 드는 어른은 파르르 오른 감정을 삭이면서 마음을 가다듬고 진정 어린 사랑을 매에 담았겠지.

　회초리를 들고도 바로 때리지 않았다. 어떤 잘못을 했는지 깨우칠 수 있도록 아이 스스로 말하게 한 다음에 때린다. 회초리 맞는 양도 어른이 마음대로 정하지 않고, 무슨 잘못을 했으니까 몇 대 맞으면 되겠는지 물어서 아이 스스로 정하게 한다. 그리고 때리는 동안 아이에게 그 수를 헤아리게 한다. 한 대 한 대에 반성의 뜻을 담도록 하는 것이겠지. 이때 회초리는 아이 감정과 어른 감정 사이에서 완충 구실을 했다.

　또렷하게 기억은 안 나지만 나는 아버지나 어머니에게 매 맞은 일은 없다. 꼭 하나 기억에 남는 것은 무슨 저지레를 해서 할머니께 맞은 일이다.

그때 회초리는 솔잎이 붙은 솔가지였는데, 맞으면 종아리가 따끔따끔했다. 그 따끔한 맛은 견디기 힘들 만큼 아픈 느낌이 아니라 오히려 할머니의 진짜 사랑을 느낄 수 있는 것이었다.

요즘은 자녀 수가 하나 아니면 둘이라서 그런지 자녀에게 거는 관심과 기대가 지나치리만큼 크다. 물질로나 정신으로나 아이가 해 달라는 대로 다 해 준다. 부모가 할 수 있는 데까지, 때로는 부모 능력을 넘어서라도 말이다. 그러면서도 한편으로는 자녀를 소유물쯤으로 여기고 부모 마음대로 해도 된다고 생각한다. 말하자면 과잉 사랑, 이기적인 사랑이다.

이런 부모는 자녀 교육관이 아예 없거나 뒤틀린 경우가 많다. 그러니 자녀 교육도 일정한 원칙이 없이 생각나는 대로 하다가 자기가 바라는 대로 안 되면 손쉽게 매를 들게 된다.

한국아동학대예방협회와 한양대학교 정신건강연구소가 2000년 6월 9일에 '한국의 아동 학대 실태 및 후유증'이라는 주제로 학술 세미나를 열었다. 그때 낸 자료를 보면, 전체 부모 74.6퍼센트가 때린 경험이 있다 한다. 어른의 기분이 뒤틀렸다 하면 때에 따라서는 이성을 잃고 몽둥이를 들기도 하고 망치나 칼 같은 흉기를 들기도 한다. 우리 나라 아동 학대 발생률은 전체 아동 43.7퍼센트로 본다. 신고된 것만 해도 해마다 크게 늘고 있다고 한다.

매를 드는 부모들 특징을 간추려 보면 다음과 같다.

- 어릴 때 학대를 많이 받은 부모들 90퍼센트 이상이 아이를 학대한다. 학대 방법이나 강도도 자기 어릴 때 받은 것과 비슷하거나 더하다.
- 부모 성격이나 정신에 문제가 있을 때(정신이 모자랄 때, 성격이 급하고 충동적일 때, 알코올 중독이나 우울증 따위를 앓을 때) 자주 아이를 심하게 학대한다.

- 부부 문제나 가정 문제로 쌓인 갈등이나 분노를 상대편에게 표현하지 못해서 풀 길이 없을 때 힘없는 아이에게 매를 든다.
- 걱정을 명분으로 내세우나, 문제 해결의 무력감, 강박적 불안감, 체면 손상, 심리적 압박감을 해소하려고 매를 든다.
- 대체로 아이의 사고 수준이나 능력 이상으로 아이에게 기대하다가 그에 못 미칠 때나, 어떤 사태에서 어떻게 아이를 가르쳐야 할지 모를 때, 권위로 누르다 통하지 않으면 매를 든다.
- 아이는 어른의 규칙을 무조건 받아들여야 한다는 권위 의식을 가지고 있는 어른이 매를 든다. 아이가 잘못을 했을 때, 일삼아 저질렀는지 아니면 잘 모르고 그랬는지 밝히려 들지도 않는다.

이렇게 매를 드는 부모는 모든 것을 자기 주관대로 판단하고 정당화하기 때문에, 다른 어떤 바람직한 것을 보아도 자극을 받지 못한다.

매를 드는 까닭으로는 '형제 간에 다퉈서'가 가장 많다. 그다음이 '공부를 안 하거나 성적이 나빠서' '부모에게 대들어서'이다.

매를 드는 유형도 여러 가지다. 까닭과 명분이 있는 경우, 까닭과 명분이 있어도 잘못에 비해 정도가 지나친 경우, 까닭도 모르고 매를 드는 경우, 아이가 잘못하지도 않았는데 매를 드는 경우, 자기 화풀이로 매를 드는 경우 따위다.

그러한 몇 가지 사례를 아이들 글에서 살펴보자.

우리끼리 풀 수 있어요

어른들은 의견이 대립되면 서로 다른 의견만 가지고 다투는 것이 아니라, 자기 의견에 찬성하지 않는 사람 자체를 미워한다. 반대로 아이들은 서로 다투다가도 다시 친해지는데, 그것은 단순히 의견 차이로만 다투기 때문이다.

문제는 아이들 싸움에 부모가 끼어들어 일을 그르치는 경우가 많다는 것이다. 아이들이 어떤 의견 차이로 다투는지 생각지도 않는 부모들은, 어른 기준으로 판가름하거나 미운 아이 고운 아이로 갈라서 미운 아이를 공격하는 경우가 많다. 누가 옳고 그른지 또렷이 구별하기 어려우면 "둘 다 똑같애!" 하면서 무조건 둘 다 잘못했다고 나무라기도 하고…….

동생을 때렸다가

작년 가을쯤 되었을 때의 일이다. 저녁을 먹고 동생과 장난을 쳤다. 그런데 동생이 잘못 때렸는지 내가 세게 맞았다. 아파서 죽는 줄 알았다. 그래서 나도 참을 수가 없었다. 동생을 발로 힘대로 차니 크게 울었다. 동생이 울면 엄마가 들을 것을 알고 있었다. 그래서 엄마가 오기 전에 그치게 하려고 큰 소리로,

"김상미, 그쳐라. 10초 만에 그쳐라. 1초, 2초, 3초, 4초, 5초, 6초, 7초, 8초, 9초, 10초. 디진데이!"

아무리 그래도 그치지 않는 것이다. 나는 주먹을 꽉 쥐고 한 방 때렸다. 그때 엄마가 들어온 것이다.

"와 때리노! 니도 한번 맞아 볼래!"

"아니다. 상미가 먼저 때렸다."

큰 소리로 말하였다. 엄마는,

"니는 오빠야 아니가!"

하면서 더욱 화를 내는 것이다. 그때는 꼭 상미만 좋아하는 것 같았다.

엄마는 다시 소리를 버럭 질렀다.

"밖에 나가 파리채 가온나!"

"엄마예, 다음부터 안 그러께요. 엄마예, 한 번만요."

그래도 엄마는 밖에 나가 파리채를 가지고 오더니 문을 잠갔다.

"종아리 걷어!"

나는 겁이 나 맞기도 전에 눈물을 흘리며 싹싹 빌었다. 그러나 소용이 없었다. 나는 한 방 맞고 뒤로 슬슬 물러났다. 그러니 엄마가 앞으로 오라고 하였다. 그러나 또 맞을 바에야 도망이나 가자 하는 생각에 오만 방구석 다 들어갔다. 그러나 엄마한테는 열쇠가 있기 때문에 문을 열고 들어와서는 등과 엉덩이를 때렸다. 그곳에서 다섯 대를 때리고는 엄마가 밖에 나갔다. 엄마가 때릴 때 눈이 삐쭉 올라가고 입이 쭉 벌려져 다른 때보다도 배나 무서웠다.

나는 이불을 덮어쓰고는 막 울었다. 한참 지나니 상미가,

"오빠야, 괜찮나?"

나는 화가 나서 아무 말도 하지 않았다. 이불 속에 한참 있으니 더워 밖에 나왔다. 엄마가 들어오는 소리가 들렸다. 책상 밑에 숨었다. 엄마는 아빠한테,

"오식이 어디 갔는 줄 알아요?"

하는 소리가 들렸다. 그러다가 잠을 잔 것이다.

일어나니 다리가 따갑고 빨갛게 표시가 되어 있었다. 그것을 보고 또 눈물을 흘렸다. 그때는 정말 엄마가 죽었으면 좋겠다는 생각도 들었다. 엄마가 맞은 곳을 보더니 약을 발라 주셨다. 그날로 3일 동안은 엄마가 싫고 엄마를 안 모시고 살아야겠다는 생각이 들었다.

지금의 생각 그때는 정말 엄마가 없고 죽었으면 좋겠다고 생각했는데 이제 시간이 지날수록 엄마가 좋아지고 아빠가 싫어진다. 이제는 아빠가 많이 때리고 엄마

는 안 때린다. 그래서 엄마는 오래오래 살았으면 좋겠다. (5학년 남)

이 아이는 동생과 장난을 치다가 세게 맞은 모양이다. 장난이지만 동생이 자기를 너무 세게 때리는 바람에 그만 화가 나 동생을 힘껏 찼다. 그러고는 동생을 울렸다고 어머니한테 꾸중 들을까 봐 울음을 그치게 한다는 게 주먹으로 때린 것이다.

어머니는 먼저, 주먹을 휘두른 아이에게 따끔하게 말해 주면 된다.

"동생이 아무리 잘못을 해도 주먹을 휘두르는 짓은 아주 나쁜 거야."

그런 다음 싸운 까닭을 자세하게 들은 뒤에, 꾸중할 일인지 타이르고 말 일인지 생각해야 한다. 말할 것도 없이 아이들 일은 타이르고 깨우쳐 주는 것이 가장 좋은 방법이겠지. 풀지 못할 매듭이 꼬여 있는 게 아니기 때문이다. 여기서는 두 아이 다 잘못이 무엇인지 알고 있기 때문에 아주 쉽다.

사이좋게 지내는 아이들을 머리에 그리며 살다가 싸우고 있는 꼴을 보면 화가 안 날 수야 없겠지만, 그래도 차분히 해결해야 한다.

"장난하다 그런 것 가지고 싸워서야 되겠니? 그리고 동생을 달래려면 말로 달래야지 주먹을 쓰면 되겠니? 그건 아주 몹쓸 사람이나 말로 풀 능력이 없는 사람들이나 하는 짓이야. 사이좋게 지내라."

그러고 나서 한 번씩 안아 주면 그만이다.

동생과 볼펜 때문에 싸우다

밤에 놀다가 동생하고 내하고 볼펜 때문에 심하게 싸웠다. 그때 엄마가 성질을 내면서,

"누가 이기는가 한(한번) 보자."

내가 동생을 때리고 난 뒤에 엄마가 또 성질을 내면서,

"이현석, 동생을 왜 때리는데?"

"연희가 까불잖아."

"동생을 까분다고 때리나?"

연희가,

"니도 까불면 때리면 되겠네?"

"그래!"

"지금 때려 보께 가만히 있어래이?"

"내가 왜 가만히 있는데?"

그런데 엄마가,

"저쪽에 가서 뒤져라 고마."

했다. 나는 그 소리를 듣고 화가 확 나서,

"뒤져 뿌께!"

그러고는 방문을 쾅 닫고 옆방으로 갔다.

"니 맞을래!"

나는 아무 말도 하지 않고 옆방으로 갔다. 가니까 이불도 없고 찬 방이고 해서 덜덜덜 떨었다. 나는 그때 농에 이불이 있을지도 모른다고 생각하고 열어 보니 이불이 많았다. 나는 이불을 덮어쓰고 서러워서 울었다. 숙제 때문에 따뜻한 방에 가서 내 가방을 들고 올라고 하니 엄마가,

"니 누고? 니 누구 집 아들이고? 연희야, 처음 보제?"

"어."

나는 가방을 들고 울면서 옆방으로 갔다. 가방은 들고 왔는데 공부가 안되었다. 나는 괜히 화가 나서 벽을 주먹으로 팡 때렸다. 손이 부숴질 것 같았다. 그런데 엄마가 와서 아무 말 없이 볼을 때렸다. 나는,

"아!"

하고 소리를 질렀다. 그러니까 엄마가 비짜리로 몸, 다리, 얼굴을 우리 외갓집 큰집 아주머니가 돼지 때리듯이 때렸다. 나는 울면서,

"엄마, 한 번만 봐도!"

엄마는 그만 때리고 성질을 내면서,

"엄마한테 어데 대드노, 어!"

나는 그 방에서 아홉 시까지 울었다.

엄마가 잘 때 따뜻한 방으로 살살 가니까 엄마가 일어나서 나는 다시 옆방으로 숨었다. 엄마가 안 자서 밤새도록 추운 방에서 잤다.

아침에 보니 따뜻한 방에 와 있었다. (3학년 남)

어머니는 동생을 때린 것만 가지고 아이를 나무랐지, 싸우게 된 까닭은 헤아리지 않았다. 그러니 동생은 어머니 힘을 업고 오빠한테 대든다. 거기에다 어머니가 동생을 끌어들여 조롱까지 하니, 아이는 치밀어 오르는 화를 누르지 못한다.

이럴 때는 아이의 화를 바로 받아치려고만 하지 말고, 가라앉을 때까지 한발 물러서 주는 것도 한 가지 방법이다. 화가 풀리고 나면 차츰 자기 잘못을 깨닫기 때문이다. 그러고 나서 함부로 주먹을 써서는 안 된다고 일깨워 주면 된다. 너무 지루하게 꾸중하지 말고 사랑을 담아 타이르듯 하면 된다.

동생이 한 잘못을 깨우쳐 주는 것도 잊지 말아야 한다.

언니와의 싸움

지난 여름 방학 시작했을 때 하루는 엄마가,

"너거들 여름 방학 때 할매 집에 가 가지고 잘 거니까 방 청소 깨끗이 하고 할매 집(할머니는 한마을에 살고 있음)에 가래이."

해서 우리는 방을 하나하나 치워 나갔다. 그런데 언니가,

"이미선, 니 이 쓰레기 좀 버리고 온나."

하고 막 시키는 것이다.

"니가 버리지 왜 내보고 시키는데?"

하니 한숨을 쉬다가,

"니 오늘 한번 맞아 볼래? 빨리 안 갔다 올래!"

"미쳤나! 내가 왜 맞는데? 니나 많이 맞아라!"

그러니깐 화가 머리끝까지 올라서 나를 발로 한 방 찼다. 나는 울고 싶었지만 내가 울면 지가 이긴 줄 알고 좋아할까 봐 아파도 꾹 참고 나도 차고 언니도 한 방 차고 하다가 언니가 내 머리를 당겼다. 그러니 화가 머리끝까지 치솟아서 마구잡이로 막 때렸다. 언니는,

"니 요 와 봐라!"

하면서 내 가까이로 와서 막 때렸다. 맞고 못 있어서 나도 할퀴고 물고 땡기고 했다. 아파서 참다 참다 못해 울어 버렸다. 엄마가 들어와서 언니를 때리라고 집이 떠나갈 정도로 막 울었다. 암만 울어도 엄마는 오지 않았다. 그래서 울다가 일어나서 언니를 막 때렸다. 언니는 안 되니까 쓰레기통으로 내 머리를 맞히었다. 그렇게 아프지는 않았지만 그때도 막 울었다. 자꾸 우니까 속이 막 울렁거려서 그 자리에 올려 버렸다. 바깥에 나와서 올릴 수도 있었는데 그 자리에 하면 지가 치우기 어렵도록 하기 위해서다.

나는 다시 일어서서 마구잡이로 무엇이든지 막 던졌다. 언니도 막 집어던졌다. 나는 잘 못 맞히는데 지는 나를 명중으로 맞히어서 얼굴이 빨갛게 되었다. 얼굴이 그러니 더 속이 부글부글 끓는 것 같았다.

화산이 폭발할 정도라고 할 수 있다. 그렇지만 아무리 해도 더 이상 이기지 못할 것 같아서 물을 한 바가지 가지고 와서 퍼부었다. 그랬더니 언니가 막 울었다. 속이 후련했다. 언니가 화가 더 나서 나를 때리려고 할 때 엄마가 밭에서 일을 마치고 돌아왔다. 그래서 한 대 맞을 거 덜 맞았다는 생각이 들어서 좋았다.

"너거 둘 다 여 와 봐라! 누가 싸우라 카드나! 방 청소 하라 그랬지!"

그러면서 파리채로도 때리고 손으로도 막 때렸다. 내가 먼저 시작한 것도 아닌데 내보고만 그러고 언니한테는 안 그러는 것 같아서,

"언니가 먼저 때렸어."

하니깐,

"그렇다고 또 니는 언니한테 대드나?"

그러면서 나를 또 때렸다. 맞을 때는 찜통에 들어가 있는 것 같았다. 그러니깐 몸이 불덩어리처럼 막 뜨거웠다.

엄마는 힘이 없는지 그냥 두었다. 그래서 그냥 우리 방으로 왔다.

'이 시발, 둘이 짜고서 내 때리기로 약속했나! 지가 잘났으면 어느 정도 잘났노! 지가 그렇게 잘났나!'

그러고 나서 세수를 하고 방에 들어갔다. 한 개 한 개 챙그리고 있는데 언니가 또 들어왔다. 보기 싫어서,

"보지 마라! 왜 보는데? 재수 없다."

그래서 또 싸웠다. 엄마가 화가 나서 불을 켜고 말하였다.

"너거 사과 안 하나! 한번 더 맞아 볼래?"

'맞기는 누가 맞는데.'

"빨리 사과 안 하나!"

'하면 되지 못 할 거 뭐 있노.'

나는 억지로 입을 열어서 말하였다.

"미안하다."

"나도."

'미안하기는 개코가 미안하나. 다음부터는 언니하고 원수지간처럼 지낼 거다. 두고 봐라.'

"흥!"

지금의 생각 지금도 언니하고 원수처럼 지내고 있다. 어쩌다가 좋게 지낸 적도 있긴 하지만 끝까지 원수처럼 지낼 것이다. 그리고 엄마는 언니 편, 할매는 오빠 편, 아빠는 내 편이기 때문에 주로 다른 사람의 말은 잘 듣지 않으며 아빠 말만 잘 듣고 있다. 이렇게 자꾸 진행해 나갈 것이다. 언제까지나 ……. (5학년 여)

두 아이 모두 조금도 물러서지 않고 다투는 걸 보면 고집이 이만저만이 아니다. 이런 고집은 용서하고 베푸는 마음, 남을 생각하는 마음을 어릴 때부터 길러 주지 못한 데서 비롯된 것이다. 그 문제가 끝내 어른에게 돌아오고 만 셈이다. 거기다 어른은 또 돌아온 문제를 잘 풀지 못하고 욱하는 마음으로 매질부터 해 버렸다. 겉으로는 어머니 위압에 굴복하는 듯하지만, 아이는 속으로 반감만 키우고 있다.

"언니가 먼저 때렸어" 하고 억울함을 호소할 때, 아이 말을 받아 주고 고개를 끄덕여만 주어도 아이에게 큰 위로가 될 것이다. 언니 쪽에서도 억울함을 호소하면, 그것도 받아 주면 된다.

오빠와 싸움

오빠와 나는 공부를 하고 있었다. 근데 내가 수학 모르는 게 있어서 오빠한테 물었다.

"오빠야, 이거 어떻게 하는데에?"

그러니 오빠가,

"니는 이것도 모르나? 니 완전 바보 아이가?"

했다. 나는 그 말에 화가 나서,

"내가 모르는데 뭐 보태 준 거 있나, 응? 오빠가 무슨 관심이라도 가져 줬나?"

그러니 오빠가 하는 말이,

"그래! 보태 줬다, 왜!"

하였다. 나는 더 화가 나서,

"뭐 보태 줬는데?"

하고 대들었다.

그때 엄마가 들어오며,

"너거들 또 와 싸우노! 뭐 때문에 싸우노, 응?"

했다. 나는,

"오빠한테 내가 수학을 좀 물었는데 오빠가 '니는 이것도 모르나, 바보야!' 하면서 내보고 그러잖아!"

하며 엄마한테 일렀다. 그러니 오빠가,

"우와!"

하고 소리를 질렀다. 엄마가,

"'우와'는 뭐가 '우와'고! 니는 가르쳐 주지는 못할망정 와 못한다꼬 놀리노! 니는 뭐 잘하나!"

하니 오빠는 속으로 중얼중얼거렸다. 엄마는 또 나한테,

"영이 니도 뭐가 잘했노! 그리고 와 오빠야한테 까부노, 응!"

하며 야단을 쳤다. 나는 속으로,

'내가 뭐 잘못했노! 그럼 내가 수학 문제 물어본 것이 잘못됐나! 그

럼 다음부터 뭐 안 물어보면 되지!'

했다. 오빠가,

"이 새끼야, 내가 언제 바보라 그랬는데, 응?"

하며 막 우겼다. 내가,

"내가 수학 문제 몰라서 물어보니까 오빠야가 '으이구 바보야' 했잖
아!"

하니 엄마가,

"오빠가 안 캤다 안 카나, 가시나야! 가시나야, 니는 엄마가 안 놓을
라 카다가 놔 놓으니까 와 그렇게 말을 안 듣노! 내가 헛고생했다."

하는 것이다. 나는 너무나 놀랐다.

"엄마! 내가 수학 좀 물어봤는 걸 가지고 사람을 이렇게 걸레 취급
해도 돼?"

하니까 엄마는,

"가시나, 니 지금 엄마한테 대드는 거가, 응!"

하고 소리를 질렀다.

나는 속으로,

'엄마는 진짜 우리 엄마 맞나? 나를 완전 개미 새끼 아니 송충이 취
급하는데, 내가 크면 다 그 대가 치러진다, 아나!'

하면서 엄마 욕을 막 했다. 속이 후련했다. (4학년 여)

어머니는 아이 오빠도 나무라고 이 아이도 나무라서 잘 처리했다 싶을
지 모르지만, 아이는 자기를 꾸중한 것에 불만이 많다. 어머니가 오빠 편
을 들면서 기분 나쁜 말로 나무랐기 때문에 더욱 그렇다.

이 경우는 매를 맞지는 않았지만, 매보다 더한 말이 화살이 되어 아이 가

슴에 박혔다. "가시나야, 니는 엄마가 안 놓을라 카다가 놔 놓으니까 와 그렇게 말을 안 듣노! 내가 헛고생했다"고 한 말에서 어머니가 자기를 미워한다고 생각하기 쉽다.

아이들은 흔히 이 정도로 티격태격 다투며 큰다. 그러면서 미운 정 고운 정이 드는 것이다. 괜히 부모가 잘못 끼어들면 문제가 더 악화될 뿐이다. 꼭 도움을 주고 싶다면 두 아이 다 달래 가면서 누가 먼저 잘못했는지, 저마다 무엇을 잘못했는지 깨우쳐 주면 된다.

아이들은 사리 판단력이 모자라고 가치 기준이 또렷하지 못해서, 자기 의견이나 주장을 내세울 때 표현이 서툴고 자기 중심적이다. 욕구 조절도 잘 못 해서 서로 욕구가 부딪치면 싸움으로 문제를 풀려고 한다. 다투면서 옳고 그름과 가치를 판단하는 기준을 스스로 만들어 나가기 때문에, 싸움은 자연스러운 현상이라 보면 될 것이다. 아이들의 자기 중심적인 가치 기준은 그렇게 객관화되어 간다. 말하자면 사회성을 배워 가는 것이다.

싸우지 않고 자라는 아이가 있다면, 그저 칭찬만 할 게 아니다. 그런 경우에는 한쪽이 다른 한쪽에 맹종하고 있을 때가 많다. 서로 의견을 내세우다 보면 싸움이 일어날 수밖에 없고, 그러면서 자기 의견을 합리적으로 관철하는 능력을 키우게 된다.

위험한 경우만 아니라면, 아이들 싸움에 끼어들지 않는 것이 좋겠다. 싸움이 끝났을 때 깨우쳐 주고, 어떠한 경우라도 주먹을 휘둘러서는 안 된다는 것을 엄하게 일러두면 된다. 평소 아이들 사이에 질서를 세워, 언제라도 불공평한 일이 일어나지 않게 하는 것이 무엇보다 중요하다.

실수할 수도 있잖아요

나는 성격이 아주 급하다. 조그만 일에는 잔소리도 꽤나 하는 편이다. 그런데 실수를 하거나 큰일을 저지른 아이에게는 꾸중을 잘 안 한다. 뜻밖에도 그때는 내 마음이 아주 커지고 차분해져 있다.

아이가 큰 어항을 씻다가 깨뜨려도 나는,

"큰일날 뻔했잖아! 빨리 깨진 유리나 치아라. 베이지 않게 조심하고."

하고 만다. 그러면 벌벌 떨던 놈이 그만 눈물을 쭈르르 흘린다. 그것으로 된 것이다. 무슨 말을 더 하겠나. 어항을 깬 아이에게 어항 관리하는 일을 맡겨 보아라. 다시는 실수를 저지르지 않고 자신 있게 잘할 것이다.

그런데 많은 어른들은 실수를 저질러 벌벌 떨고 있는 아이에게 머리끝까지 화를 내며 매를 든다. 이때, 이제 막 아이들 속에서 자라고 있는 의욕, 자신감, 진취성, 개척 정신, 도전 정신 같은 것들이 꺾여 버리고 만다.

'누가 나한테 그런 일 시키라고 했나!'

'내가 깨고 싶어 깼나!'

이렇게 반감을 가질 수도 있다.

또 한 가지는, 매를 맞은 것으로 값을 치렀다고 생각하고 자기 실수나 잘못을 인정하지 않게 된다는 것이다. 이것저것 다 잃어버리는 셈이다.

일기 글씨를 못 써서

얼마 전에 한 날은 학교에 갔다 오니 엄마가,

"니 일기장 한번 보자."

하며 말했다.

"일기는 왜?"

"잔말 말고 빨리 일기나 꺼내라!"

"알았다."

나는 엄마에게 일기장을 드렸다. 엄마는 일기장을 살펴보시더니,

"니 글씨가 이게 뭐꼬! 1학년 글씨보다 더 못하네!"

"뭐, 잘 썼는데."

"니 눈에는 잘 쓴 걸로 비나. 오늘 엄마한테 맞아야겠구나. 파리채 가져온나!"

나는 찾는 척하다 맞기 싫어,

"없다, 엄마."

"뭐 없다고? 니 거짓말할래! 엄마가 찾아보까!"

"알았다."

나는 파리채를 찾아 엄마에게 드렸다.

"손바닥 대라!"

나는 손바닥을 대었다. 전번에도 한번 맞았는데 별로 안 아파서 그 냥 손바닥을 대었다. 엄마는 다시 일기장을 보시더니,

"못 쓴 것이 열 개 정도 되니까 열 대 맞으면 되겠네!"

"뭐? 열 대씩이나?"

나는 깜짝 놀랐다. 두 대나 세 대 정도 맞을 것 같았는데 열 대씩이나 맞아야 했기 때문이다.

"자, 때린데이."

"알았다."

"하나, 둘, 셋, 넷, 다섯."

"아야!"

나도 모르게 "아야!"라는 소리와 함께 손을 뺐다. 엄마는,

"손 안 대나! 니 더 맞을래?"

"알았다!"

나는 반항 한번 하지 못하고 손바닥을 대었다.

"여섯 대, 일곱 대, 여덟 대, 아홉 대, 열 대. 따끔하제!"

손바닥이 빨갛게 되었다. 엄청나게 아팠다. 파리채를 보니 휘어져 있었다. 나는 눈물이 나왔다. 엄마는,

"오늘 일기 다시 쓰자. 일기장하고 연필 가져온나!"

"알았다."

나는 얼른 방으로 들어갔다. 연필과 일기장을 가지고 엄마에게 갔다.

"연필 꼬라지는 이게 뭐꼬! 니 더 맞을래!"

"아니. 연필 깎아 올게."

"빨리 깎아 온나!"

"알았다."

나는 얼른 방으로 들어갔다. 연필을 깎는데 손이 막 떨렸다. 손을 보니 빨갛게 되었다. 나는 연필을 깎고 엄마에게 갔다.

"연필 깎아 왔다."

"그럼 일기 써라! 제목은 엄마한테 꾸중을 들은 것으로 써라!"

"응."

나는 일기를 쓰기 시작했다. 엄마는,

"글씨 크기가 이게 뭐꼬! 더 크게 안 쓰나!"

하며 말했다. 나는 안 맞기 위해 글씨를 좀 더 크게 썼다.

"빨리 좀 써라! 시간이 10시 39분이다."

"다 써 간다."

나는 빨리 쓰기 시작했다.

"엄마, 다 썼다."

"그래, 어디 한번 보자."

엄마는 일기를 보시더니,

"그래도 맘에 안 든다. 니 방에 가서 딴 공책에 글씨 연습 좀 해라."

나는 아무 말도 하지 않고 내 방에 와 공책을 꺼내 글씨를 적었다.

"이걸 언제 다 적노. 엄마가 한번 써 보지."

나는 계속 투덜대며 글씨 연습을 했다. 그때 엄마가,

"준영아 나온나, 공책 들고!"

"응."

나는 공책을 들고 엄마한테 갔다. 엄마는 공책을 보시더니,

"니 앞으로 글씨 잘 안 쓰면 혼난데이!"

"알았다."

"또 내일부터 일기 TV 위에 얹어 놔라이?"

"응."

"이제 그만 자라."

시계를 보니 12시가 다 되어 갔다. 나는 잠을 자면서도 엄마가 원망스러웠다. (6학년 남)

쓰면 그렇게도 좋은 점이 많다는 일기를 제대로 쓰지 않으니 부모들은 화도 날 것이다. 우리 아이만 큰 손해를 보는 것 같으니까 매를 들면서까지 일기를 쓰게 하는 것이지. 부모 마음도 이해는 되지만, 이렇게 하면 아이가 오히려 일기와 더 멀어지게 된다는 것을 알아야 한다.

그리고 어른 마음대로 매질을 해 버릇하면 아이가 매 맞는 것을 아주 당연하게 여기고, 나중에는 매를 맞지 않으면 오히려 불안해할 수도 있다. 아이를 자주 살펴보지 않다가 가끔 보고 마음에 안 찬다고 매를 들 것이 아니다. 자주 살펴보면서 조금이라도 열심히 하거나 잘하는 모습이 보이면,

더 잘하도록 칭찬해 주는 것이 좋다.

일기 쓸 때는 글씨를 잘 쓰라고 강조하는 것도 옳지 않다. 글씨에 너무 신경을 쓰면 내용을 제대로 쓸 수 없기 때문이다. 일기는 일기지, 국어 공부가 아니다. 글씨 공부는 일기와 관계 없이 따로 조금씩 하도록 하면 될 것이다.

집에 늦게 들어옴

형 친구들과 축구를 하다 집에 늦게 들어왔다. 집에 들어오니 아빠가,

"느그들 돌았나! 지금이 몇 신데?"

"맞다. 느그들 엄마한테 좀 맞을래?"

"아니."

"느그들 밥 먹지 말고 손 들어! 손 내루면 맞는다이."

"응."

나와 형은 벽에 붙어 서 손을 들었다.

"느그들 아홉 시까지 그렇게 있어라. 손 내루면 맞는다이."

"응."

'우예 아홉 시까지 손 들고 있노. 죽겠네.'

30분이 지났다.

"히야(형), 엄마하고 아빠도 없는데 손 내리자."

"알았다. '하나 둘 셋' 하면 내리기다."

"응."

나와 형은 손을 내렸다. 그때였다. 엄마가 들어온 것이다.

"누가 손 내라라 캤노!"

"그게 아니라……."

"뭐가 그게 아니라! 거실로 둘 다 나온나!"

"응."

'난 이제 디졌다.'

나는 거실로 나갔다.

"파리채 가온나!"

나는 파리채를 갖다 드렸다.

"손바닥 대라!"

형과 나는 손바닥을 대었다.

"두 대씩 맞는데이!"

"응."

"아야!"

나는 너무 아팠다. 엄마는,

"공부하러 가라!"

"응."

나와 형이 공부를 하는데,

"밥 먹어라."

"밥 안 준다매?"

"그냥 무라."

나와 형은 밥을 먹었다. (6학년 남)

가정에서 흔히 일어나는 일이다. 어머니는 예사로 매질하고 아이는 별 생각 없이 맞고……. 또 내일도 그렇게 매질하고 맞고……. 이러는 가운데 부정의 감정이 쌓여 간다. 날마다 긍정의 감동으로 이어지는 삶이 되도록 부모들은 애써야 할 것이다.

그릇을 깨어서

4학년 가을쯤이었다. 내가 잘못했던 일인데, 그만 그릇을 깨었다. 엄마가,

"야이 가시나야, 니 오늘 한번 마(맞아) 볼라 카나."

하며 꾸중을 하는 것이다. 나는 그때 엄마가 미워 짜증을 내면서 시키는 일을 하기는 했는데 말도 옳게 안 듣고 했다. 그릇을 씻으라고 했는데 짜증을 내며 죄 없는 그릇을 툭툭 치고 씩씩거리고 투덜거렸다. 그러니 엄마는 화가 나서,

"지숙이 니 맞는데이. 손바닥 열 대데이."

하였다. 나는 약간 겁이 나긴 했지만 내 속으로는,

'니나 많이 맞아라.'

했다.

그릇을 다 씻고 훌쩍훌쩍거리니 엄마가 도저히 그 소리가 듣기 싫었던지,

"지숙이 니 빨리 아르방에 온나! 빨리 안 오면 죽이 뿐데이."

하며 고함을 고래고래 질렀다. 천천히 신발을 끄실며 가니,

"지숙아, 엄마가 니 그런 소리 내라 캤나, 내지 마라 캤나, 어? 니는 오늘 마구잡이로 할 거다. 빨리 여 온나!"

하였다. 그 말을 듣는 순간 떨떨떨 떨렸다. 엄마가 나를 잡아먹을 듯하였다. 아르방엔 엄마가 들어가 매(파리채)를 들고 있고, 거기다가 빨리 안 오냐고 해서 더욱더 떨었다. 밖으로 뛰어나가고 싶었다.

아르방에 들어갔다. 파리채를 땅에 툭툭 치니 절로 눈물이 비 오듯

쏟아졌다.

　'엄마가 진짜로 때리면 어떡하지? 그러면 살갗이 따갑고 퉁퉁 부어
　오를 건데.'

　그 생각을 하니 너무나 고통스러웠다. 그리고 그땐 엄마가 너무나
미웠다.

　"지숙이 니 그릇은 깨어 놓고 와 투덜거리노, 어? 오늘 한번 마 볼
　래?"

그러면서 때리려고 하였다. 나는 어쩔 줄 몰라 고개를 갸웃갸웃거리듯
이 흔들기도 하고 떨기도 더 떨었다. 그러면서도,

　'치이, 한번 마 볼란다 왜. 치이, 엄마 지만 잘났나. 진짜로 미치겠
　네.'

하며 중얼중얼거렸다. 그런데 엄마가 한 말이 진짜였다.

　"지숙이 니 빨리 손 대. 엄마한테 어디 투덜투덜거려."

　"엄마, 살살 때려라."

　파리채로 손을 때리니 발개지면서 퉁퉁 부어올랐다. 엄마가 꼭 악마
같았다. 이빨이 드라큘라같이 툭 튀어나오고 눈은 둥그렇게 뜨고는 꼭
나를 베 먹을 듯하였다. 거기다가 코는 황소처럼 벌렁벌렁거렸다. 그
땐 엄마를 콱 죽여 버리고 싶었다. 열 대를 다 맞고 거울을 얼핏 보니
내 눈이 뻘겋고 퉁퉁 붓기도 했다. 얼굴은 열이 올라 벌겋게 되었다.
콧물도 저절로 막 나왔다. 그래서 더 훌쩍훌쩍거리니,

　"소리 내지 마!"

하였다. 나는 소리를 내면서 엉엉 울고 싶었다. 콧물을 막으려고 힘썼
지만 콧물이 계속 내려왔다. 그러니 엄마가 한 번만 더 그러면 또 마구
잡이 때린다고 하였다. 나는 그 한 번을 참지 못하고 훌찌럭거리고 말
았다. 엄마는 파리채로 마구잡이 내 허벅지를 때렸다.

"아야! 아야!"

땡고함을 다 질렀다. 손으로 막다가 맞아 몸을 움직일 수가 없었다. 다시 막 때려 촛대뼈에 맞아 너무 아팠다. 뼈에 맞았기 때문이다. 계속 맞아 정신이 하나도 없었다. 겨우 정신 차려,

"잘못했다. 엄마, 다음부턴 안 그러께."

싹싹 빌었다. 비니,

"다음부터 안 그러끼제."

하여 나는 고개를 까닥까닥거렸다. 그러나 속으로는,

'안 그래긴 누가 안 그래. 뭐 혼자 그카마 다 풀리는 줄 아나. 악마같이 생겨 가지고 사람 미치게 만드는 데는 뭐가 있다 카끼네.'

하였다.

엄마가 나갔다.

'어휴, 재수 없다. 이 세상에 저런 어마이가 어디 있노. (훌쩍훌쩍) 이 세상에 아무도 없을 기다.'

나는 매를 맞고 나면 눈이 퉁퉁 부어 눈이 잘 떠지지 않아 잠을 잘 잔다. 더웠지만 화가 나 아르방에서 내가 제일 아끼는 이불을 꺼내서 푹 덮어쓰고는 엉엉 울었다. 억울해서 말이다. 나는 엉엉 울다가 잠을 잤다. 자다가 보니 갑갑하였다. 그래서 이불을 덮지 않으려고 하여도 엄마가 방에 있었기 때문에 내 자존심을 구기지 않기 위해 더워도 그냥 있었다.

오늘의 엄마는 악마 같고, 약간 맛이 간 사람 같았다. 이 일은 영원히 잊지 못할 것이다. 엄마가 너무 미웠기 때문이다. 일어나 보니 눈이 부어 있었다. 내 얼굴이 얼굴 같지 않고 괴물 같았다. 또 허벅지를 보니 퉁퉁 부어 만지니 따가웠다. 정말 밉다. 엄마가 말이다. 엄마를 용서할 수가 없다.

지금의 생각 지금 그 일을 생각하니 내 자신이 부끄럽다. 내가 그렇게 투덜거리지 않았으면 그런 일까지는 벌어지지 않았을 것이다. 내가 엄마한테 미안하다.

(5학년 여)

그릇을 깬 아이를 심하게 몰아세운 것이 문제가 되었다. 아이 자신이 잘못했다고 느끼는데, 이런 식으로 꾸중하면 그 잘못은 간 곳이 없어진다. 이만한 실수는 받아 주면서,

"지숙아, 안 다쳤니? 큰일날 뻔했다. 그릇이 아무리 아까워도 우리 귀한 딸이 다치면 안 되지."

하는 식으로 따뜻한 말 한마디만 해 주었어도 더 이상 문제는 일어나지 않았을 것이다.

아이가 꾸중을 듣고 신경질을 내더라도 모르는 체해 버리면 그만인데, 어른이 싸움을 걸어 기어코 누른다. 그렇게 눌러 이긴 결과가 무엇인가?

거짓말하다 맞았다

엄마에게 맞았다. 맞은 까닭은 거짓말을 했기 때문이다. 어떤 거짓말을 했냐 하면 엄마가 잠깐 ○마트에 간 사이에 동전 상자를 살며시 열어서 700원을 꺼내어 슈퍼에 가서 아이스크림과 초콜릿을 사서 놀이터에서 놀고 집에 오니 엄마가 와 있었다. 난 깜짝 놀라서,

"엄마, 벌써 갔다 왔어?"

"그런데 왜? 너 어디 갔다 왔어?"

그래도 당황하지 않았다. 거짓말을 했다.

"아, 그냥 심심해서 1층에서 10층까지 두 번 왔다 갔다 했어."

"그런데 동전 상자가 놔두었던 대로 되어 있지 않네?"

"엄마, 내가 안 했어."

엄마는 나와 동전 상자를 번갈아 바라보았다. 그러더니 잠깐 큰방에 들어와 보라고 했다. 난 큰방에 들어갈 때 다리가 후들후들거리고 심장이 두근두근 뛰었다.

"정희야, 솔직히 말해!"

"안 썼어!"

나는 일단은 끝까지 버텨 보았다. 그러니까 엄마가 다시 말했다.

"마지막이야. 썼지?"

"……."

나는 아무 말을 하지 않았다.

결국 내 잘못이 밝혀졌다. 엄마는 아무 말도 하지 않고 빗자루로 엉덩이, 허벅지, 종아리를 마구 때렸다. 난 맞으면서,

'흥! 아이씨! 지는 옛날에 안 그랬나? 이 ILLHVHV(거꾸로 돌려 한글로 읽으면 '개새끼')야!'

엄마는 때리고 나서 힘이 들었는지 헥헥거렸다. 그리고 엄마는 땀난 얼굴에 눈에는 눈물이 가득했다. 그래도 나는 마구 때리는 엄마가 미웠다. 엄마는 내가 울면 울수록 더 때렸다. 두 손으로 빌어도 용서해 주지 않았다.

엄마는 마구 때리고 나서,

"이제 욕실 가서 세수하고 방에 들어가!"

하고 소리쳤다. 그때 엄마 눈과 눈썹이 위로 가 있고 입은 윗입술로 아랫입술을 깨물고 있었다. 나는 세수하면서 바지를 내려서 허벅지, 엉덩이, 종아리 때린 곳을 보았다. 헉! 피멍이 들어 있었다. 누르면 비명이 나올 것 같았다.

방에 와 일기를 쓰고 자려고 할 때 엄마 발소리가 들려서 나는 자는 척했다. 엄마는,

"정희야, 자니?"

하고 말했다. 나는 아무 말도 하지 않았다. 엄마는 내 옆에 와서 나의 바지를 벗겨서 피멍 든 것을 보았다. 엄마가 만질 때 아팠지만 참았다. 그 순간 엄마가 울었다. 나는 실눈을 떠서 엄마의 눈을 보았다. 마주칠 뻔했다. 다행히 마주치지 않았지만 나도 울고 싶었다. 엄마가 우는 것을 처음 보았다. (4학년 여)

어릴 때 무엇을 훔치고 거짓말하는 것은 누구나 통과의례처럼 한두 번 겪는 일이다. 그런데 그것을 가지고 '우리 아이가 범죄자 된 건 아닌가? 앞으로 그런 범죄자가 되면 어쩌나!' 지레 겁을 먹는다. 그 싹을 처음부터 잘라야겠다는 마음으로 아이에게 정도 이상으로 꾸중하거나 매를 든다. 아주 잘못된 행위다.

아이가 무엇을 훔치고 거짓말하는 행위를 내 나름대로 몇 가지 경우로 나누어 보면 이렇다. 첫째는 훔치는 것이 나쁜 줄 모르고 저지르는 경우다. 돈이나 어떤 물건이 눈에 보이면 그 돈으로 무엇을 사고 싶은 생각이 나서 그냥 가질 뿐이다. 왜 그랬느냐고 물으면 '그냥 갖고 싶어서'라고 한다. 소유나 잘잘못 개념이 아직 정립되어 있지 않은 아주 어린 아이한테 나타나는 현상이다. 둘째는 소유나 잘잘못 개념을 어느 정도 알고는 있으나 다른 강한 무엇에 의해 잠깐 이성을 잃은 경우다. 돈이나 갖고 싶은 물건이 눈에 보여서 아무 생각 없이 그냥 가졌는데, 그런 짓을 하고 난 뒤에는 잘못했구나 깨닫는다. 셋째는 처음부터 잘잘못을 알면서도 다른 유혹으로 이성 판단이 약해져 저지르는 경우다. 넷째는 잘잘못을 확실히 알면서 일

삼아 돈이나 물건을 훔치는 경우다.

초등 아이들은 대체로 둘째, 셋째 경우다. 그러니 정도 이상으로 꾸중한 다든지, 더구나 매를 때리는 건 아주 좋지 않다. 아이 행위가 옳지 않다는 것을 차근차근 이야기해서 깨닫도록 하면 되는 것이다.

리모콘

오늘 집에 오니까 아빠 방 텔레비전 옆에 리모콘 하나가 있었다.

'이게 여기 조종하는 리모콘인갑다.'

하고 잘 조종이 되는지 알아보려고 텔레비전을 켜 봤다. 그리고는 이리저리 눌러 보았다. 그런데 51번 채널에서 갑자기 멈추어 버렸다. 그래서,

'어떻게 되어 버린 거고?'

하면서 허둥지둥했다.

"어휴우, 큰일났다."

나는 죽었다고 생각했다. 그래서 우리 방에 이불을 덮어쓰고 있어도 막 큰일났다는 생각만 났다. 그렇게 있는데 갑자기 엄마가 와서,

"식아, 니 요 와 봐라!"

화난 목소리로 말을 했다. 나는 얼른 가 보았다. 가 보니 엄마는 나를 보고,

"티부이가 우째 됐노?"

했다. 그래서 나는,

"잘 모르겠는데?"

하고는 집을 뛰쳐나갔다.

저녁이 늦어도 들어오지 않았다. 그러니 누나와 형들이 나를 찾아

나섰다. 그런데 나는 찾기지 않으려고 집 앞 비닐 집에 들어가 있는데 엄마가 나를 찾았다.

"식아, 집에 들어가자."

하며 얌전한 목소리로 말을 해서 엄마를 따라 집으로 왔다.

아빠가 나를 불렀다.

"식아, 니 요 와 봐라."

나는 대고마고(다짜고짜),

"잘못했어요. 잘못했어요."

하고 손이 발이 되도록 싹싹 빌었다. 그런데 아빠는 내 마음도 몰라주고 대고마고 옆에 있던 비짜리를 들고는,

"니가 뭐 잘난 게 있다고 나가노! 오늘 한번 맞아 봐라!"

하고는 머리, 궁디, 어깨 할 것 없이 '퍽' 소리가 나도록 나를 세게 때렸다. 나는 문을 박차고 뛰쳐나갔다. 잘못했다는 생각은 싹 가시고 아빠가 싫다는 생각밖에 나지 않았다.

나는 집에 안 들어갈 생각으로 우리 논이 있는 곳으로 갔다. 그리고는 논에 쌓아 놓은 짚더미를 이용해서 잘 자리를 만들고 짚으로 내 몸을 덮었다. 그리고는 이런 생각을 했다.

'우리 아빠 맞나? 계모 아빠 아니가?'

하고서 막 아빠 욕도 했다. 아무리 생각해도 너무 심한 것 같았다. 지금 생각해도 그렇고, 그때 내 심정은 꼭 죽어 버렸으면 하는 생각이었다. 나는,

'이제 집에 안 들어갈 거야!'

하는 생각을 하였다.

짚더미 속에서 잠이 들었다. 그런데 아침이 되어 깨어 보니까 나는 내 방에 누워 있었다.

나는 며칠 동안 아무 말도 안 하고 방 안에만 틀어박혀 있었다. 아빠는 "괜찮나?" 하는 말 한마디도 없고 평상시와 같았다. 나는 입맛도 없고 해서 하루 동안 굶었다. 또 내 앞에 있는 것은 뭣이든지 다 때려 뿌수고 불 싸질렀으면 속이 시원할 것만 같았다. 나는 만화책 열세 권을 벽에 집어던지고, 째고, 칼로 찌르고, 밟고, 불 싸지르고 개떡이 되도록 사정없이 화풀이를 했다. (6학년 남)

　일삼아 고장낸 것이 아니면 아이 잘못으로 돌려 매질해서는 안 된다. 바르게 쓰는 방법을 가르쳐 주고 조심해서 쓰도록 깨우쳐 주면 그뿐이다.

　그런데 아이는 지레 겁을 먹고 집을 나갔다. 자기 잘못으로 알고 맞을까 봐 나간 것이다. 아버지도 완전히 아이 잘못으로 알고 매를 들었다. 아이나 어른이나 잘못된 인식을 하고 있다.

　게다가 두려워 집을 나간 아이에게 잘못해 놓고 집까지 나갔다고 심하게 매질을 했다. 아이는 며칠 동안 아무 말도 하지 않고 방 안에만 틀어박혀 있었다고 한다. 웬만하면 위로라도 해 줄 거라고 믿었던 아버지에 대한 실망감, 저지른 일에 비해 심하게 맞았다는 억울함이나 울분, 기댈 곳이 무너져 버린 절망감 같은 것 때문이 아닐까?

　마음을 누르지 못한 아이는 끝내 만화책 열세 권을 벽에 집어던지고, 째고, 칼로 찌르고, 불 지르고, 개떡이 되도록 사정없이 화풀이를 했다. 만화책을 아버지라고 생각하고 그런 것은 아닌지.

　아이의 긍정적인 면은 봐 주지 않고, 부정적인 면만 들추어 내어 매질하는 어른들이 참 많다. 그런 어른 밑에서 자란 아이는 자기 행동이나 생각의 잘잘못을 판단하는 능력을 키우기 힘들다. 심하게 매질을 해서 지나치게 정서가 불안해지면, 다른 일이나 사람 관계에서도 자신감을 잃어버리고 말 것이다.

실수를 되풀이하기 전에 바르게 깨우쳐 주어야 한다. 잘못을 저질러도 좋은 말로 타일러 주면서, 사랑받고 칭찬받을 수 있다는 믿음을 주어야 한다.

내 잘못이 아니에요

잘못하지도 않았는데 누명을 쓴 마음은 어떨까. 게다가 잘못이 없다고 해도 믿어 주지 않아서, 그 대가를 치르게 되었다면 얼마나 억울한 노릇인가. 자기 뜻을 마음 놓고 말할 곳이 없는 아이들 처지에서는 더 깊은 상처로 남게 된다. '그까짓 아이들 자존심쯤이야' 하고 코웃음 치는 어른들이 많기 때문이다.

할머니의 요강

5학년 바로 올라왔을 때다.

방에 들어가려고 하니깐 할머니가 나를 불렀다. 그래서 골목에 있는 할머니한테 달려갔다.

"할매, 불렀어요?"

하고 물어보았다. 할머니는 환한 얼굴로 나를 쳐다보더니,

"할매 요강 안에 있는 거 빼가 오줌 눈 거는 거름에 버가 강에 가가
씻어 가 온나."

그래서 집에 빨리 뛰어가 요강을 씻었다. 깨끗이 씻어서 아르방에다가 갖다 놓았다.

갖다 놓은 지 30분쯤 지나자 할머니가 집에 들어왔다.

"다리도 아프고, 방에 들어가가 오줌이나 좀 누고 잠 좀 자야겠다."

할머니는 방에 들어가자마자 나를 불렀다.

"진영아, 진영아!"

방에 들어가니깐 할머니가 요강을 바로 좀 놔라고 하였다. 그러나 그냥 두어도 될 것 같아서 그냥 놓아두었다. 내가 밖에서 제기차기를 하고 있는데 방 안에서,

"아고 진영아, 진영아! 아고야야."

하면서 나를 애타게 부르는 것이었다. 그래서 막 뛰어가서 문을 여니깐 얼굴을 징그러운 표정으로 찡그리고 있었다. 나는 할머니를 일으켜 자리에 눕게 하였다.

"할매, 내가 잘못 놓아서……."

하며 죄송하다는 표정을 하고 있는데,

"이노무 가시나야, 넘어져가 당장 죽어 뿌으마 될 긴데 걷지도 못하고 있으마, 우야노."

하며 화를 벌컥 내는 것이다. 그렇게 꾸중을 듣고 있는데 아빠가 밭에 갔다가 엄마와 함께 경운기를 타고 왔다. 아빠가 방에 들어오자마자 할머니는,

"정병아, 진영이가 요강을 잘못 놔가 지금 허리 아프고, 덩디(등) 아파 죽겠다."

아빠한테 다 일러바쳤다.

아빠는 눈을 동그랗게 뜨고, 이로 입술을 꽉 물고 나를 쳐다보면서,

"이 가시나가 오늘 한번 맞아 봐라."

하고는 밖에 나가서 가느다란 작대기를 가지고 왔다. 방문을 열자마자 눈이 처녀 귀신 눈처럼 올라가더니 내 허리도 때리고 다리, 어깨까지 수도 없이 마구 때렸다. 때릴 때마다 뒤로 물러나면서 손으로 막았다.

그러다가 손을 맞아 너무 아팠다. 때리면서 하는 말이,

"가시나가 오늘 죽을라고 작정했나!"

나는,

"아빠, 잘못했어요. 다시는 안 그럴게요."

겉으로는 그랬지만 속으로는 그렇지 않았다. 속으로는 내가 어른이 된다면 아빠를 정말 주패고 싶었다. 내가 조금 잘못 났다고 해서 할머니가 넘어지는 것은 할머니가 잘못 앉았다고 생각했다. 이런 생각을 하니깐 맞는 것도 느껴지지 않았다.

맞은 데를 보니깐 시퍼렇게 멍이 들어 있었다. 아빠는,

"진영이 이노무 가시나, 니 앞으로 이런 짓 하지 마래이!"

하고는 부러진 나무를 가지고 갔다. 그 뒷모습을 보면서,

'나는 아빠를 용서하지 않을 것이다!'

하고 생각했다.

할머니도 그렇다. 내가 잘못을 좀 했으면,

"진영아, 다음부터는 그라지 마라."

하고 머리를 쓰담아 주면 될 것이지 아빠한테 일러 가지고 나를 개 패듯이 뚜드려 맞게 한다. 내가 맞는데도 할머니의 얼굴을 보니깐 걱정을 하는 얼굴이 아니었다. 기쁜 얼굴을 하고 있었다. 나는 할머니가 걱정이라도 해 주었으면 했지만 그것이 아니었다.

"이놈의 가시나 잘못해 놔 노이끼네 어떻게 되는지 알겠제."

하는 할머니의 말은 내게 한으로 남을 것이다.

지금의 생각 내가 아빠에게 맞은 것은 지금도 풀리지 않는다. 내가 잘못한 것이 별로 없기 때문이다. 할머니 손만 까딱하면 되는 일이기 때문에 꼭 내가 안 해도 된다. 나는 아빠, 할머니와 원수가 될 것이다. (5학년 여)

아빠의 오해

1학기 7월달의 일이다.

학교에서 돌아와 숙제를 다 하고 책가방을 책상 옆에다가 잘 간추려 놓았다. 그런데 아빠가,

"이거 뭐고? 이거 빨리 안 치우나! 꼬장가이(꼬챙이)로 주패 뿌기 전에."

하면서 가방을 쥐던졌다. 밖에 나가 보니깐 필통이고 뭣이고 다 흩어져 있었다.

"그냥 치우라 카면 되지 잘 정리해 놨는 걸 던지면 어떻게 해요."

찔찔 짜면서 책이라든지 필통을 담으면서 그렇게 말했다. 그랬더니 아빠가 커다란 몽둥이를 가지고 와서,

"이 가시나가 오늘 더 맞고 싶어가 카나!"

하며 눈을 황소 눈처럼 커다랗게 했다. 또 키는 전봇대처럼 크고 하니깐 마음속으로는 무서웠다. 그렇지만 겉으로는 그렇지 않고 당당한 모습을 했다.

"내가 미쳤다고, 오늘 뭐할라고 맞는데. 맞는다 캐도 아빠한테 맞는 거보다 차라리 우리 선생님한테 맞는 게 낫겠다."

하면서 버럭버럭 소리를 지르니깐,

"이 가시나가 미쳤나!"

하면서 몽둥이로 내 허리를 두 차례 때렸다. 나는 눈물을 흘리면서 아빠의 눈을 꼴쳐보았다. 그러면서,

'아빠가 이렇게까지 나를 심하게 때릴 줄은 진짜 몰랐다.'

하고 생각했다.

"내가 가방 잘 정리해 뒀는데 아빠가 집어 던져서 어지려 놓고 왜 내

한테 화풀이하는데요."

"거다 놔두마 되나! 할매 오줌 누로 갈 때 또 넘어지마 어떻게 할라
고 카노."

하며 뭐라 했다. 그래도 나는 그렇지가 않았다.

"아빠가 좀 걸어 놓으마 어떤데."

하니 아빠가 눈을 둥그렇게 뜨고 보더니,

"니 오늘 안 맞아가 카나. 니 오늘 내한테 죽도록 맞아 봐라."

신발을 마당에 집어 던지고는 몽둥이로 등더리(등허리), 다리를 막 때
리고, 머리도 몇 차례나 때렸다. 나는 아파도 꾹 참고 있으려고 했지만
너무나도 아파서 그만 울음을 터뜨렸다.

아빠는,

"아빠한테 그따위 소리 한 번만 더 해 봐라!"

하면서 밖으로 나갔다.

아빠가 이 일을 저지르고 난 뒤부터 나는 일주일도 넘게 잘 놀지도
못했다. 아빠하고는 말도 안 했다. 아직도 그 오해는 풀리지 않고 있다.

지금의 생각　그때는 내 정신이 아니었을지도 모르겠다. 지금은 아빠에게 말대꾸
를 막 하고 달려든 건 잘못한 일인 줄 안다. 그렇지만 아빠가 나한테 한 일은 죽도
록 잊지 못할 것이다. 내가 아빠에게 맞은 만큼 살면서 꼭 갚겠다. 그것은 맞은 만
큼 아버지로 생각 안 하는 것이다. (5학년 여)

이 두 편의 글은 한 아이가 쓴 것이다. 이 아이는 일기를 꼬박꼬박 쓰는
편인데, 사실을 주로 쓰고 자기 감정은 잘 표현하지 않는다. 궂은 학급 일
도 잘하고 마음씨도 착하다. 부모님이 일하러 나가면, 몸이 불편한 할머니
잔심부름을 하거나 팔다리를 주물러 드리고 요강도 씻어 드린다.

아이 말을 들어 보면, 아버지는 할머니한테 걸핏하면 짜증과 화를 낸다고 한다. 내 생각이지만, 늙고 병든 어머니가 귀찮아 거기에서 나온 짜증을 아이에게 터뜨리는 게 아닌가 싶다. 할머니도 몸이 불편한 데다 자식에 대한 반감 때문인지 언제나 불만인 것 같다. 두 사람은 서로에게 쌓인 나쁜 감정을 풀지 못하고 아이에게 화풀이하는 것이다.

아이가 이런 아버지나 할머니 때문에 얼마나 억울하고 분하게 느끼는지 '지금의 생각'에 잘 나타나 있다. 이대로 가면 더욱 나쁜 감정을 쌓지 않을까 걱정이다. 마음으로 위로해 주면 아이는 고개를 끄덕일 것이다.

정도 차이는 있겠지만, 사람 사는 세상 어디에서나 흔히 볼 수 있는 모습이다. 어른들 사이 갈등이 풀리지 않으면 아이에게 꾸중이나 매가 돌아가게 되는데, 참 슬픈 일이다. 그러다 마음 붙일 곳이 없어 빗나가는 아이들도 많다. 다행히 이 아이는 어머니가 따뜻하게 해 주어 견딜 수 있는지도 모르겠다.

술 취한 아버지

오늘 아버지의 친구 댁에서 계추를 하기 때문에 집에는 동생과 나만 있어야 했다. 동생과 나는 저녁으로 라면을 먹었다. 우리 둘은 무서워서 아버지와 어머니가 빨리 오기를 바랐다.

TV를 보고 있을 때였다. 아버지의 차 소리가 내 귀에 들려왔다. 기쁜 나머지 아버지께 달려갔다. 그런데 같이 와야 할 어머니는 오지 않고 아버지만 술이 잔뜩 취해서 들어오셨다.

"아빠, 엄마는요?"

"이 가시나야, 요오오? '요' 카는 말 어데서 배운 말버릇이고!"

그러고 밖에 나갔다. 조금 있으니 큰 나무를 가지고 오셨다. 동생과 나는 겁이 나서 벌벌 떨었다. 아버지는 소리를 지르며 꿇어앉으라고 하셨다. 막대기가 아버지의 손에서 떨어질 생각을 하지 않았다. 아버지는 나무를 든 손을 높이 올리고는 세게 내려치려고 했다.

"아빠! 잘못했어예! 아빠!"

나로서는 그 말밖에 나오지 않았다.

"가시나야, 니가 잘못했는 거는 아나!"

동네가 떠나갈 듯이 소리를 질렀다. 순간 나는 죽거나 말거나 아버지를 확 밀어 버리고 싶었다.

그러다 아버지는 아무런 잘못도 없는 남동생을 몽둥이로 세게 때려서 막 울었다. 나는 그때 도저히 참을 수가 없었다.

"아빠! 와 카는데예! 아무 잘못도 없는 아는 왜 때려요!"

내 말이 떨어지자마자 벌건 눈을 둥그렇게 떴다.

"뭐이? 이 가시나야, 니 지끔 누구보고 소리치노!"

이러며 몽둥이로 다리와 몸 전체를 마구 때렸다. 또 손으로 나의 볼도 때렸다. 나는 맞을 때마다 지옥으로 빠져드는 것 같았다. 옆에 있던 동생은 겁에 질려서 얼굴이 빨갛고 몸 전체가 얼음 덩어리처럼 굳어 있었다. 동생이 불쌍하다고 생각할 때 아버지가 내 다리를 힘껏 때렸다. 그 순간 나는 넘어져 버렸다. 잘 일어날 수도 없었다. 그러나 너무나 무서워 겨우 일어나서 동생 손을 꼭 잡고 미친 듯이 대문을 나왔다. 아버지도 눈에 불을 켜고 소리를 지르며 끝까지 따라왔다.

"이리 안 오나, 이 가시나야! 니가 가마 어데까지 갈 거고!"

우리는 아버지에게 붙잡힐까 두려워서 총알같이 계속 뛰었다.

다리 있는 곳까지 뛰어가니 어머니가 걸어오고 있었다. 나는 더욱 빠르게 어머니에게 달려가서 꼭 끌어안았다. 그리고 뒤로 숨었다.

"와 카노? 와 카노, 명주야?"

"엄마, 아빠가 계속 때린다! 무섭다! 다리 맞아가 아파 죽겠다!"

아버지가 우리 있는 데로 오자,

"명주 아빠, 와 카노? 뭐 때문에 아를 잡고 난리고?"

간신히 말렸다. 아버지는 헐래헐래 집으로 가 버렸다. 나는 어머니에 게 업혀 왔다.

어머니는 억지로 아버지를 재워 놓고 우리의 몸을 보았다. 어깨와 등에 온몸에 시퍼런 멍이 들었다. 아버지가 끝에 때린 다리에는 피가 많이 났다. 동생은 허벅지에 조금 발갰다.

다음 날(일요일), 아버지가 더 무서웠다. 그리고 아버지는 어제 일을 까맣게 모르고 있었다. 내가 아파 일어나지를 못하자,

"명주야, 니 어데 아프나? 한(한번) 보자. 아고오, 멍 들었네. 와 카 노?"

그때 어머니가,

"와 카기는! 어제 술이 잔뜩 채가 와서 아 반 죽이 났다!"

그러니 아버지는 놀란 표정을 짓더니 밖으로 나가 버렸다. 아버지도 어슴푸레 아는 것 같았다. 나는 눈물이 막 쏟아졌다. (5학년 여)

술은 이렇게 이성을 잃게 해서 사랑스런 자식에게 심한 매질을 하게 만 들기도 한다.

술을 마시면 기분이 우쭐해지고, 그러면 자신을 얕잡아 보는 사람을 누 르려고 하는 마음도 생긴다. 억눌렸던 모든 것이 일어나 분풀이를 하고 마 는 것이겠지. 그것도 여리고 약한 아이에게 말이다.

내 마음도 알아주세요

엄마가 신상품인 노란색 잠바를 며칠 전에 사 주었다. 나는 집에서 잠옷으로 입다가 처음으로 밖에 나갈 때 입었다. 사촌 집에 가서 사촌 동생 영아와 함께 '글라스데코'를 했다. 그런데 영아가 검은색 '글라스데코'를 실수로 내 옷에 묻혔다. 영아는,

"언니야, 괜찮다. 휴지로 닦으면 된다."

하고 말했다. 다행히 그때까지는 엄마가 내 옷을 보지 못했다. 그런데 영아가 휴지로 물감을 문지르는 바람에 검은 흔적이 더욱 커졌다. 나는 속으로,

'황영아! 아, 정말! 니 때문에 엄마한테 혼나게 생겼잖아!'

하고 소리를 꽥 지르며 영아를 째려보았다.

작은집에서 나와 우리 집에 와 새로 산 노란 잠바를 옷걸이에 걸었다. 그리고 내 방에서 문제집을 풀고 있었다. 아빠는 헬스에 다녀서 헬스를 하러 갔다.

공부를 하고 있는데 엄마가 큰 소리로,

"김누리! 이게 무슨 꼬라지고?"

하며 내 방문을 벌컥 열었다. 나는 화들짝 놀라 뒤로 벌렁 자빠질 뻔했다. 엄마는 노란 잠바를 내 앞에 들이댔다. 그리고,

"언제 샀는데 옷이 와 이러노?"

하며 초록색의 긴 막대기를 가져와 내 배를 꾹꾹 찔러 댔다. 나는 너무 억울하고 무서워서 눈물을 흘렸다. 그러니까 엄마는,

"니 와 우노, 엉? 왜! 왜!"

하며 소리쳤다. 나는 울먹이며,

"영아가 글라스 스 데 에 코 묻혔는데……."

하고 말했다. 그래도 엄마는,

  "영아고 자식이고 간에 니가 니 물건을 제대로 간수해야지!"

하고 소리쳤다.

  나는 너무 억울하고 분했다. 그리고 속으로,

  '영아, 이 가시나야! 니 때문에 내만 혼나잖아!'

하고 말했다. 그리고 눈물을 주르르 흘리며 우리 집 베란다를 계속 쳐다보았다. 그리고 속으로 베란다에 뛰어내려서 자살하고 싶다는 생각이 자꾸자꾸 들었다. 나는 다시 옷을 주물럭주물럭 만지며,

  "영아가 그랬다니까요!"

하고 말했다. 그러니까 엄마는 두 눈을 부릅뜨고 눈썹 양 끝을 올리며,

  "자꾸 말대꾸 타박타박 해라, 어엉!"

하고 소리쳤다. 나는 속으로,

  '엄마는 내 마음도 이해 안 해 주고 자기만 생각하고. 정말 이기주의자다!'

하고 생각했다. 엄마는 다시 입술을 꽉 깨물고,

  "니 이제부터는 절대로 옷 안 사 준다! 아예 거지한테나 주지 뭐할라꼬 비싼 돈 들여 갖고 니 입히노!"

했다.

  내가 눈물을 자꾸 흘리자 엄마는 막대기로 내 배를 밀며,

  "몇 대 맞을래? 손 내라! 난 도저히 니가 이해가 안 간다!"

하며 소리쳤다. 나는 작은 소리로,

  "한 대……."

했다. 그런데 엄마는 두 대를 때렸다. 벌게진 내 두 손바닥을 보니 저절로 눈물이 나고 참 분했다.

  엄마가 나가며 문제집을 풀라고 해서 따가운 두 손을 비벼 가며 문

제를 풀었다. 나는 그래도 억울해서 베란다 쪽으로 다가갔다. 그런데 막상 가니 용기가 생기지 않아 다시 공부를 했다.

　엄마는 몇 시간이 지나서야 나를 안아 주었다. 그때서야 기분이 조금 풀렸다.

지금의 생각 　내가 잘못한 건 맞지만 엄마가 아직도 밉고 분이 난다. (4학년 여)

아이는 사촌 동생이 옷을 버리게 했으니까 자기 잘못은 아예 없다며 우긴다. 어머니는 그렇거나 말거나 잘못이 있는데 왜 자꾸 대드냐며 매를 든다. 그냥 조심하라고 깨우쳐 주면 그만인 일이 이렇게까지 되는 것은 서로 우위를 차지하려 애쓰기 때문이다. 아이는 자기 잘못을 알고는 있지만 여기서 잘못을 말했다간 혼자 몽땅 뒤집어쓸까 봐 항변하다가 말대꾸가 되어 버린 것이다. 어머니도 이참에 강하게 꾸중해 놓아야 다음부터는 조심할 것이고, 자꾸만 자기 잘못은 없다고 하는 아이 마음을 눌러 놓아야 제 잘못도 깨달을 수 있을 것이라 생각해서 정도가 지나치게 꾸중하고 매를 드는 것이다.

이런 때는 새 옷을 버려서 안타깝다는 마음만 표현하면서 아이에게는 조심하라고 부드럽게 타이르면 그만이다. 속상한 것이야 옷을 버린 아이 자신이 더할 테니까.

아이가 꾸중 듣고 손바닥 몇 대 맞고서는 베란다 쪽을 바라보았다고 했는데, 마음이 여린 아이는 이런 조그만 일로도 그런 생각을 할 수 있다. 그러니 꾸중을 하더라도 아이 성격에 맞게 해야 한다는 것 잊지 말길 바란다. 더불어 "내가 잘못한 건 맞지만 엄마가 아직도 밉고 분이 난다"고 한 아이 말도 마음에 새겨 두기 바란다.

사진기 없어진 일

방학 시작하고 15일쯤 지났을 때다.

방학 숙제 '개인 연구'에서 나는 식물 사진을 찍고 관찰하기다. 집에 사진기가 있긴 있는데 고장이 나서 엄마한테 고쳐 달라고 졸랐다. 그래서 엄마가 ㅍ에 가서 고쳐 왔다. 너무나 기뻐서 몇 판 찍고 내일 찍기 위해 텔레비전 위에 분명히 올려 두었다. 그런데 언니가 나보고 한 판만 찍자고 해서 할 수 없이 사진기를 가지러 텔레비전 앞으로 가서 보니까 사진기가 없어진 것이다. 틀림없이 텔레비전 위에 놓아두었는데 없어졌으니 이제 큰일난 것이다.

그 사실을 안 큰언니는 엄마한테 일러 준 모양이다. 나는 가슴이 철렁 내려앉고 덜덜 떨리기 시작했다. 내 온몸이 마비되는 것 같았다.

사진기를 찾기 시작했다. 처음 텔레비전에서 떨어졌을까 생각해서 그 주위를 구석구석 찾아보았으나 없었다. 그래서 찬장 밑, 옷장 밑 등 여러 곳을 찾아보았으나 없었다.

찾고 있는데 엄마가 들어와 너무 놀라서 가만히 서 있었다.

"세민이 니 카메라 어떻게 했노? 고쳐 달라 캐가 고쳐 줘도 말썽이고, 어! 어떻게 했노? 말 좀 해 봐라, 어!"

"아까 전에……."

"아까 전에고 뭣이고 손님 다 가고 한 보자."

조금 있으니 아빠가 어디에 가셨다. 나는 손님들이 늦게 나갔으면 하고 생각하는데 손님들이 계산하고 나가는 것이다. 작은언니와 큰언니는 엄마한테 맞을까 봐 외할머니 댁으로 도망을 갔다. 이제 집에는 엄마와 나 단둘뿐이었다. 나도 도망이라도 가고 싶었지만 이미 늦었던 것이다. 생각할 틈도 없이 엄마가 방에 들어오시더니,

"카메라 어떡했노! 말 좀 해 봐라, 어!"

소리를 치며 옆에 있던 파리채를 들었다.

"어떡(얼른) 말해 봐라! 엄마 말할 힘도 없다."

그러며 내 팔과 다리, 허리, 등, 얼굴에 사정없이 내려쳤다. 하도 아파서 엉겁결에 내가 파리채를 붙잡았다. 그러니 엄마는,

"안 놓나! 어떡 봐라!"

소리쳤다. 하지만 더 맞을까 봐 놓지 않았다. 그랬더니 엄마는 가만히 있지 않고 머리카락을 잡고 막 흔들었다.

"엄마, 안 하께. 진짜다, 엄마."

"니 말로만 카지 행동은 그카나! 그 말 몇 번 하노!"

눈을 크게 뜨며 내 머리카락을 놓았다. 그리고 가만히 서 있었다. 나는 누워 있었다. 엄마를 쳐다보니까 내 몸이 콩만 한 것 같았다. 내가 눈물을 흘리며 울고 있으니,

"뭐 잘했다고 우노!"

"아프니까 그러지."

"그라마 내가 간지럽으라고 때리나!"

하며 일어섰다.

다리를 보니까 멍이 들고 머리카락이 다 뽑힌 것 같았다. 막 울면서 엄마가 없었으면 하고 생각도 했다. 머리카락이 내 손 한 주먹만 하게 뽑히니까 그 머리카락과 멍든 것을 보니 계속 울음이 나왔다. 나는 바깥에 나갔다.

바깥에 나가서 막 울다 오니까 엄마가 카메라 찾았다고 했다. 가방 속에 있다고 했다.

"그라마 아까 전에 카지. 와 안 캤노? 이거는 엄마가 잘못했네."

그제서야 엄마는 화가 풀린 것 같았다.

어머니는 사진기를 찾아보지도 않고 아이를 때리고 머리를 잡아당겼다. 나중에라도 어머니가 잘못을 인정했으니 아이 마음이 반이라도 풀렸겠다.

모든 일에는 원인이 있다. 아이들이 잘못했다 싶어도 차근차근 따져 보면 밑뿌리 원인은 다른 데 있는 경우가 많다. 그걸 모르고 아이에게 덮어씌우다니! 실수라도 그런 실수는 하지 않아야 한다. 욱하는 마음을 먼저 가라앉히고, 무엇 때문에 잘못을 저질렀나 살핀다면 큰 실수는 없을 것이다.

엄마의 폭발

오늘 저녁에 컴퓨터로 일기를 쓰는데 너무 늦은 데다가 갑자기 컴퓨터 오류가 나서 거의 다 쓴 것이 사라졌다. 그래서 엄마는 아주 많이 화가 났다.

엄마는 김치냉장고 위에 있던 회초리를 들고 오더니 나를 때렸다. 처음에는 등을 두세 번 때리다가 또 다른 곳을 막 때렸다. 나는 처음에 때릴 때는 별로 아프지도 않았지만 겁이 나서 계속 울었다. 엄마는 날 사정없이 때리더니 나중에 이런 말을 했다.

"오늘 니 죽일까? 그래 갖고 엄마 감옥 가 볼까?"

그러더니 갑자기 또,

"오늘 예방주사 맞은 곳 어디야? 오늘 신종플루 백신 맞아서 다행인 줄 알아라."

했다. 그때 나는 숨을 죽이고 가만히 생각을 했다. 나는 그냥 아무 말도 안 하고 가만히 있었다.

엄마는 한동안 가만히 있더니,

"니 거기에 한번 맞아 볼까?"

하더니 다시 부엌으로 갔다. 나는 다시 한글 2005를 더블클릭 했더니 아까 했던 것이 나왔다.

나는 일기를 다 쓰고 속상해서 인사도 안 하고 침대에서 숨죽여 울며 잤다.

지금의 생각 하루 이틀 정도 지나니 다시 평소처럼 친해졌다. 하지만 그때 생각이 떠오를 때면 엄마가 싫어진다. (4학년 남)

어머니는 아이가 일기를 늦게 쓴다고 화가 나서 마구 때리고 "오늘 니 죽일까? 그래 갖고 엄마 감옥 가 볼까?" 같은 끔찍한 말도 했다. 또 예방주사 맞아 아픈 곳을 두고 "니 거기에 한번 맞아 볼까?" 했다. 어머니 맞나 의심이 들 정도다. 늦게라도 일기를 쓰려고 하는 아이를 오히려 칭찬해 주어야 할 판인데 말이다.

도대체 무엇 때문에 그럴까? 아이를 귀찮기만 한 존재로 보고 있기 때문이라고 말할 수밖에 없겠다.

아이는 끝에 "하루 이틀 정도 지나니 다시 평소처럼 친해졌다. 하지만 그때 생각이 떠오를 때면 엄마가 싫어진다" 정도로 말했지만, 자기도 모르게 입었을 마음의 상처는 쉽게 지워지지 않을 것이다.

감기에 걸렸는데

감기가 걸려서 학교에 못 가겠다고 할 때 아버지는 자꾸 학교에 가라고 하셨다. 나는 그래도 이불을 덮어쓰고 누웠다. 그러자 아버지는 내 가방을 마당에 던지고는 회초리로 나를 때렸다. 어머니는 아버지를 말렸다. 그리고 어머니는 집에서 나가라고 했다.

나는 신발도 못 신고 밖으로 나갔다. 그리고 몰래 숨으려고 하였다. 동네 사람들이 볼까 봐 사람이 없는 곳으로 갔다. 아버지께서 쫓아와서 돌멩이를 나한테 던졌다. 나는 더 멀리 도망을 갔다. 가다가 우연히 동네 사람을 보았다. 무척 부끄러워 인사도 하지 못하고 뛰어갔다.

조금 있으니 어머니가 찾아와서 집에 가자고 했다. 나는 아버지가 무서워서 집에 가지 못했다. 어머니는 안 되어 그냥 집으로 갔다. 자꾸 있으니 배가 아주 고팠다. 그래서 집으로 왔다. 방에 조용히 들어왔다. 농 안에 숨었다. 한참 있으니 아무도 없는 것 같아 나와 부엌에서 밥을 먹었다. 누가 올까 봐 빨리 먹으려고 하니 눈물이 나서 밥이 목에 넘어가지 않았다. 그만 숟가락을 놓고 방에 들어와 누웠다.

'내 행동이 잘못된 것일까?'

아무리 내 행동이 잘못되어도 아버지가 너무나도 미웠다.

잠을 잤다. 잠을 깨고 나서 다시 집을 나가려고 했다. 그러다가 누나 방에 가서 숨었다. 그리고 쥐도 새도 모르게 가만히 있었다.

저녁이 되어 식구들이 왔다. 누나가 들어오자 나는 숨겨 달라고 했다. 누나는 아빠가 아시면 큰일난다고 나를 농 안에 숨겨 주었다.

몇 시간이 지나서야 아버지가 오셨는지 농 문이 열렸다. 아버지는 나를 막 때렸다. 발로 차고 손으로도 때렸다. 어머니가 와서 말렸다. 나는 아버지가 그토록 미운 적이 없었다. 나는 아무 말도 하지 못했다. 어머니는 날보고 잘못했다고 하라 하셨다. 나는 그러기가 싫었지만 어쩔 수가 없었다.

나는 이 일을 아직도 기억하고 있다. 아파도 학교에 갔어야 하는 건데 내 자신도 원망스러웠다. 아버지는 나를 미워하는 것 같다. 아버지는 그 일을 잊었는지 모르지만 그 일을 생각하면 너무나 어른이 밉다. 아버지가 나였다면 어떻게 했을지 궁금하다. 아마 나보다 더 했을지도 모를 것이다. (5학년 남)

가끔 생기는 일이지만, 공부하기 싫어 배가 아프다거나 머리가 아프다고 하는 아이가 있다. 나는 뻔히 알면서도 그런 아이는 조퇴를 시켜 집으로 돌려보낸다. 얼마나 고달프면 그러겠나 싶어서이다. 조퇴를 맡아 교실 문을 나서는 순간, 얼마나 기분이 좋을까? 이튿날 다른 아이들 입에서는 어김없이 이런 말이 튀어나온다. "선생님, 길동이요, 아프다 캐 놓고 어제 집에서 막 뛰어놀던데요."

그런데 이 아이는 진짜 몸이 괴로운가 보다. 아버지는 조금 아픈 것쯤은 이겨 냈으면 하는 마음에서 아이를 학교에 보내려고 했는지도 모른다. 온실의 식물처럼 나약한 아이로 키우는 것도 문제지만, 이런 식은 좋지 않다. 아파서 괴로워하는 아이는 쉬게 해야 한다. 힘을 내어 스스로 학교에 가게 만들 수도 있겠지. 강한 아이로 기르려면 다른 좋은 방법이 얼마든지 있을 것이다.

성적이 뭐길래

시험이란 괴물이 아이들을 잡는 요즘이다. 아이들이 지닌 모든 능력이 오로지 시험 성적으로만 평가된다. 그래서 부모들도 아이가 시험 성적이 안 좋거나, 학교나 학원 숙제를 안 했을 때 매를 드는 일이 참 많다. 또는 말 폭력을 휘두르거나 정신적으로 스트레스를 준다. 이런 것이 매보다 더

할 수도 있음을 모르는 이는 거의 없을 것이다. 그래 놓고서는 다 자식을 위해서 그러는 거라고 자신을 위안한다.

학습지

몇 달 전에 있었던 일이다.

나는 눈높이라는 학습지를 하는데 그 학습지를 매주 철저하게 다 했다. 그런데 갑자기 눈높이가 하기 싫어졌다. 부모님께 "눈높이 그만 할래" 말하기가 겁이 나서 받은 학습지는 풀지 않고 책꽂이에 숨겨 놓고 눈높이 선생님과 부모님께,

"눈높이가 없네? 전번에 있었는데?"

하며 거짓말을 했다. 그리고 눈높이 선생님이 가면 혼자서,

'후유, 이번 주에도 살았구나!'

하였다.

그러던 어느 날, 어머니께서 내 방을 청소하다가,

"해식아! 니 방에 와 봐라!"

해서 나는 내 방으로 갔다. 갔더니 어머니께서 화가 나신 표정으로,

"해식이 니 눈높이 저번 주 꺼 다 하고 일가 무다(잃어 먹었다) 캤제!"

했다. 나는 어리둥절해서,

"응! 다 하고 일가 무다."

하고 대답을 했다. 그러자 어머니께서는 무엇을 들면서,

"이거 뭐꼬?"

하고 물으셨다. 나는,

"눈높이제."

대답했다.

어머니께서는 목소리가 높아지시면서,

"이 눈높이 날짜 한(한번) 봐라! 며칠이고? 저번 꺼 아이가?"

눈높이를 보니 저번 주 날짜가 맞았다. 나는 '이제 죽었구나!' 생각이 들었다.

어머니께서는 아버지를 부르셨다. 아버지도 화가 나셨다. 아버지께서는 손바닥으로 나의 볼을 때리시면서,

"해식이! 니 그럴 줄 몰랐다. 다른 아도 아니고 해식이 니가 그럴 줄 꿈에도 몰랐다. 니한테 진짜 실망이다."

하셨다. 또 어머니께서도,

"거짓말을 몰랐던 해식이 니가 그럴 줄 꿈에도 몰랐다."

하시면서 매우 실망하시는 표정을 지으셨다.

아버지께서는 또 나를 때리려고 하시다가 때리지 않으셨다. 마음이 많이 아파서 그러셨을 것이다.

어머니와 아버지께서 밖으로 나가시고 나는 이불을 뒤집어쓰고 크게 울었다. 나는 내 자신이 미웠다. 그래서 자살까지 해 보려는 생각에 가위를 목에 대고 누르려고 했다. 그러나 목에 누를 자신이 없었다. 어머니와 아버지의 하나밖에 없는 아들인데 이런 짓을 하면 안 될 것 같아서였다.

다시 이불을 뒤집어쓰고 울었다.

'이제부터는 부모님께 실망을 시켜 드리지 말아야지.'

하고 백번이고 생각을 했다. (6학년 남)

아버지가 볼을 때렸지만 아이는 부모 마음을 헤아리고 진정으로 반성하고 있다. 나아가 죄책감으로 자살까지 생각하고 있는데, 아이 성격을 잘

모르고 꾸중하거나 매질을 할 때는 실제로 그런 큰일이 일어날 수도 있겠다. 특히 마음이 여린 아이는 지나친 죄책감으로 더욱 자기 몸을 학대하거나 큰일을 저지를 가능성이 높다.

두 얼굴의 엄마

내가 저녁 때 학원에 갔다 왔을 때 어머니는 반가운 얼굴로 아들인 나를 "우리 아들 왔니?" 하며 반겨 주셨다. 나는 "다녀왔습니다" 하며 가방을 갖다 놓고 학원에서 겪은 일을 이것저것 말하며 학원에서 받은 선물을 어머니께 모두 드렸다.

저녁을 먹은 다음 씻고 숙제를 시작했다. 먼저 쉬운 숙제는 다 끝났다. 그리고 마지막 영어 학원 숙제를 끝내지 못하자 어머니가 나에게 오셨다. 그리고는,

"숙제 왜 이렇게 오래 하니?"

하면서 내 숙제를 보고 깜짝 놀라셨다. 왜냐하면 낮에 시간이 많이 있었는데도 아직 숙제를 하고 있었기 때문이다. 이런 일이 올해에 한두 번 있었던 일이 아니어서 어머니는 금세 화가 머리끝까지 올라가셨다. 그리고 아주 괴물 같은 무서운 얼굴로 주걱을 들고 와서는 소리를 꽥꽥 아주 천둥소리처럼 지르셨다. 내 동생은 이런 어머니의 모습이 너무 무서운지 방으로 줄행랑을 쳤다.

이렇게 어머니는 무섭게 하면서 나에게,

"야! 너는 아들이 아니라 웬수다 웬수! 지난번에도 나는 부드럽게 이야기하며 계속 계속 봐주었지! 그런데 지금이 몇 번째야? 몇 번째냐고!"

이러더니,

"이리 와! 종아리 대!"

하면서 주걱을 들고 종아리를 탁 탁 치셨다.

나는 너무나 무서워서,

"엄마! 한 번만, 딱 한 번만 봐주세요!"

하면서 뒤로 슬금슬금 물러났다. 그러니 어머니께서는,

"야! 이리 안 와? 빨리 와!"

하면서 소리치셨다. 나는 계속 뒤로 물러섰는데 나를 가로막고 있는 웬수 놈의 벽 때문에 뒤로 더 이상 갈라고 해도 안 되었다. 그래서 어쩔 수 없이 주걱으로 종아리를 맞았다. 나는 어머니에게 봐달라고 했는데도 불구하고 어머니는 멈추지 않으셨다.

종아리는 점점 더 빨간색으로 변해 갔다. 그리고 나는 속으로 생각했다.

'아니, 우리 엄마는 아들을 한번 봐줄 수도 없나? 그냥 혼자 살고 싶다. 에휴우!'

어머니는 또 나에게 "집에서 나가!" 하며 소리치셨다. 그러다 "너 이번 한 번만 봐준다!" 하면서 안방으로 들어가셨다.

나는 화장실에 가서 세수를 하고 시원한 물을 마신 후 계속 어머니가 밉다는 생각만 하였다. 그리고 또 생각하였다.

'우리 엄마는 어떻게 저렇게 변할까?'

지금의 생각 어머니는 나한테 때린 것을 사과하고 나도 반성을 하여 지금은 평화롭게 생활하고 있다. 그렇지만 그때 마음이 아주 사라진 것은 아니다. (4학년 남)

아이는 영어 학원 숙제를 제때 안 하고 놀다가 어머니한테 주걱으로 맞았다. 거기다 어머니는 또 "야! 너는 아들이 아니라 웬수다 웬수!" "집에서 나가!" 하고 소리쳤다. 그러다 할 수 없이 "너 이번 한 번만 봐준다!" 하고 말한다. '한 번 봐준다'는 말은 용서해 준다는 뜻이 아니다. 정말 아이가 나가 버리면 머리 아픈 일이 생기고 더욱 귀찮아질 수도 있으니까 그런 것이지.

아이들에게 자꾸 '웬수'라는 말을 하면 '아, 나는 우리 집에서 쓸모없는 웬수구나!' 싶어 정말로 그렇게 되려고 한다. 아이가 "나를 가로막고 있는 웬수 놈의 벽 때문에"라고 말한 것만 보아도 부모를 닮아 가고 있음을 잘 알 수 있다. 또 자꾸 밖으로 나가라고 하면 '난 우리 집에서 필요 없는 존재구나!' 생각하고 정말 나가 버릴 수도 있다. 이런 말들은 절대로 입에 담지 말아야 한다. 아무리 아이가 겉보기에 아무렇지 않은 것 같아도 그 앙금은 반드시 마음 밑바닥에 남아 있을 것이기 때문이다.

해야 할 숙제를 안 하면 부모는 속이야 상하겠지만 스스로 열심히 할 수 있도록 자꾸 일깨워 주는 수밖에.

영어 못하면 때리는 엄마

우리 엄마는 영어 선생님이 오셨을 때 요리를 하신다. 그리고 수업이 마치면 선생님이 못한 걸 말한다. 그리고 영어 선생님이 가시면 내 귀를 잡고 방으로 끌고 간다. 그리고는 "종아리 걷어!" 하신다. 그래서 걷자 나무 몽둥이로 날 세게 때리신다. 그래서 종아리를 잡고 울어도 대라고 하신다. 대면 또 때리신다. 그렇게 해서 여섯 대를 맞았다. 그리고는,

"난 이만큼 때리고 싶은데 참는다!"

하시고는 나무 책상을 쾅쾅쾅 치신다. 그래서 나무 책상에는 매 자국이 많이 났다. 그리고는 엄마가,

"니 언제까지 엄마 속 썩일래 어!"

하시고는 우신다. 그러더니 갑자기 내 멱살을 잡고 막 흔드시고 볼을 잡고 흔드신다. 그리고는 매를 땅바닥에 내팽개치고는 나가신다. 그리고 울면서 나무 몽댕이에서 나온 나무껍질을 주워서 버렸다.

그리고 영어 숙제 빡빡이를 하는데 엄마가 들어오더니 내 숙제를 빼앗아서 "떨스티, 목마르다 적어 봐!"라고 했다. 그래서 적었더니,

"틀렸잖아, 이 돌대가리야!"

라고 하시고는 다시 매를 들고 오셔서 때릴려고 하신다. 그래서 내가,

"엄마 한 번만 봐주세요! 다음부터는 외우면서 쓸게요, 엉엉엉……."

"안 되니까 몇 번을 봐달라고 해서 봐줬잖아! 그런데 니를 어떻게 믿노! 빨리 대라!"

"진짜로 잘할게요. 한 번만 봐주세요, 엉엉엉……."

"믿어 주까? 그래, 이번이 마지막이다. 또 못하면 맞아 죽고 밖에 쫓겨난다!"

하시고는 문을 쾅 닫고 나가신다. 그리고 언제 들어올지 몰라서 걱정되고 막 떨린다. 너무 무섭다.

엄마가 밥 먹으러 오라고 해서 갔다. 그리고 밥을 조금 주셔서 조금만 먹고 들어가서 공부를 했다.

지금의 생각 이제 생각하니 내가 잘못했다. 왜냐하면 하면 되는 것을 억지로 했기 때문이다. (4학년 남)

영어가 뭔지, 이렇게 영어 때문에 아이 잡는 일도 참 많다. 그런다고 영어를 잘할 것이라고 기대하면 큰 오산이다. 이런 공부는 스스로 즐겨서 하

지 않으면 효과가 별로 없다. 필요하면 하지 말라고 해도 기를 쓰고 할 것이다. 그런데 이 아이 어머니는 아이를 때려서 억지로라도 영어 공부를 하도록 닦달한다. 어머니가 깡패 같다는 생각까지 든다. 어머니는 이 글을 봐도 마음이 안 아플까? 그래도 '나는 이런 적이 없다'고 생각할지 모르겠다. 아이를 학대하면서도 스스로 학대하는 줄 잘 느끼지 못하니까.

매는 무서워요

아이들은 자기 잘못을 인정할 때라도, 매를 맞는 동안은 잘못했다는 마음보다 어른에 대한 반감이 더 크다. 매질로 받아 낸 승복은 진정한 승복이 아니다. 그것은 겉모습일 뿐이고 속마음은 반항, 좌절, 불신 같은 것으로 꽉 차 있다. 그 응어리는 돌덩이처럼 굳어져 삶에 나쁜 영향을 끼칠 것이다.

체육 시간

체육 시간에 뜀틀을 한다는 말을 들으니 가슴이 막 떨렸다. 다섯째 시간에는 자연을 하였는데 체육을 한다는 생각을 하니 공부도 잘 안 되고 온몸이 떨리고 가슴도 콩콩 뛰었다. 손까지 떨렸다. 손에 힘을 못 주겠다. 손끝이 지리지리하다. 발도 지리지리하고 어지럽기도 하다. 자연 시간에 선생님이 무슨 말씀을 했는지 한 개도 모르겠다. 내가 막 우니 영순이가,

"어디 아프나?"

하고 자꾸 물었다.

다섯째 시간이 끝났다는 종이 울렸다. 그 종소리가,

'김선숙 죽어라! 김선숙 죽어라!'

하는 것 같고 무섭게 들린다. 일어나려고 하니 다리에 힘이 한 개도 없다. 숨도 잘 못 쉬겠고 어지러웠다. 난 그 자리에 주저앉았다. 눈물이 자꾸만 나올라 했다. 내가 다리 빙시 손 빙시가 된 것 같았다.

아파서 체육을 못하겠다고 하고 집으로 왔다. 집에 겨우겨우 왔다. 방에 가만히 누워 있으니 좀 덜했다.

난 내가 왜 이런지 알 것 같다. 내가 어렸을 때, 누가(아버지가) 날 억수로 많이 뭐라 하고 때려서 그렇다. 난 부끄럼도 많이 타고 겁을 많이 내어서 어느 누구에게도 말을 잘 못 했다. 요즘에는 아이들끼리만 있으면 말을 잘 할 수 있겠는데 어른이 있으면 말이 안 나온다. 겁이 많아서 하루에도 몇 번이고 놀라 자빠져서 바늘로 온몸을 쑤셔도 안 깨어났다고 한다. 몇 시간이 지나고 나서 깨어났다고 한다. 누가 날보고 책을 읽어 보라 하면 난 말문이 막히고 두근거려서 잘 못 한다.

내가 이 병을 고치려면 내 마음대로 말할 수가 있어야 되고 겁이 없어야 된다. 그러려면 먼저 공부를 잘해 칭찬을 많이 들어야 된다. 누가 날 도와주려고 하면 난 더 병이 심해져 간다. 이 병은 내 스스로 고쳐야 한다. (6학년 여)

어른들은 몰라요

부모님께서는 조그마한 일이라도 되지 않으면 화풀이를 우리에게 한다. 그리고 우리가 조그마한 일을 터뜨리면 매부터 드신다. 우리 아빠는 회사에 갔다가 오시면 맨날 일이 되지 않는다시며 화풀이를 하시고 때리려고 몽둥이를 찾으신다.

어제 저녁에 공부를 하고 있는데 우리를 때리셨다. 참다가 못해,

"아빠 일이지 우리 일이에요? 왜 우리한테 화풀이를 해요! 우리는 마음속으로 얼마나 괴로워하는지 알아요?"

하며 말하니 여자가 어디서 함부로 말대꾸를 하느냐고 또 때리셨다.

어른들은 귀여워해 주실지는 모르고 매만 있으면 된다고 생각하는 것 같다. 우리는 언제나 자기 자유대로 누릴 수 있는가 하는 생각이 든다. 매로만 해결하려고 하고 말로는 타이르지 않는다.

부모님은 또 우리에게 협박을 한다. 예를 들면 성적이 나쁘면 내 아들딸 안 한다고 한다.

'어른들은 모를 거예요, 아이들의 마음을. 그러면서 매로만 해결하려고 해요.'

하며 말하고 싶어도 용기가 없어서 차마 말을 못 한다.

우리들은 조그마한 일이라도 마음이 아파서 눈물을 흘리곤 한다. 어른들은 우리를 어떻게 생각할까 하는 생각이 든다. 나는 왜 이렇게 태어났을까, 구박만 받고 사는데. 부모님은 왜 이렇게 우리를 키우는가! 어른들은 아이들의 이야기를 듣고 아무리 이해하려고 해도 이해 못 할 것이다.

'나는 자유인이다! 나는 세상에서 제일 가는 자유인. 온 누리를 누빌 수 있다!'

하며 소리칠 때가 언제 오는가 상상도 해 본다.

아이들은 어른들의 마음을 이해하지만 어른들은 아이들의 마음을 이해 못 할 것이다. 이해한다고 해도 관심도 없을 것이다. (5학년 여)

아이를 기르다 보면 정말 어쩔 수 없이 매를 들어야 할 때도 있다. 아이들 몸과 마음에 상처를 남기는 일이 없도록 하면서 말이다. 그런데 아이들 글에 나타난 어른들을 보면 하나같이 어른들 사이 갈등을 매질로 풀거나, 자기 잘못까지 아이에게 덮어씌우기도 하고 아이의 조그만 잘못을 꼬투리 잡아 매질을 하고 있다. 참으로 부끄러운 일이다.

아이 마음을 이해하고 받아 주면서 아이 처지가 되어 문제를 풀어 나가야 할 것이다.

03

부부 갈등과 아이들

부부가 한결같이 충만한 사랑으로 살아갈 수는 없을 것이다.
그러나 어른들이 자주 크게 불화를 일으키면 아이들은 감당할 수 없다.
부모를 제대로 된 부모로 보지 않고, 아이도 그런 모습을 닮아 가게 된다.
그러니 싸우더라도 아이에게 보이지 않도록 애써야 한다.
그리고 오래가지 않도록 해야 하고, 해결책을 찾도록 노력해야 한다.

부부 갈등과
아이들

아빠가 엄마 때린 것

아빠가 집에 왔다.
술이 취해서 엄마와 싸웠었다.
허리띠를 가지고 엄마를 때렸다.
엄마가 울었다.
나도 엄마를 잡고 울었다.
아빠가 나도 때렸다.
아파서 죽을 뻔했다.
엄마가 나를 안아서 안 맞았다.
나는 아빠가 밉다.
나는 아빠가 없으면 좋겠다.

(1학년 남)

겉보기에는 아무렇지 않아 보여도 갈등이 없는 가정은 없다. 부부 갈등이 극에 다다를 즈음이면 열 쌍 가운데 네다섯 쌍 정도는 폭력을 쓴다고 한다. 부부가 싸우는 모습을 아이에게 보여 주는 것만으로도 아이를 학대하는 것이나 다름없는데, 상상을 넘어서는 심각한 학대도 벌어지고 있다.

부부 갈등이 심각한 부모 가운데 80에서 90퍼센트는 아이를 학대한다고 하니 '부부 갈등'은 곧 '아이 학대'라 할 수 있다. 아이는 이렇게 학대를 당하면서 난폭한 행동을 이어받는다.

부모 갈등을 보면서 자란 아이는 어른이 되어도, 집안이 평화스러우면 '왜 이렇게 집안이 가라앉아 있을까?' '왜 이렇게 살맛이 안 날까?' 하며 이상하게 여기고 일부러 일을 만들어서라도 불안한 감정을 이어 간다고 한다.

사람은 이렇게 어릴 때 가까운 사람과의 관계에서 이어받은 감정과 행동을 한평생 되풀이하며 살아간다. 큰일이 없는 한 말이다. 문제 아이 뒤에는 반드시 문제 부모가 있다는 말이 그래서 나온 것이다.

어머니 아버지 싸우면 죽고 싶어요

부부가 불화만 일으켜도 아이들은 상처받는다. 지금 눈앞에는 드러나지 않더라도 앞날에 큰 영향을 준다. 그 상처가 어느 정도인지, 아이들 글을 보면 알 수 있을 것이다.

지긋지긋한 싸움

아빠는 오늘도 상봉이 아저씨와 같이 다닌 것 같았다. 그런 아빠가 저녁에 들어오니 엄마가,

"숙이 아빠, 오늘도 상봉이하고 같이 다녔나?"

하고 물었다.

"그래, 와? 뭐가 나쁘나!"

"그 또래하고 와 같이 다니는데, 어?"

"상봉이가 뭐 나쁘게 굴더나!"

"어쨌든 그 사람하고 같이 다니지 마라."

"저게 미쳤나, 와 저 지랄 하노."

"그래, 술만 처무다 카마 그 인간하고 놀제."

엄마는 부엌에서 아빠가 말하면 계속 말대꾸를 하며 달라들었다. 나는 엄마가 미웠다.

'에이, 엄마는 안 달라들면 싸움이 그칠 건데 왜 자꾸 달라드는 거지?'

그에 맞선 아빠는 담배를 질겅질겅 씹으면서 말했다.

그렇게 둘이는 계속 말싸움을 하였다. 나는 그 말싸움이 듣기 싫어서 이불을 푹 덮어쓰고 귀를 막았다. 그리고 노래를 부르고 있는데 갑자기 엄마가 울면서 지르는 고함 소리가 났다.

"그래, 죽여라 죽여!"

"이 씨발년이 완전히 돌았다."

나는 눈물이 막 솟아올랐다. 아빠는 엄마의 멱살을 잡고 작은방으로

끌고 갔다. 막 떨렸다.

'하느님, 제발 엄마가 다치지 않게 해 주고 빨리 싸움이 끝나게 해
주세요.'

나는 그렇게 계속 이불을 덮어쓰고 가만히 누워서 기도를 했다. 조
금 있으니,

"이 ㄱ새끼야, 죽여라 죽여, 씨발놈아."

엄마는 정말 큰 소리로 말하였다.

"이 씨발년이 완전히 미쳤나. 와 이 지랄 하노."

나는 엄마가 맞고 있는 것을 도저히 볼 수만은 없어 작은방으로 가
보았다. 엄마는 코피가 나서 온몸에 피였고, 옷은 갈기갈기 찢겨 있고,
아빠 얼굴은 모두 긁혀 있었다. 동생과 나는 막 울면서 아빠에게 매달
렸다. 엄마는 아빠에게 달려들면서,

"이 씨발놈아, 죽여라 죽여!

고래고래 소리를 질렀다. 아빠가 주먹을 쥐고 넘어져 있는 엄마의 머
리를 때리려고 할 때 나는,

"아빠! 엄마 때리지 마세요!"

소리 지르면서 엄마의 머리를 감쌌다. 그러자 나는 날아오는 아빠의
손에 맞고 말았다. 나는 완전히 나무에 세게 부딪힌 것처럼 떵하고 몸
이 벌벌 떨렸다. 눈물이 마구 쏟아졌다. 나는 엄마를 더욱 감싸며 아빠
를 쳐다보았다.

"아빠, 엄마하고 싸우지 마세요, 제발!"

그러자 엄마는 나를 밀어 던지며,

"숙아, 나온나. 자 죽여라! 인제는 딸래미까지 때리제!"

그러자 아빠는 더 크게 소리를 질렀다.

"빨리 나가!"

"아빠, 엄마, 제발 좀……."

나는 정말 간절히 바랐지만 아빠는 나를 밀어내고 말았다. 할 수 없이 나는 큰방으로 와 이불을 푹 덮어쓰고 눈을 감았다. 아버지가 너무 너무 미웠다. 나는,

'아버지가 차에 치여 부상으로 병원에 있으면 술도 안 마시고 어머니와 싸우지도 않을 건데…….'

이런 생각도 들었다. 또 나는 집을 나가고 싶기도 했다. 엄마 아빠 싸우는 꼴이 더 이상 보기가 싫었다.

일어나니 아침이었다. 옆을 보니 아무도 없었다. 작은방으로 가니 바닥에는 피가 몇 방울 흘러 있고 찢겨진 옷이 있었다. 그리고 침대에 이불을 푹 덮어쓰고 있는 엄마는 얼굴이 깔쥐뜯겼고 코에서 난 피가 말라붙어 있었다.

나는 힘없이 가방을 메고,

"엄마, 학교에 다녀오께요."

인사를 하고 나오려고 하니까 엄마가 쉰 목소리로 힘도 없이,

"숙아, 엄마 돈 벌어가 너거 데리로 오꾸마. 할매하고 잘 있어라."

"엄마!"

나는 깜짝 놀랐다. 울면서 가지 마라고 했다. 엄마도 울었다. 엄마와 나는 아무 말도 하지 않고 한참을 울었다.

그러다 나는 꾹 참고 학교에 갔다. 정말 지긋지긋한 이 집에서 내가 먼저 나가고 싶었다. 학교에 가니 아이들 모두 즐겁게 놀았다. 나는 너무나 슬펐다. 하루 종일 힘도 없고 아무 말도 하기 싫었다.

집에 오니 아빠와 엄마는 같이 밥을 먹고 있었다. 나는 너무나 기가 막혔다. 어떻게 이럴 수가 있을까. 나는 엄마 아빠가 죽도록 미웠다. 하지만 안심이 되어 웃으면서,

"엄마, 화해했나?"

하고 물었다. 엄마와 아빠는 태연히 웃으면서,

"아니."

하는 것이다. 나는 밥맛이 뚝 떨어졌다.

　요즘은 그렇게 큰 싸움은 없지만 아빠가 화를 내면 그때 생각이 난다. 그래서 괜히 아버지가 미워지기도 한다. 앞으로는 이런 일이 두 번 다시 일어나지 않았으면 좋겠다. (5학년 여)

싸울 때 이성을 잃으면, 욕하는 건 예사고 주먹이 오간다. 여기서 아이들 학대가 뒤따른다. 그런데 그렇게 싸우던 어머니 아버지가 언제 싸웠냐는 듯 정답게 밥을 먹고 있으니, 배신감을 느껴도 크게 느꼈을 것이다.

　아이가 봐도 어른 싸움이라는 것이 우스울 게다. 이런 우스운 싸움으로도 아이는 충격을 받는다. 부모 싸움이 지긋지긋하다고 했는데, 이 지긋지긋함이 한 가닥 감정 줄기로 아이 마음에 자리 잡고 있을지 모른다.

돈 때문에 싸운 일

　작년이다. 한낮에 엄마와 아빠가 싸웠다. 아빠가 돈을 함부로 썼기 때문이다.

　엄마가 화를 잔뜩 내며,

"돈 좀 쓰지 마라, 어요."

하고 말하였다. 아빠는 입술을 꽉 깨물었다. 그리고 얼굴이 발갛게 되더니,

"니기미, 내가 언제 돈 쓰드노!"

하는 것이다. 엄마는 아빠에게 손가락질을 해 대며,

"어제 5만 원, 오늘 7만 원, 그게 적게 가져간 거가, 응!"

하며 아빠의 다리를 막 잡았다.

"무슨 찌랄하노. 그 조디 닥쳐라!"

"와! 내 주디 내가 말하는데, 와!"

엄마는 막 덤벼들었다. 아빠는,

"이게 디질라고 환장했나!"

하면서 벌떡 일어서서는 엄마의 뒤통수를 딱 쳤다. 엄마도,

"와 때리노, 응!"

하며 아빠를 차면서 덤벼들었다. 그러니 아빠는 엄마의 머리를 더 세게 때렸다. 엄마는 울면서 더욱 덤벼들었다.

"니가 뭔데 와 때리노!"

"아이씨, 이게 디질라고 환장했나!"

작은방에 있으니 정말 무서웠다.

한참 있으니 큰방 문 여는 소리가 '띠띠리리리' 났다. 엄마가 나가는 것이다. 그리고 비료 포대에 농약을 넣어 뒷논으로 가는 것이다. 나는,

'엄마 죽으면 어떻게 하노.'

발을 동동 구르며 따라갔다. 동네 사람들이,

"어데 가능교?"

하고 물으니 엄마는,

"일하러 갑니더."

하고 대답했다. 뒷논 고추밭에 앉아서 포대 안에 있던 농약 병을 꺼내었다.

"엄마, 집에 가자."

나는 막 당기면서 엉엉 울었다. 엄마는,

"빨리 집에 가라!"

하며 소리쳤다.

"엄마, 으응으응응응 ······."

울면서 옷을 잡아당겨도 엄마는,

"빨리 내려가라!"

소리치며 손을 저었다. 그래서 엄마가 농약 먹고 죽으마 어떻게 하노 생각하며 천천히 내려오는데 엄마가,

"명석아, 여기 와 바라."

하는 것이다. 그래서 가니 엄마가 나를 꼭 안아 주었다. 나는 그때 이 것이 엄마를 마지막 보고, 마지막으로 안아 보는 것일지도 모르는구나 생각되었다. 나는 눈물이 저절로 펑펑 나왔다.

"엄마, 죽지 마래이."

하니,

"알겠다. 풀 베고 내려가께."

하는 것이다. 나는 그래도 엄마를 못 믿어 안 내려가고 있었다. 그러니 엄마는,

"이제 내려가라."

하는 것이다.

나는 너무나 겁이 났다. 아빠를 부르러 집으로 뛰었다. 아빠가 올라 오고 있었다.

"아빠, 빨리 가 봐라. 엄마 농약 물라 칸단 말이야."

하며 아빠 옷을 막 잡아당겼다. 그래도 아빠는 천천히 올라가는 것이 다. 엄마가 죽어도 좋다는 뜻 같았다. 그러고 있으니 엄마가 내려오는 것이다. 그때 정말 '이제 엄마는 살았구나!' 하는 생각이 들었다.

집에 와서는 엄마는 내 방, 아빠는 혼자 큰방에 잤다.

그 일이 있은 후 며칠이 지났다. 학교에 갔다 와서 보니 큰방 문이 잠겨 있었다. 나는,

'엄마가?'

하는 생각이 들었다. 마음이 놓이지 않아서 자전거를 타고 논에도 가 보고 엄마가 잘 가는 엄마 친구 집에도 가 보았다. 없었다. 나는,

"엄마, 으응응……."

하고 울음을 터뜨리고 말았다. 나는 엄마가 큰방에 죽어서 누워 있나 싶어 장독대 위에 올라가 보니 없었다. 아! 다행이었다.

이 일이 있고부터 나는 지금도 엄마가 안 보이면 그만 걱정이 되어 찾는 버릇이 생겼다. 또 이 일이 문득 떠오르기만 하면 아빠가 미워지고 엄마가 죽는 끔찍한 장면이 떠오른다. (5학년 남)

약 먹고 죽으려고 하는 어머니를 보았으니, 아이가 얼마나 놀랐을까? 어머니가 안 보이면 죽었나 걱정되어 찾는 버릇이 생겼다니, 끝내 아물지 않는 상처로 남을 것이다.

학대받는 아이들 모두가 학대하는 어른들에게 적개심을 갖고 있다고 한다. 처음에는 약자인 어머니 편에 서지만, 어머니한테도 동정심만 있는 게 아니다. 자기도 모르게 적개심을 가졌을 것이다. 믿음의 처음이자 마지막이 되어야 할 어머니가 아이는 아랑곳하지 않고 죽으려 했으니 말이다.

아빠가 술 마시면 무섭다

아빠가 회사에서 회식을 하고 술에 취해 밤에 비실비실거리며 집으로 돌아왔다. 우리와 엄마가 자고 있는 안방으로 들어왔다. 그리고 이

렇게 엄마를 깨웠다.

"여보, 휴우우. 퀼트하지 말고 가방이 가지고 싶으면 나한테 사 달라고 하면 되잖아."

나는 눈을 감고 자는 척을 했다. 엄마는 일어나 앉으면서 이렇게 대답했다.

"야, 술 좀 먹으면 조용히 방에 가서 자. 내가 퀼트하는데 뭐 불만 있어?"

"야, 이 새끼야. 나보고 성질이야? 퀼트하는 데 불만 있지, 그럼."

"이야기해 봐!"

"가방 만드는 데 뭐 그렇게 오랫동안 힘들게 해서 만들어. 그냥 사 달라고 이야기하면 되지."

"그럼 당신은? 나 당신 낚시하는 거에 불만 있다."

엄마가 이렇게 이야기하니 아빠는 할 말이 없는가 보다. 그리고 아빠가 욕을 하자 나는 깜짝 놀라 이불로 내 몸을 완전히 감싼 후에 멍하게 있었다.

잠시 정적이 흘렀다. 다시 아빠가 먼저 입을 열었다.

"어떤 짜식이 나를 괴롭혔다, 후우우!"

"그래서? 다 뻥이지?"

"아, 근데 씨발, 흑! 가방이 없나 돈이 없나, 맨날 내 잘못만 이야기해?"

"지영이 아빠 술 먹었으면 조용히 방에 가서 자."

"으악! 웩!"

그러더니 아빠는 화장실로 뛰어갔다.

아빠는 입을 막고 눈을 반쯤 뜨고 코는 빨개졌다. 나는 너무 무서웠다. 아빠가 술을 먹으니 아빠라는 자체가 무서웠다. 속으로는 엄마 아빠의 다툼을 말리고 싶었지만 욕을 쓰고 막말을 하니까 엄마 아빠가 무서워서 그냥 이불 속에 숨어서 숨죽이며 엄마 아빠의 이야기들을 듣기만 할 뿐이었다.

엄마는 속이 많이 상했는지 한숨을 쉬었다. 그리고 안방 문을 걸어 잠그고 다시 잤다. 그런데 10분쯤 지났을까? 거실에서 비명소리가 들렸다. 내가 안방 문을 열고 살짝 나가 보니 아빠가 창문을 열고 비명을 지르고 있었던 것이다. 그리고 30분이 지난 뒤 밖이 조용해지고 온 사방이 조용해졌다.

나는 엄마와 아빠가 너무 무서워졌다. 그래서 이불을 덮고 조용히 흐느꼈다. 그리고 나가서 세수를 하고 잤다. (4학년 여)

평소 집안에서 기분 나빴던 일이나 밖에서 속상했던 일을 술김에 횡설수설하며 푸는 모습이다. 그것도 힘없는 식구들에게 말이다. 이때 피해가 가장 큰 사람은 아이다. 더구나 술을 많이 마시면 이성을 잃는데, 그때 하는 말과 행동은 매우 폭력적이기 때문에 피해가 더 심하다. 어른들은 싸움이라도 하지만 아이들은 그러지도 못한다.

아이가 마지막에 한 말들을 다시 읽어 보기 바란다. 아이는 아무것도 모르고, 걱정도 없고, 잘 느끼지도 못하고, 생각도 없을 줄 알지만 이렇게 말 없이 두려움과 아픔을 삭이고 있다. 그런데도 부모라는 사람이 자기 기분 나쁘다고 아이들에게 아픔을 줄 것인가? 속상한 일이 있으면 거기서 풀어 버리고 어지간하면 집으로는 가져오지 말았으면 싶다. 사랑하는 내 자식을 위해서라도.

반찬 때문에 싸운 일

5학년 들어와서 일어난 일이다.

엄마는 공장에 다닌다. 그래서 공장에 다녀오면 피곤하기 때문에 눕기부터 먼저 할 정도다. 그렇기 때문에 반찬이 시원찮다. 그래 하루는 엄마가 저녁밥을 차려 왔는데 마찬가지로 반찬이 먹을 만한 게 거의 없었다. 그러니 아빠는 갑자기 일어나서 엄마한테 욕을 하였다.

"야 이 기집아, 이기 반찬이가!"

"반찬이지 뭐고."

아빠는 팔을 걷어붙였다. 나는 가슴이 철렁 내려앉았다.

"야 이 기집아, 부엌에 미나리 가지고 묻히가 해도 될 긴데 니는 뭐하노."

"내가 노나? 공장 갔다 오마 피곤해가 죽겠구만도. 와 자꾸 카노?"

"와 카기는 와 카겠노, 이 기집아. 이걸 반찬이라고 갖다 놨나."

"그래, 와!"

"이놈의 기집이 한번 죽어 볼라 카나!"

"겁 하나도 안 난다. 한번 해 봐라."

아빠는 화가 나 눈을 부르켜뜨며 판을 팍 뒤집어엎었다. 상 차려 놓은 게 다 못 먹게 되었고, 그릇이 깨어지고, 판 다리가 부러졌다. 조금 뒤에 전화기를 던져서 부쉈고 또 칼로 냄비를 찔러서 구멍이 났다.

"야 이 기집아, 니 친정에 가라!"

"하이고, 누가 못 갈 줄 아나. 내 가고 나마 와 갔노 칼 기다."

"이 기집이 그래도!"

"와? 와?"

나와 형이 말렸는데도 계속 싸웠다.

"영오야, 니 가게 가가 술 한 세 병만 사 온나."

"느그 애비 술 묵고 뒤지구로 더 많이 사다 조라, 왜."

나는 억지로 가게에 술 사러 갔다. 내가 갔다 올 동안에 또 아빠가 엄마와 싸울까 봐 마음이 조마조마했다. 술을 사 가지고 와 보니 아빠 엄마가 말싸움을 하고 있었다.

"영오야, 술 사 왔으마 잔 가지고 온나."

아빠에게 잔을 갖다 주니 술을 따라서 꿀꺽꿀꺽 마셨다. 형하고 나는 방으로 갔다.

"아이씨, 아빠하고 엄마는 와 자꾸 싸움만 하노."

조금 뒤에 방에서 나와 밖으로 나갔다. 아빠 엄마가 싸우면서 욕하는 소리가 들려왔다. 내 입에서 한숨이 나왔다. 어디서 죽어 버리고 안 살았으면 좋겠다는 생각이 들었다.

"히야(형), 내 콱 죽었으면 좋겠다."

"얌마, 죽는 기 니 마음대로 되는 줄 아나."

형은 화가 나서 죄 없는 벽을 사람 때리듯이 꿍꿍 쥐어박는 것이었다. 요즘에 보니까 형도 자꾸 아빠처럼 짜증 내는 일이 많고 엄마에게도 화를 낸다. 그럴 때 엄마는,

"니도 너그 아빠 닮아 가나."

하며 형을 야단치곤 한다.

다시 방으로 들어와 잠을 자려고 누웠다. 싸우는 소리가 들려왔다. 하지만 그 싸우는 소리가 듣기 싫어서 들려도 듣는 체 만 체했다.

아침에 일어나 부엌으로 가니 언제 싸웠나 하듯이 엄마는 미나리를 다듬고 있었다.

"엄마, 어제 언제까지 싸웠노?"

"느거 아빠한테 물어봐라, 와?"

나는 더 말 안 하고 방으로 들어왔다.

엄마 아빠가 정말 안 싸웠으면 좋겠다. 싸우면 나한테 남는 것은 죽고 싶은 마음뿐이다. (5학년 남)

평소에 나쁜 감정이 쌓이면 반찬 투정 같은 괜한 일로도 큰 싸움이 벌어진다. 이 아이는 죽고 싶을 만큼 마음에 상처를 받았다. 형도 아버지처럼 짜증을 내는 일이 많다고 하는데, 자주 싸우는 부모 영향이라 보면 틀림없다. 부부가 상대를 업신여기고 난폭한 말이나 행동을 하면, 아이도 당하기만 하는 쪽 부모를 업신여기고 난폭한 말이나 행동을 하게 된다.

이 아이 형 같은 경우에는 부모가 싸우는 꼴이 보기 싫어 밖으로 나돌다가 부모에게 배운 나쁜 행동을 사회화할 수도 있다. 가정이 따뜻해야 아이들 마음도 따뜻해지고 사회도 따뜻해진다는 것을 다시 한번 느끼게 된다.

내가 방 어질러서 엄마 아빠의 싸움

1학기 때 있었던 일이다. 내가 방 청소를 잘 안 해 엄마가 책상 옆에 흩어진 가방들과 종이 뭉치를 보고 이맛살을 찌푸리며,

"김지희! 방이 왜 이렇게 더러워?"

하고 잔소리를 했다. 나는 깜짝 놀라 종이 뭉치를 주섬주섬 주워서 쓰레기통에 넣었다. 엄마는 다시 눈꼬리를 위로 올리며,

"가방도 똑바로 해 놔라!"

하고 고함을 질렀다.

그 소리에 거실에서 누워 텔레비전을 보던 아빠가 자리에서 벌떡 일어나며 소리를 버럭 질렀다.

"아 좀 고마 괴롭혀라!"

엄마는,

"아가 잘못을 했으니까 그렇지!"

하고 대꾸를 했다. 엄마 아빠의 싸움 틈 사이에 끼인 나는 어쩔 줄을 몰라 어안이 벙벙했다. 엄마는 더욱 화난 얼굴로 아빠에게,

"당신이 한번 봐 봐라! 도대체 당신은 아가 어떤지도 모르나?"

나는 엄마 아빠가 나 때문에 싸워서 너무 미안하고 부끄러웠다. 그런데 엄마 아빠의 싸움은 점점 더해 가는 것 같았다. 아빠는,

"아이씨!"

하며 방으로 들어가 문을 쾅 닫았다. 아빠가 화나면 거의 방문을 쾅 닫기 때문에 거기까지는 걱정하지 않았다.

그런데, 몇 분 후 아빠는 외출복을 입고 방에서 나오는 것이다. 엄마는 다급하면서도 화난 목소리로,

"밥 차려 놨다. 밥 먹고 가라."

했다. 그런데 아빠는,

"됐다. 밖에 가서 묵을란다."

하는 것이다. 그리고는 현관문을 열고 나가 버렸다.

엄마는 나를 한참 노려보더니,

"휴우우우!"

긴 한숨을 내쉬었다. 나는 아무 말 없이 고개만 푹 숙였다.

한참 뒤에야 엄마가 내 손을 덥석 잡더니,

"아빠 찾으로 가자!"

했다. 그래서 엄마와 나는 다시 기분 전환이 되었다.

아빠를 찾으러 밖에 나갔다. 엄마는 중얼중얼거렸다.

"이 밴댕이 소갈딱지!"

20분 정도 지나서 아빠를 찾았다. 아빠는 거리에 그냥 돌아다니고 있었다.

만난 우리 식구는 근처 음식점에서 저녁을 해결하고 두 손 꼭 잡고 집으로 돌아왔다. 나는 며칠이 지났는데도 엄마 아빠에게 미안했다.

(4학년 여)

어머니 아버지 모두 아이를 위하려다 살짝 다투었다. 어머니는 아이 버릇을 고쳐야겠다 싶어 잔소리를 하고, 아버지는 별것 아닌 일로 아이를 괴롭힌다고 막은 것이다.

아이 교육에서 어머니와 아버지 생각이 같지 않은 경우가 흔한데, 가운데 놓인 아이는 어느 장단에 맞추어 춤을 추어야 할지 중심이 안 선다. 그러니 아이 교육을 할 때는 부모 생각이 같아야 한다. 이 글 같은 상황에서는 어머니 말에 아버지가 살짝 발맞춰 주는 것이 낫지 않을까 싶다. 이를테면 "그래, 지희야. 그건 엄마 말이 맞다. 방을 좀 깨끗이 치워야겠다" 하며 아이 등이라도 토닥거려 주면 아이는 당장 "네!" 하고 기분 좋게 방 정리를 할 것이다. 어머니 행동이 못마땅하더라도 아이가 없는 데서 조용히 지적을 해 주면 될 것이다. 아이 앞에서 자존심이 밟히는데 가만있을 사람이 어디 있겠나.

아버지들아, '밴댕이 소갈딱지' 같은 사람은 되지 말자.

나 때문에 엄마 아빠 싸운 일

나는 ○○강에 관한 보고서를 만들려고 사진하고 자료를 좀 찾아 달라고 했다. 엄마가 아빠한테 그 일을 시켰다. 그러자 아빠는,

"니 왜 나만 시키는데, 어? 하여튼 니는 게을러빠져 가지고 문제인 거 아나 모르나?"

엄마는,

"왜 신경질내는데?"

아빠는 화가 나서 주먹이 올라갔다 내려갔다 했다. 엄마는 화가 나 밖으로 나갔다. 나는 도저히 잠을 잘 수가 없었다.

5일 후엔 아빠가 도저히 못 참아 엄마와 동생을 쫓아 버리려고 했다. 내가 아빠를 말리려고 하자, 때려서 굴러 떨어졌다. 나는 얼른 빠져나와 태진이네랑 밥 먹으러 갔다. 영 입맛도 없었다.

우리는 밤늦게 집에 들어와 잤다. 아빠는 엄마와 안 마주치려고 회사에 한 시간 더 일찍 갔다. 빵만 먹고 갔다. 8일 동안 이렇게 생활하였다.

다시 2일 뒤 아빠랑 엄마랑 치고받고 싸웠다. 엄마는 누워 있고 아빠는 엄마 목을 밟았다. 너무 무서워서 크게 울었다. 엄마는 피가 나고 건드리기만 해도 쓰러질 상태였다. 엄마는 아빠보고,

"니 공무원 그만두게 만들 거다!"

하며 할머니한테 전화했다.

할머니는 그다음 날에 우리 집에 와서 아빠와 엄마를 막았다.

다시 1일 후에는 할머니가 황장군 식당에 초대하여 갔다. 아빠는 안 간다고 소리를 질렀다. 할머니는 전화를 수십 통도 더 했는데 아빠는 전화를 안 받았다. 할머니도 화가 났다. 그래서 우리끼리 밥만 먹고 나와 할머니와 헤어졌다. 엄마는 그때 한 말이,

"얘들아, 엄마 두 달만 떨어져서 일하고 오면 안 될까?"

이렇게 말하면서 눈물을 흘렸다. 나는,

"안 돼!"

하며 소리쳤다.

그다음 날 아빠가 엄마에게 사과해서 겨우 싸움은 막을 내렸다. 정말 지옥 같은 8일이었다. 더구나 나 때문에 싸운 거나 다름없으니 내가 죄인이 되어서 죽고 싶은 마음이었다. (4학년 여)

역시 아이 문제로 부부가 심하게 싸웠다. 여기서 아버지 행동은 남성 우월주의에 빠진 것으로 아주 지나치다. 아이를 굴러 떨어지게 하고, 아이가 보는 앞에서 어머니 목을 밟는 것은 이성을 잃어도 한참 잃은 행동이다. 화가 몹시 나면 무슨 짓인들 못하겠나 싶겠지만 아이들 보는 앞에서 할 짓은 아니다. 아버지로서 지위가 나락으로 떨어져 버리고 말았다.

아이는 어머니 아버지에게 어려운 일을 도와 달라고 했을 뿐인데 일이 이렇게 커질 줄은 꿈에도 생각 못 했을 것이다. 아이는 자기 잘못이 아닌데도 그렇게 생각하고 있다. 잘못하면 아이가 스스로를 죄인으로 여기고 그 대가를 치르려 할지도 모른다. 그런 일은 절대 일어나지 않아야 한다.

할아버지 오셔서 엄마 아빠 싸움

저녁에 엄마는 밥을 하고, 나는 동생과 TV를 보고 있을 때 벨이 울렸다. 그래서 내가 문을 열어 주니 아빠와 친할아버지와 영민이라는 사촌 동생이 왔다. 나는 먼저 "안녕하세요?" 인사를 하고 부엌에 있는 엄마한테 가서 할아버지가 왔는 걸 알려 주었다. 그러자 엄마는 아빠를 좀 불러오랬다. 할아버지와 영민이와 내 동생은 TV를 보면서 놀고 아빠는 엄마한테 갔다.

엄마는 아빠를 원망하는 것 같은 시무룩한 표정을 지으며 왜 데리고 왔냐고 아주 작게 말했다. 아빠는 나중에 말하자고 하면서 TV를 보았다. 그래서 나도 같이 텔레비전을 보았다. 그리고 30분쯤 지나자 할아버지가 엄마 눈치를 보는 것 같더니 집에 간다고 하였다. 아빠는 밥 먹고 가라고 했지만 할아버지는 그냥 간다고 하고 엄마는 더는 아무 말도 없었다. 그래서 결국 할아버지는 우리 집에서 밥을 안 먹고 그냥 가게 되었다.

엄마가 할아버지가 오자마자 조금 짜증나는 듯이 설거지 같은 것을 하고 다른 것도 조금 짜증나는 듯이 해서 그런지 아빠는,

"우리 아버지 우리 집에 오는 기 싫나?"

하고 말했다. 그러니까 엄마는 황당한 표정을 지으면서,

"내가 왜?"

하고 대꾸를 했다. 그러자 아빠는 어이없다는 듯한 표정을 지으며 손가락을 이리저리 가리키고 눈은 엄청 무서운 듯이 보면서 크게,

"내가 왜에? 아버지 왜 갔는지 모르나?"

하고는 한숨을 한 번 크게 쉬었다. 그리고 다시,

"니가 아버지 있는 데서 쌩지랄을 떠니까 가잖아! 너 우리 아버지 내 집에 오는 거 싫으면 나가라!"

하고 큰 소리로 말했다. 엄마도 큰 소리로,

"당신은 왜 말도 안 하고 아버지 데려오는데?"

하고 말했다. 아빠는 나보고,

"너 방에 가 있어!"

했다.

나는 엄마가 나를 때린 걸 생각하니까 그때까지는 좋았는데 갑자기 아빠가 있는 거실 쪽에서 "쾅!" 하는 소리가 들리자 가슴이 조마조마해졌다. 볼 수도 없고 가만히 있어야 되니까 더 궁금해졌다. 그러자,

"시발! 빨리 안 나가?"

하는 아빠 목소리가 들렸다. 다시 엄마가,

"조용히 해라, 다른 사람 다 깬다!"

하고 작게 말했다. 하지만 아빠는 아직 성이 안 풀린 듯이,

"개새끼야! 빨리 내 집에서 나가!"

라고 했다. 하지만 엄마는 또,

"조용히 해라!"

하고 말할 뿐이었다.

아빠가 아직도 성이 안 풀린 것 같았다.

"아버지가 눈치 보는 거 모르나? 니가 계속 설거지하면서 소리를 그렇게 많이 냈잖아!"

문 여는 소리가 들려 나가 보니 집이 엉망이 되어 있었다. 엄마는 울고, 가구들은 깨지거나 부서져 있고, 소파도 뒤집어져 있고, 베게도 엉망으로 되어 있고, 화분도 다 깨어져 흙이 집 안에 널려 있었다.

한참 있다 아빠한테 전화하니 PC방에 있다고 이제 들어간다고 했다. 아! 이런 슬픈 싸움은 제발 없으면 좋겠다. 싸울 때는 엄마 아빠 모두가 미울 뿐이다. (4학년 남)

아이 아버지가 예고 없이 할아버지를 모시고 와서 어머니 아버지가 싸우는 모습이다. 요즘 가정에서 흔히 보는 모습인데, 나이가 많아지면 이렇게 자식에게 짐이 되기 쉽다. 어머니 아버지 가운데 누구 잘못인지 따지기에 앞서 참 슬픈 우리들의 자화상이다.

아이는 이런 모습을 보고 무엇을 느끼고 배울까 싶다. 어머니는 시어른 모시기가 어렵고 힘들긴 하겠지만 아이가 보는 앞에서 드러내 놓고 싫다는 모습을 보여서 되겠나. 그렇다고 화를 삭이지 못하고 거친 행동을 한 아

이 아버지도 옳게 볼 수는 없다. 그렇게 해서 할아버지가 가 버린 걸 아는 아이는 마음이 참 복잡할 것이다.

여기서 꼭 알아 두어야 할 한 가지 사실은 그런 모습을 자주 본 아이는 자라서 부모에게 똑같은 행동을 하기 쉽다는 것이다.

정말 저게 우리 아빠가?

학교에 다녀왔을 때였다. 엄마와 아빠가 싸우고 있었다. 아빠가,

"이기 미쳤나."

하면서 엄마의 볼을 때렸다. 엄마가 아빠를 꼬셔보더니,

"한쪽도 마자 때리지, 와?"

버럭버럭 소리를 질렀다. 나는 막 달려가서 말리려고 하니깐 아빠가 꽃병을 던지고, 책도 던지고, 양말이 들어 있는 소쿠리도 던지고 했다. 아빠가 던진 소쿠리는 그만 코에 맞고 말았다.

"아빠, 집에서 잠만 자면서 왜 이러는데요!"

아빠를 꼬셔보았다.

"이 가시나가 누구보고 찌랄하노!"

하며 내 볼을 때렸다.

"아를 와 때리는교!"

엄마가 아빠의 팔을 붙들고 소리를 질렀다. 아빠는 엄마의 팔을 뿌리치고,

"이 여편네가!"

하며 엄마를 밀었다. 엄마는 청(마루) 밑으로 떨어지고 말았다.

"엄마, 괜찮나?"

엄마를 일으켜 세웠다.

"제기랄!"

아빠는 춤(침)을 '퉤' 뱉어 내며 이불을 마당에다가 다 조 던졌다. 나는 아빠를 째려보았다.

'정말 저게 우리 아빠가?'

엄마가,

"영순아, 괜찮나?"

하며 내 볼을 쓰담아 주었다.

"엄마, 나는 괜찮지만 엄마는?"

"어, 엄마는 허리만 삐걱했다."

아빠는 언제 나갔는지 방에 없었다. 엄마는 부엌에 들어가면서,

"너거 아빠 그런 사람인 줄 인제 알았제."

하고 말했다.

겉으로는 아빠와 엄마가 헤어졌으면 좋겠지만 나의 진짜 속마음은 아빠와 엄마가 다시 화해하고 우리들과 행복하게 살고 싶은 마음이다.

(5학년 여)

아이 아버지는 일을 제대로 하지 않아 가장의 위신이 땅에 떨어져 있다. 그런 데다 싸움까지 해서 아이 어머니나 아이에게 대접을 못 받는다. 어머니는 어머니대로 아이가 아버지를 업신여기도록 가르치고 있다. 아버지 행동은 손가락질 받을 만하지만, 아버지도 어려운 처지에 있다는 것을 깨우쳐 주어 아이가 증오하지 않게 해야 한다. 행복하게 살고 싶은 아이 마음을 저버리지 않아야 할 것이다.

앞에 내보인 글에서 한 아이는 부모가 싸우면 죽고 싶은 마음뿐이라고 했다. 어느 한쪽 부모도 미워할 수 없는데, 어쩔 수 없이 미워지니 얼마나

괴로울까. 그러는 한편 옳지 않은 부모 모습을 닮아 가게 된다. 프로이트처럼 유아기와 아동기 초기 경험을 강조하는 학자들은 두 살부터 다섯 살까지를 성 역할을 배우는 시기로 본다. 프로이트의 오이디푸스 콤플렉스는 아들이 어머니 관심을 끌기 위해 아버지와 경쟁하는 것을 말하는데, 동시에 아버지를 모방하면서 남성이 해야 할 일과 앞으로 가정생활을 준비하게 된다. 술을 마시고 어머니에게 욕설과 폭력을 쓰는 아버지를 보고 자란 아들은 그런 아버지가 되기 쉽다. 또한 폭력 가정에서 자란 딸은 폭력에 길들여지면서 쉽게 폭력을 받아들인다고 하니, 그런 아버지와 비슷한 남편과 살게 될 위험이 크다고 볼 수 있다.

어머니 아버지와 함께 살고 싶어요

대부분 사람들은 부모가 이혼을 하면 아이들이 그릇된 길로 빠지기 쉽다고 생각한다. 하지만 그것은 단순히 이혼만으로 생기는 문제는 아니다. 아이들은 오래전부터 문제를 앓아 왔다. 이혼 전부터 부부 갈등과 불화가 심해 오랫동안 몸과 마음을 학대당해 왔기 때문이다. 그리고 이혼 뒤에도 아이를 학대하니 문제가 심각해진다. 이혼한 사람을 '실패한 인생'으로 보는 어른들 때문에 상처받는 아이들이 많았다.

요즘은 이혼을 대하는 생각이나 태도가 많이 변하고 있다. 함께 살아 괴로운 것보다 헤어져 사는 게 낫다고 생각되면 이혼을 해 버린다. 그리고 이혼이 오히려 아이들이 받는 상처를 줄일 수 있다고 믿는 사람들이 많아지고 있다.

그러나 아이 처지에서는 부모 이혼으로 받는 상처와 충격이 클 것이다. 가정을 깨뜨리지 않아야겠지만, 헤어지더라도 아이들에게 상처와 충격을 주지 않도록 애써야 한다. 부부 연분은 끊어져도 아버지와 어머니 자리는 그대로라는 사실을 잊지 않아야 한다.

이혼하려고 하다 안 한 싸움

4월 28일쯤일 것이다. 운동회 때문에 검은 바지를 사러 ○마트에 나왔는데 아빠가 전화를 해서는 지금 ○마트 앞이라고 나오라고 하였다. 나가 보니 언니랑 아빠가 있어서 차를 타고 갔다. 가면서 아빠에게 왜 그러냐고 물어보고, 안 좋은 일이냐고 수백 번이나 물어봐도 대답이 없었다. 그런데 아빠가 엄마에게 전화를 걸더니 집에서 말하자고 했다. 의견이 맞지 않아 가게에서 말을 하게 되었다.

가게에 가니 엄마가 나보고 아주 안 좋은 표정으로,

"영주야, 엄마하고 아빠하고 이혼한다."

하고 말했다. 나는 그냥 그 자리에서 울어 버렸다. 정말 서운하고 지금이라도 당장 죽고 싶고 정말 시간을 되돌리고 싶은 마음이다. 생각도 해 보지 않은 일이라서 더욱 놀랐다. 언니도 많이 울어서 눈이 시뻘겠다. 나는 울면서 엄마에게,

"싫어 싫어! 이혼 싫단 말이야. 엄마 아빠 제발 이혼하지 마."

하고 떼를 썼다. 그리고 어떻게 해 보고 싶은데 정말 어떻게 되질 않았다. 그냥 계속 이런 말만 나왔다.

"엄마! 아빠! 제발 이혼하지 마! 왜 이혼해, 엄마 아빠!"

그러니까 엄마가,

"영주야, 울지 말고 엄마 말 들어 봐. 엄마랑 아빠도 고민하고 또 고민해서 말한 거야. 엄마랑 아빠랑 의견이 너무 안 맞아서 이혼을 결정한 거야. 엄마도 언니 대학 갈 때까지만 참아 볼라고 했는데 그럴

수가 없네. 미안해!"

나는 정말 그 순간 목이 메었다. 머릿속이 하얘지는 것 같고 울음만
나왔다.

"엄마, 왜 그래? 그냥 의견 맞춰서 살어, 엄마 아빠!"

해도 소용이 없었다.

엄마는 저 멀리서 한 달에 한 번만 만나고, 그 이후로는 만나지 말라
고 집도 모두 이사를 한다니 더욱 울음이 나왔다. 그리고 집에 와서도
자꾸 울기만 했다.

그런데 이틀 뒤에 엄마가 나랑 경주에 마지막으로 가자고 해서 갔
다. 내가 서운한 마음을 털어놓으니 엄마도 알겠다면서 아빠에게 문자
를 보내 겨우 이혼은 없었던 일로 했다. 그렇지만 내 마음의 상처는 지
워지지 않을 것 같다. 싸우면 너무너무 가슴이 아프다.

지금의 생각　엄마 아빠는 1년에 30회 정도 싸운다. (4학년 여)

영문도 모르는데 갑자기 의견이 맞지 않아 이혼을 한다고 하니 아이가
놀랄 수밖에. 어머니는 이혼한다는 것을 자꾸만 아이에게 각인시키고 있
다. 한 달에 한 번 만나고 그 이후로는 이사를 한다는 말도 아이에게 했다.
정말 이혼하겠다는 뜻이라기보다는, 이렇게 해서 아이들이 어머니에게 매
달리도록 하고 그 모습을 아이 아버지에게 보이려는 것 같다. 어머니 자신
이 유리한 위치에 있다는 것을 보여 주고 아이를 이용해 싸움에서 이기려
고 한다는 말이다. 일 년에 서른 번 정도 싸운다고 한 것을 보면 더욱 그렇
게 느껴진다.

이혼 소동

저녁때가 되었다. 밥을 먹으러 부엌에 갔다.

"빨리 와서 밥 먹어라. 엄마 늦었다."

엄마가 밥을 빨리 먹으라며 재촉했다. 그래서 허겁지겁 밥을 먹고
있었다.

'삐삐삐삐삐!'

무엇 때문인지는 몰라도 전화가 왔다. 엄마가 전화를 받았다. 아빠
인가 보다.

"어. 응. 뭐? 내가 애들 밥 먹여 놓고 간다 그랬잖아! 언제 나보고 그
런 말 했노? 끊는다!"

엄마는 열을 받아서 씩씩거리며 전화를 끊어 버렸다. 아빠랑 무슨
일이 있나 보다.

다시 전화기가 울렸다. 하지만 엄마는 받지 않았다. 이번엔 휴대폰
이 울렸다. 이번에도 엄마는 안 받았다. 다시 집으로 전화가 울리자 동
생이 받았다. 엄마는 동생이 전화를 받기 전에 엄마 없다고 말하라고
했다.

"여보세요. 아빠, 엄마 없는데요?"

아빠가 뭐라고 했는지 동생이 눈이 동그래져서 엄마에게 전화기를
건넸다.

"왜? 내가 뭘 어쨌다고 그런 말 들어야 되는데? 그럼 그전에 가야 된
다고 말을 하든가! 그리고 내가 애들 밥 먹여 놓고 간다고 했제? 왜
그카는데?"

엄마는 전화기에 대고 고래고래 소리를 질렀다.

10분 뒤에 엄마가 나갈 채비를 했다.

"밥 다 먹고 다 챙겨 놓고 공부하고 있어라. 엄마, 아빠 가게 다녀올게."

엄마가 나가고 밥을 다 먹은 뒤 동생과 나는 좀 놀다 잠이 들었다.

어느 정도 잤는가? 시끄러운 소리에 깨고 말았다. 엄마와 아빠가 싸우고 있었다.

"그래. 그때 내가 다른 손님들하고 일이 좀 있어 가지고 화난 상태에서 니가 그카니까 내가 짜증이 안 나나? 니가 그렇게 나랑 안 맞으면 이혼하자!"

"누가 이혼한대나? 그땐 손님이랑 일 있었던 것도 몰랐고, 애들 밥 먹이고 간다고 했는 거 뻔히 알고 있었잖아?"

심각한 대화였다. 무서웠다. 난 깨어 있었지만 자는 척하며 돌아누웠다. 동생도 깨어 있었는데 무서운지 돌아누웠다.

우리가 뒤척이자 아빠가 우리를 불렀다.

"성칠이랑 수민이! 이리 내려와 봐라."

가슴이 철렁 내려앉았다. 우리를 불러서 뭘 어쩌려는 셈인지. 아빠가 미쳤나, 하는 생각도 들었다. 하지만 아빠가 침대에서 내려왔다. 그러고는 무릎 꿇고 앉았다.

"아빠랑 엄마랑 마음이 안 맞아서 이혼할라 카는데 수민이 생각은 어떻노?"

갑작스런 질문이었다. 깜짝 놀랐다. 왜 이런 걸 나한테 묻냐고, 이혼은 아무나 하냐고 말할려고 했는데 좀처럼 입이 떨어지지 않았다.

내가 말을 하지 않자 아빠는 성칠이한테 물었다.

"성칠이 니 생각은 어떻노?"

동생은 지금 상황, 분위기가 무서웠는지 눈물을 닦으며 말했다.

"하지 마세요. 아빠랑 엄마랑 화해하세요."

아빠는 끈질기게 이혼한다고 한다.

"반대하면 내가 나가 죽을께. 내는 돈 벌어 오면 맨날 너거들한테 주고 카는데 나는 사는 데 낙이 어딨노?"

옆에 있는 두꺼운 책으로 아빠 머리를 내리치고 싶었다. 아니면 창문에 가서 뛰어내리고 싶었다. 그냥 눈에서 눈물이 떨어졌다. 눈물을 닦았다. 나쁜 아빠한테 눈물을 보이고 싶지 않았다.

우리는 한동안 말이 없었다. 난 그냥 침대로 가서 누웠다. 아빠와 얼굴을 마주하고 싶지 않았다. 그리고 잠도 왔다.

"성칠이도 가서 자."

동생이 내 옆에 와서 누웠다. 오늘 일은 싫다. 아니, 아빠가 싫다. 오늘의 이 일은 없어졌으면 좋겠다. 뭔가 기분이 이상하고 불안하고 무섭다. (6학년 여)

이번엔 아버지가 이혼한다는 말을 쉽게 꺼내어 아이를 겁먹게 한 경우다. 내가 보기에는 그렇게 큰일도 아닌 것 같다.

아버지가 이혼 얘기를 하려고 부르니까 아이는 "우리를 불러서 뭘 어쩌려는 셈인지. 아빠가 미쳤나, 하는 생각도 들었다"고 했다. 그렇다. 아이에게 무엇을 묻는단 말인가? 또 아버지는 아이에게 동정을 사려는지 "내는 돈 벌어 오면 맨날 너거들한테 주고 카는데 나는 사는 데 낙이 어딨노?" 했다. 도대체 아버지란 사람이 어린아이에게 무엇을 말하고 싶은가? 아이 생각은 조금도 안 하는 참 비겁하고 야비한 아버지라는 생각밖에 안 든다.

엄마 아빠의 싸움

7월달쯤에 엄마와 아빠가 심하게 싸웠다. 아빠는 머리가 안 좋으니까 식탁을 계속 쳐 가면서 엉뚱한 말을 했다. 우리 아빠는 뇌출혈로 쓰러지셔서 계속 이상한 말을 하는 것이다. 엄마가 바람을 피우니 어쩌니 하면서 말이다. 아빠는 계속 그렇게 해서 엄마와 정을 떨어뜨려 놓는다.

아빠가 계속 식탁을 쳐서 나는 그냥 소파로 가서 숨어 버렸다. 그리고선 울기 시작했다. 아빠는 계속 엄마 이야기만 하다가 이제는 이혼하자고 했다. 엄마도 이혼하자고 했다. 엄마는 이혼해도 나를 데리고 산다고 했다. 아빠가 나보고,

"니는 누구하고 살래?"

하고 물었다. 나는,

"나를 책임질 수 있는 사람하고 살 거다."

하고 말했다. 그러니까 엄마가,

"니꺼 한 개도 간수 제대로 못하면서 어떻게 아 키울 건데? 지금 장난치나? 아는 내가 데리고 산다!"

하고 말했다.

엄마와 아빠는 또 돈 때문에 싸웠다. 계속 싸우다가 엄마는 안방으로 들어갔다. 그러고는 침대를 두드리며 소리를 질렀다. 계속 싸워서 내가 아빠는 아빠 방, 엄마는 내 방으로 갈라 놓았다. 엄마는 나와 이야기를 나눴다. 내가 진짜로 이혼할 거냐고 물으니까 엄마는 모르겠다고 했다.

나는 엄마가 이혼해서 좋은 사람 다시 만나서 다시 결혼하면 좋겠다. 왜냐하면 엄마가 아빠 때문에 너무 힘들어하기 때문이다. 더 이상

싸우지 않았으면 좋겠다. (4학년 여)

　부모가 벌이는 이혼 소동에 아이는 의젓하게 대응한다. 아버지가 "니는 누구하고 살래?" 하니까 "나를 책임질 수 있는 사람하고 살 거다" 한다. 그리고 어머니가 아버지와 이혼을 해서 좋은 사람 만나 다시 결혼하면 좋겠다고 한다. 정말 이혼하기를 바라서가 아니라 아버지가 어머니를 힘들게 하지 않고 행복하게 살았으면 싶은 바람에서 나온 말이라고 보면 될 것이다.

　부모 싸움을 말리면서 이렇게 의젓하게 대응하지만 속으로는 상처 입고 있다는 것을 잘 알아야 한다. 부모에 대한 믿음이나 사랑 같은 것을 아예 포기하고 살아도 맺힌 응어리가 풀리지는 않을 것이다. 요즘은 이혼이 참 흔하다 보니 이런 아이들이 많이 나오고 있다.

이혼한 어머니 아버지 밉다

　우리 어머니 아버지는 이혼을 했다.

　내가 2학년 때의 일이다. 나와 가장 친한 친구인 칠만이가 우리 집에 놀러 왔다. 칠만이는 약간 통통한 편인데 나와는 가장 마음이 잘 맞는 친구다. 그래서 나는 항상 칠만이만 오면 기분이 좋았다.

　하루는 칠만이가 우리 집에 들어오자 아버지는 어머니께,

　"빨리 가자."

하고는 밖으로 나갔다. 어머니도 나갔다. 나는 그것을 보고 그냥 같이 외출하나 보다 생각하고 칠만이와 놀았다. 어머니 아버지는 의견이 맞지 않아 자주 다툼을 벌였다. 그런데 두 분이 외출하는 것을 보니 기분

이 괜찮았다.

칠만이와 나는 아이스크림을 먹으면서 딱지에 대해서 연구를 했다. 딱지를 잘 만들어서 동네 아이들의 딱지를 다 따려는 생각에서다.

칠만이는 집으로 돌아갔다. 그리고 얼마 지나지 않아서 어머니가 왔다. 그런데 들어오자마자 옷가지를 챙겨서 가방에 넣더니 나한테,

"다음에 전화할게."

하고는 나가 버렸다. 자세하게 생각은 나지 않지만 가지 마라고 막 칭얼대었다는 것은 생각이 난다. 그런데도 뿌리치고 나가 버렸다. 그냥 어디 다녀오겠지 정도로 생각했다.

이어 아버지가 들어오더니,

"나 너거 엄마하고 이혼했다."

하고 말했다. 하지만 나는 어렸기 때문에 이혼이 무엇인지 잘 모르고 그냥 나들이 정도로만 생각했다. 또 곧 돌아올 것이라고 믿었다.

날이 자꾸 갔다. 틈만 나면 아버지께,

"엄마는 언제 오는데요?"

하고 물었다. 그때마다 아버지는 어두운 얼굴을 하고 침묵만 지켰다. 나는 답답해 오기 시작했다. 그리고 잦았던 웃음이 점점 사라져 갔다. 그리고 소심한 성격이 되어 갔다. 그리고 친구들도 만나기 싫어했다. 걱정이 자주 생기게 되었고 얼굴은 항상 어두웠다.

나는 차츰 커 가면서 이혼이라는 것을 알게 되었다. 그리고 어머니도 아주 오지 않는다는 것도 알았다. 그때 나는 펑펑 울고 싶었다. 이불을 뒤집어쓰고 가만히 있기도 했다. 아무것도 하고 싶지 않았다.

그런데 텔레비전을 보니 가정 형편이 어렵고 부모님이 없어도 꿋꿋이 살아가는 사람이 많이 있었다. 그리고 훌륭한 사람이 된 사람도 있었다. 그래서 나도 공부를 열심히 해서 훌륭한 사람이 되어야겠다고

생각도 했다. 잠시 동안은 얼굴이 밝아졌다.

한번은 어머니가 찾아왔다. 그때 나는,

'다시 여기서 살자, 엄마. 응?'

하고 말하고 싶었지만 입이 열리지가 않았다. 말을 해도 거절했겠지. 그것보다 아버지가 더 반대했을지도 모른다.

나는 또 방황하기 시작했다. 어머니와 아버지와 같이 살고 싶은 마음이 더 일어나기 시작했기 때문이다. 그러자 어머니 전화도 받고, 어머니 집에 가기도 하였다. 나는 어머니가 무척이나 보고 싶을 때는 어머니의 전화를 기다린다. 기다리다 기다리다 전화가 안 오면 아무도 없는 곳에 가만히 앉아 있기도 했다. 어머니 집에 가면 꼭 한 번은 다시 살자고 말하고 싶었지만 그 생각은 내 가슴에 꼭꼭 묻어 두었다. 말해 봐야 아무 소용이 없기 때문이란 것을 알기 때문이다.

할머니는 가끔,

"너거 엄마하고 너거 아바이하고 다시 살았으마 좋겠제?"

하고 말한다. 그러면 나는,

"같이 살았으면 좋겠지만 도리가 없잖아요."

하고는 피해 버린다.

교과서에서 어머니에 대한 이야기를 쓰라고 나온 적도 있었다. 그래서 나는 고민하기 시작했다. 왼팔로 머리를 받쳐 보고 오른팔로도 머리를 받쳐 보았다. 쓸 것인가 말 것인가 하는 고민에 빠진다. 눈물이 나오려고 해서 억지로 참았다. 그리고 어디서든지 어머니에 대한 이야기만 나오면 계속 피하고 싶어지고 가슴이 콩닥거린다.

집안 살림이 좋지는 않지만 그런대로 생활할 수는 있는 평범한 집이 바로 우리 집이었다. 하지만 언제부터인지는 몰라도 어머니 아버지는 말다툼이 늘어 갔다. 아버지가 술을 많이 마시고 들어오면 어머니의 잔소리가 시작되고 그러고는 큰 싸움이 된다. 어떤 때는 거의 매일 싸우다시피 하기도 했다. 어떤 때는 피를 흘린 적도 있고, 어머니는 멍이 퍼렇게 들 때도 많았다. 어떤 때는 집 안의 물건들이 부딪치는 소리에 깜짝 놀라서 잠을 깨기도 했다.

그리고 어머니 아버지가 싸우는 모습을 보면 나는 이불을 덮어쓰고 꼼짝도 하지 않거나 밖으로 나가 버리기도 했다. 그러더니 끝내는 이혼을 하게 되고 나는 어머니를 잘 볼 수가 없게 된 것이다. 나는 이혼을 한 어머니 아버지가 정말 밉다. (6학년 남)

아이 마음이 제자리를 잡지 못하고 떠돌고 있다. 아이들은 아주 작은 일에도 소외를 느끼는데, 어머니와 헤어졌으니 얼마나 외로울까. 어머니를 그리워하는 마음과 함께 배신감과 증오심도 키워 갈지 모른다.

어릴 때 부모에게 받은 사랑과 인정은 자존심의 샘이 되어 죽을 때까지 이어진다. 사랑을 많이 받으면 아이들은 힘이 살아나고, 행복한 마음이 가득 차게 되는 것이다.

우리 엄마 아빠를 닮지 않겠다

내가 1학년 때부터 엄마가 나가서 살았다. 우리는 엄마가 없어서 좀 부끄러웠다. 그때는 엄마의 연락도 없었다. 그래서 동생 지은이는 밤마다 울었다. 그리고 아빠도 엄마를 찾으러 다녔다.

엄마가 나가서 사는 이유를 알고 있다. 그것은 아빠가 엄마를 많이 때리고 애를 먹여서이다.

나는 어쩌다가 엄마가 밉기도 했다. 왜냐하면 연락도 해 주지도 않기 때문이다. 내가 2학년이 되자 동생은 유치원에 들어가야 할 나이였다. 그때 엄마가 없어서 내가 가야 했다. 내가 유치원 교실에 들어갔을 때 아주머니들은 다 나와 지은이만 쳐다보았다. 나는 부끄러웠다. 그래서 저 뒤쪽에 가서 지은이와 같이 앉았다.

그렇게 지나고 지나서 내가 4학년 때 학교에 갔다 오니 전화가 오고 있었다. 받아 보니 탁 끊어 버렸다. 또 전화가 울렸다.

"여보세요?"

하고 받아 보니 엄마였다. 나는 너무 반가워서 울음이 나올 정도였다. 엄마도 울고 있었다. 나는 엄마가 있는 곳을 가르쳐 달라고 하니 남부 정류장에 나오라고 했다. 그래서 나는 당장 지은이와 같이 갔다. 가 보니 정말 엄마가 있었다. 그래서 우리는 엄마의 집을 알게 되었다. 그래서 우리는 일요일만 되면 찾아가자고 했는데, 하루는 아빠가 우리를 봤다. 나는 당황해서 어쩔 줄을 몰랐다. 그렇게 해서 아빠한테 엄마 집을 가르쳐 줄 수밖에 없었다. 그래서 아빠는 엄마를 집에 데려다 놓고 이제부터 나가지 말라고 해 놓고 아빠는 회사에 다니고 했다.

그런데 며칠 전부터 아빠는 집에 들어오지도 않았다. 엄마는 화가 나 있었다. 그래서 엄마는 매일같이 아빠를 찾으러 ㅎ에 갔다가 아빠를 만났다. 엄마는 아빠를 집에 불러와 놓고는 이혼을 하자고 했다. 나는 그 소리를 듣고는 말이 나오지 않았다. 아빠도 좋다고 했다. 그 말을 한 날은 10월 20일이었다. 이혼한 날은 25일이었다. 어른들은 서로 좋다고 해서 결혼을 한 것인데 뭐 좀 살다가 이혼을 하려고 결혼을 한 것인가? 나는 이다음에 커서 우리 엄마 아빠를 닮지 않겠다.

지금은 엄마랑 같이 살고 있다. 어쩌다가 엄마도 속이 상하면 술을 먹는다. 나는 엄마가 술을 먹는 건 싫지만 나는 엄마를 이해한다. 아빠는 어떨 때 집에 전화를 한다. 엄마가 받으면 끊어 버리고 지은이나 내가 받으면 말을 한다. 아빠는 전화를 걸면 잘 있냐고 묻고 그냥 공부 열심히 하라고 하고는 끊어 버린다. 나는 아빠의 전화를 받고 나면 이혼하자고 한 엄마가 밉다. 아빠는 우리가 많이 보고 싶을 것이며 아침마다 밥도 챙겨 먹지 못하고 회사에 나가 싶다.

엄마와 아빠가 이혼하지 않으면 우리 집은 손가락질 받지 않는 집이되었을 것이며 행복한 가정이 되어 있을 것이다. 나는 불행한 집안에 태어나서 나쁘고, 우리 엄마 아빠 모두가 싫다. (6학년 여)

집을 나간 어머니가 다시 돌아와 살게 된 기쁨도 잠시, 아버지가 옳지 못한 행동을 해서 둘은 이혼을 했다. 이혼까지 간 것은 아버지 잘못인데, 아이는 이혼하자고 한 어머니를 원망하고 있다. 얼마나 혼란스럽고 괴로울까. 아이는 어머니 아버지 모두 싫다고 했다. 그러나 속으로는 그리워하겠지.

부부가 어쩔 수 없이 헤어졌으면, 그 까닭을 아이가 어느 정도 알 수 있게 말해 주어야 한다. 떨어져 사는 부모와도 언제든지 만날 수 있게 해 주어야 한다. 서로 헐뜯는 모습을 보인다든지 아이를 만나지 못하게 하면, 아이 삶에 좋지 않은 영향을 끼친다.

다음은 부모와 사별하고 고아원에 있는 아이 글이다.

내가 고아원에 오게 된 이유

내 고향은 안동이다. 난 어릴 때부터 큰집에서 자라 왔다. 왜냐하면 우리 엄마는 내가 세 살 때 도망을 나갔다고 한다. 내가 어릴 땐 아버지도 성실하셨고 아주 행복하게 살았는데 엄마가 없어지고부터 아빠는 늘 술만 잡수시고 일도 안 하셔서 이렇게 우리 식구는 헤어져 살아 왔다. 우리 식구는 모두 다섯 명이었는데 지금은 나 혼자다. 오빠 둘이 있는데 모두 다 영주 친척 집에 가서 식당에서 일을 한다. 아버지는 내가 열 살 때 무슨 병으로 돌아가셨다. 아버지가 있을 땐 새엄마도 들어왔는데 새엄마가 날 자꾸 때려 뱀 같은 핏줄이 튀어나오고 시퍼렇게 멍이 들어 날마다 울었다. 아버지는 그걸 보시고 새엄마를 야단치고 날 사랑해 주셨다. 외동딸이라고 돈도 주시고 고기도 사 주시던 아버지, 고칠 수 있는 병인데도 돈이 없어 그대로 돌아가셨다. 그런데 나는 아버지 산소조차도 모른다.

아버지가 돌아가시고부터 난 할머니 집에서 고생을 하며 살았다. 새벽 4시에 일어나 밥도 지었다. 할아버지와 할머니는 고등학교에 다니는 사촌 오빠에게만 좋게 해 주셨다. 내가 1학년으로 입학하였을 때 내겐 연필, 지우개, 공책 아무것도 없었다. 선생님도 날 싫어하셨다. 그땐 친구도 없고 늘 혼자였다.

할머니 집에서도 내가 먹을 양식이 없어 난 팔려 가는 소처럼 서울 어느 집 양녀로 들어갔다. 새로운 아파트 집에는 딸이 3명이나 있었다. 나는 방 청소, 설거지, 빨래를 하였다. 밥 먹을 때도 따로 앉게 해서 놋그릇에 밥을 주었다.

그 집에 있는 것이 너무 고되어서 그 집을 나왔다. 아파트가 하도 많아 그 집을 찾을 수가 없었다. 그런데 어떤 택시 운전수 아저씨가 날 파출소로 데려다 주셨다. 파출소에 며칠 있다가 서울 소년의 집 고아원에 가게 되었다. 그 고아원에서 난 티방한(얼띤) 아이로 구박을 받으며 두 달쯤 있다가 지금 여기 내가 있는 고아원에 오게 되었다.

여기선 서울에서 왔다고, 도둑 취급을 당하면서 오래 있게 되었다. 지금은 학교도 다니면서 성실하게 살고 있다. 여기서 계속 살고 싶다.

이젠 다른 곳으로 옮겨 다니는 것도 무섭다.

지금쯤 할아버지는 날 찾고 있겠지. 아니면 아예 찾지도 않을 것이야 하는 생각이 든다. 내가 크면 아버지와 엄마를 원망하겠지. 하지만 지금은 옛날의 나가 아니다. 더 새로워진 나다. 이젠 친구도 많고, 밥도 굶지 않고, 학용품도 마음대로 탈 수 있다. (5학년 여)

어머니는 아이가 세 살 때 도망을 갔고, 아버지는 아이가 열 살 때 돌아가셨다. 그러면서 여러 가지 아픔을 많이 겪었다. 그래도 몸과 마음이 건강한 아이로 자라 참으로 다행이다.

다음은 집 나간 어머니를 몹시 그리워하는 4학년 여자아이 일기다.

비 오는 날

난 비 오는 날이면 슬프다. 학교에서 웃는 얼굴은 하지만 내 마음은 다르다. 울고 싶은 마음이 생긴다.

집에 와서 비 오는 걸 보았다. 빗속에 엄마 얼굴이 어른거렸다. 나는 '엄마'라고 부르지도 못하고 나한테선 '엄마'라는 소리가 지워지는 것은 아닌가? 엄마 있을 때는 말을 잘 안 들었지만 엄마를 사랑했다. 운동회에도 못 가면 어떡해. 엄마, 보고 싶어. 어서 와.

서러움

서러움을 가장 많이 받아 보는 아이는 나 현영이뿐이지 싶다. 영신이한테 서러움 받고 할매, 할아버지, 아버지, 오빠, 큰엄마한테도 서러움을 받았다. 그중에서도 가장 슬픈 서러움은 엄마 없는 서러움이다.
큰엄마한테는 이런 서러움이 있다.

"저거, 지 엄마 닮아서 저 모양이지."

이런 말씀을 하셨다.

나는,

'죽어 버릴까!'

하고 벽에 머리를 박아 보았다. 그리고 편지도 썼다. 이럴 땐 '그리움'
이라는 시가 생각난다.

파도야 어쩌란 말이냐

파도야 어쩌란 말이냐

임은 물같이 까딱하지 않는데

파도야 어쩌란 말이냐

날 어쩌란 말이냐

맞는지 모르겠지만 이런 것 같다. 그리고 노래를 불렀다. 서러움을
잊으려고 '엄마야 누나야' 이 노래를 부른다.

나는 진짜 어찌하란 말인가. 눈물 참기가 계속되어야 하는가!

아빠

아빠가 오셨다. 비틀거리며 오셨다. 방에 와서,

"영아!"

하고 나를 불렀다. 또,

"영아!"

부르면서 토했다. 나는 얼른 비닐봉지를 가져와서 시중을 들었다. 그리고 속으로,

'엄마! 엄마! 엄마!'

하며 불렀다.

아빠는,

"나 죽겠다!"

하였다.

너무나 슬펐다.

보고 싶어

나는 엄마 사진을 꺼내 보며 울었다. 그리고,

"난 어떡하라고! 엄마 없으면 영이는 어떡하라고! 어떡하라고! 엄마, 빨리 와!"

하고 말했다. 왜 그런지는 몰라도 오늘따라 엄마가 너무나 보고 싶었다. 하늘을 쳐다보면서 눈물을 삼켰다. 그리곤 방으로 들어와서 눈물을 닦았다. 일기를 쓰면서 막 울었다. (4학년 여)

이 아이는 어머니에 얽힌 일만 겪으면 어머니를 몹시 그리워하고 있다. 하루빨리 어머니가 돌아왔으면 좋겠다. 그러자면 아이 아버지 생활 태도가 바뀌어야 할 것이다. 아버지는 아이 어머니가 집을 나가게 한 원인 제공자이기 때문이다. 아버지가 이런 아이 마음을 잘 헤아려 그리움을 다른 것으로라도 채워 주었으면 한다. 그러지 않으면 병이 될 것 같다.

부모에게 버림받았다거나 혼자밖에 없다고 느끼면 아이들은 이렇게 방

황한다. 함께 살면서 아이 마음을 짓누르거나 학대하는 것은 말할 것도 없고, 나아가 가정을 깨뜨려서 아이를 불안하게 하는 것은 아이 정신의 뿌리를 흔드는 것이나 마찬가지다.

도덕심이 생기기 시작하는 네 살쯤에 부모의 사랑과 인정이 더욱 중요하다는 사실은 모두 알 것이다. 이때 받은 상처는 치료하기 쉽지 않다고 한다. 그만큼 어릴 때일수록 부모와 함께 살아가는 것이 소중하다는 이야기다.

진짜 엄마와 새엄마

대부분 아이들은 '계모는 나쁘다'는 관념을 가지고 있다. 그래서 새어머니와 사는 것을 부끄러운 일로 여긴다. 그런 아이들 생각이 터무니없는 것만은 아니다. 실제로 새어머니가 새 자녀를 학대하는 일이 많다. 어른들 사이에서 받은 상처 때문에 자기도 모르게 아이를 학대하기 쉽다는 것이다. 이때 아버지도 함께 아이를 학대하는 경우가 많다. 새로운 행복이 깨질까 두려운 마음에, 조금이라도 방해를 받는다 싶으면 아이를 학대하게 된다고 한다.

새어머니가 자기를 학대한다고 여기는 아이 글을 한 편 보자.

너무 외로워요

나는 엄마를 잃고 새엄마가 들어온 지 별로 되지 않았다. 그런데 아빠가 너무 밉고 싫다. 새엄마가 들어와서 아빠가 미운 게 아니라 새엄마가 들어온 후 아빠는 하루하루 변해 갔다. 나에게 관심조차 사라져 갔다.

새엄마는 아들 두 명을 데리고 있었다. 한 명은 다섯 살, 한 명은 네 살이다.

사실 난 어릴 적부터 귀여움을 받아 왔다. 힘든 일은 절대 하지 않게 곱게 길러 주었다. 그러나 이젠 전혀 다르다. 귀여움은커녕 잘해 주는 일도 없다. 설거지나 청소는 나의 일이 되었다. 설거지를 하라고 할 때는 눈물이 나온다. 그리고 동생이 생긴 후 자유롭지 않았다. 학교에서 달려오면 청소하고, 밥하고, 동생 보고, 설거지하고……. 그럴 때 새엄마와 아빠는 바람을 쐬러 나간다. 숙제도 할 시간이 없어서 못 한다. 그다음 날 숙제를 안 했다고 선생님께 맞기도 했다.

어느 날 우리 엄마가 새엄마라는 사실을 우리 반 여자아이들이 거의 다 안다는 사실을 알고 엄청 울었다.

나에겐 오빠가 있다. 나와 일곱 살 차인데 대학교 1학년이다. 난 오빠가 젤 좋다. 그러나 우리 동네 아이들은 수상해 보였는지 이렇게 물어본다.

"야, 니하고 동생하고 하나도 안 닮았다. 그리고 너거 오빠는 그렇게 큰데 엄마는 너무 젊은 것 같다."

가슴이 철렁했지만 굽히지 않고 난 당당히 있는 말 없는 말 다 모아 이야기했다. 아빠에게 이런 점이 곤란하다고 하면,

"오빠보고 사촌이라고 해라 뭐."

이렇게 이야길 하신다. 그런데 그래선 안 된다. 새 동생을 사촌이라고 했으면 했지 절대로 오빠를 사촌이라고 할 수는 없다.

이제 엄마의 제삿날이 다가온다. 어떻게 하지? 아빤 분명히 제사를 지내지 않을 것이다. 엄마가 무척 보고 싶다. 엄마가 암에만 걸리지 않았어도…….

오빠가 전번에 요구르트가 있길래 먹었다. 그런데 새엄마가 냉장고

를 살펴보더니,

"내 요구르트, 오렌지 주스 큰 맘 먹고 샀더니 누가 다 먹었지?"

하고 소리를 질렀다. 가슴에 가시가 박히는 것 같았다.

또 내가 아픈 적이 있었다. 그런데 아빠가 내 방에 오시더니,

"양말 좀 빨아라. 엄마 시간도 없는데 니가 좀 빨면 어디가 덧나나."

이러시더니 나가 버렸다. 눈물이 앞을 가렸다. 너무 서러웠다. 아아, 죽고 싶다. 칼로 핏줄을 끊으면 쉽게 죽을까? 아니면 농약을 먹으면 고통 없이 죽을까? 이렇게 살 바에 엄마 있는 곳에서 즐겁게 엄마와 사는 게 더 좋지 않을까.

새엄마는 나보다 더 어린애처럼 군다. 아프지도 않으면서 아프다고 아버지께 아양을 떨어서 내가 설거지, 청소, 빨래를 해야 한다. 또 새 동생 두 명은 얼마나 못됐는지 나를 장난감 다루듯이 한다. 때려도 참아야 한다고 다짐을 한다. 그리고 새엄마는 전화가 오면 술집 여자처럼 온갖 아양을 다 떨면서 나한테 온 전화면 화를 버럭 내며 바꾸어 준다. 살기도 싫고 엄마만이 보고 싶어 눈물을 흘린다. 나 혼자 있으면 더욱 외로워 눈물을 뚝뚝 흘린다. 엄마는 돌아갔고 아빠는 너무 싫은데 오빠마저 떠나 버린다면 정말 난 살 수 없다. 내가 이렇게 어려움을 참고 웃으며 용기를 내어 사는 것도 오빠가 있기 때문이다. 새엄마라는 존재는 무섭고 싫다. 때리진 않지만 그 무서운 눈과 꾀로 나를 목 졸라 죽일 것 같다. 아니 난 점점 목 졸려서 숨도 못 쉬고 말라 죽을 것이다.

엄마를 생각하며 용기를 내 하루하루를 힘 있게 살며 새엄마를 이겨 낼 것이다. (6학년 여)

똑같은 행동이라도 새어머니가 했을 때와 친어머니가 했을 때 아이들

심리가 다르다. 친어머니 같으면 예사로 생각할 것도 새어머니일 때는 지나치게 부풀려서 나쁘게 생각한다.

이 아이도 새어머니에 대한 감정이 꽤나 불안하다. 새어머니나 아버지가 아이의 기본 심리를 먼저 알고 말하고 행동했다면, 이렇게까지 되지는 않았을 것이다.

만에 하나라도 새어머니가 아이에게 나쁜 감정을 가졌다면, 그 감정을 풀어 내야 한다. 자기도 모르게 나쁜 감정이 자리 잡을 수 있으니, 새어머니는 자기를 잘 돌아볼 일이다.

진짜 엄마와 새엄마

"와당탕."

한바탕 싸움이 끝났나 보다. 엄마의 우는 소리가 들렸다. 아빠는 나보고 휴지를 가져오라고 했다. 내가 휴지를 가지고 들어가 보니 엄마는 피를 흘리고 있었고 아빠는 옷을 입고 있었다. 내가 물어보기가 무섭게 엄마를 끌고 병원으로 갔다.

아침이 되었다. 밖에 나가 보니 엄마는 이마에 붕대를 감고 있었다. 그냥 엄마에게 아무 말도 할 것이 없었다.

학교 갔다 오니 엄마는 이미 가방을 싸 가지고 집을 나가고 없었다. 나는 그 자리에서 울고 말았다. 내가 학교 갔다 오면 예쁜 웃음을 띠면서 서 있을 엄마가 없었기 때문이다.

그리고 3년이란 세월이 흘렀다. 일요일날 갑자기 아빠가 짐을 쌌다. 아빠의 오토바이를 타고 어디론지 갔다. 간 곳은 엄마가 살고 있는 집. 들어가 보니 엄마가 서 있었다. 나와 동생은 너무 반가워서,

"엄마!"

하고 엄마에게 뛰어갔다. 엄마는 우리에게 참 잘해 주었다.

다시 행복해져서 나는 한없이 기뻤다. 하지만 엄마는 저녁만 되면 어디론가 가 버렸다. 나는 엄마가 어디에 가는지 참 궁금했다.

잠을 잤다. 그런데 싸우는 소리가 내 귓가에 들려왔다. 눈을 살짝 떠 보니 아빠와 엄마가 또 싸웠다. 나는 뒤로 돌아누웠다. 조금씩 조금씩 눈물이 흘러내렸다.

'짹짹'

새 소리에 잠이 깼다. 아빠와 엄마는 어디에도 없었다. 동생과 나는 그냥 가방을 메고 학교에 갔다 왔다. 아빠가 있었다. 아빠는 나에게 아무 이야기도 하지 않으셨다. 그냥 저녁을 잡수시고 텔레비전만 볼 뿐이었다.

며칠이 지나도 엄마는 오시지 않았다. 아빠는 참다 참다 못하셨는지 할머니 댁으로 가자고 하셨다. 우리는 할머니 댁으로 갔다. 며칠이 지나니 아빠가 집 물건을 모두 가지고 할머니 댁으로 왔다. 그때부터 또 할머니 댁에서 살게 되었다.

아빠가 어떤 아주머니를 우리에게 소개해 주셨다. 그 아주머니는 참 착했다. 나는 저 아주머니가 우리 엄마였으면 좋겠다는 생각이 들었다. 그 아주머니는 집으로 가고 아빠는 차 운전을 하시며 말씀하셨다.

"너희 엄마 될 거다."

그 한마디 하시곤 아무 말도 하지 않으셨다. 그래서 이때까지 나는 우리 새엄마랑 산다.

나는 아빠랑 새엄마랑 재혼을 해서 참 기쁘다. 나중에는 내가 커도 우리 진짜 엄마에겐 관심을 갖지 않을 거다. 우리 새엄마에겐 더 잘해 드려야겠다. 이유는 어떻든지 간에 우리 진짜 엄마가 한없이 밉다.

(6학년 여)

앞 경우와는 아주 다르다. 아이는 자기를 버리고 간 어머니를 원망하며 잘 대해 주는 새어머니에게 사랑을 느끼고 있다. 그리움이 오히려 친어머니를 미워하는 마음을 키웠겠지. 아이가 자라서 어른이 되었을 때는 집 나간 어머니를 이해할지 모르겠지만, 지금은 아니다.

이혼이나 재혼한 부모에게 가끔 반항해서 엉뚱한 일을 저지르는 아이들이 있다. 끊임없이 부모 사랑을 확인하고 싶어 하는 아이들 속성에서 나온 행동이다. 부모는 부모대로 이혼 충격 때문에 아이를 무거운 짐으로 여겨 학대하거나 차갑게 대할 수 있는데, 그러면서도 깍듯이 부모 대접을 받고자 하면서 불화가 더욱 커진다. 이런 가정에서 자란 아이는 언제나 공포감으로 떨겠지.

자식을 낳았다고 다 부모가 되는 것이 아니다. 자식이 자라서 바른 가치관을 가지고 스스로 설 수 있도록 해 주어야 어느 만큼은 부모 노릇을 한 것이다.

사랑해서 결혼해 놓고 왜?

부모가 바람을 피워서 가정에 문제를 일으키는 일이 있다. 이것 또한 아이들 마음을 아프게 한다.

아빠는 미쳤다

아빠가 어느 여자와 사랑에 빠졌다. 처음에 나는 그 사람이 아빠와 사랑하지 않고 그냥 친구로 지내는 줄 알았다. 그런데 아버지는 점점 사랑에 빠지고 있다는 것을 알았다. 내가 생각하기에도 엄마는 돼지 얼굴같이 못생기고 남에게 잘 속는다. 내라도 다른 여자랑 좋아하겠다고 생각했다. 하지만 엄마와 아빠가 서로 사랑해서 결혼한 것인데 아빠가 바람을 피운다는 것은 나쁘다고 생각한다. 처음에 나는 잘 몰랐지만 엄마는 그 사실을 알고 나무에다 끈을 매달고 목을 걸어 죽을라고 하기도 했다는 말도 들었다.

아빠는 미쳤다. 할머니가 있는데도 엄마와 싸우고 다른 여자와 좋아한다는 것을 보여 주었다. 그런데 할머니도 바보다. 그런 일을 알고 난 뒤로 아버지를 따르기로 했다는 말이다. 그러니 할머니가 더 그 여자와 아빠를 사랑에 빠지게 했다.

하루는 엄마와 아빠가 싸워서 외할머니와 외삼촌, 외숙모 등 외가에 있는 친척들이 많이 와서 이혼을 시키겠다고 했다. 그런데 아빠는 외가 친척들에게 창피를 당하고 나서 엄마와 더 싸웠다. 엄마는 내가 불쌍하다는 듯이,

"엄마가 죽고 나면 다른 여자가 들어온다. 그래도 울지 말고 언니와 오빠하고 싸우지 마라."

하면서 농약이 있는 곳에 몰래 가서 농약을 가지고 뒷단(뒤꼍)으로 갔다. 농약을 마시려고 하는데 나한테 들켜서 농약을 못 마셨다. 우리 둘이는 서로 껴안고 한없이 울었다. '아빠가 죽으면 죽었지 엄마가 왜 죽어' 하는 생각이 들었다.

엄마가,

"오늘은 내가 죽어야지 속이 편하지. 그래 잘 살아 봐라."

하니 아빠는,

"죽어라 죽어. 니가 죽어야 편안하지."

하고 말했다. 세상에, 아빠는 엄마를 죽으라고 한다. 뭘 잘했다고 그카는지 도무지 이해가 안 간다. 할머니는 아빠가 다른 여자와 사랑에 빠

지는 것을 은근히 좋아해 왔으면서,

"너그가 죽으면 아이들은? 너그 죽으면 나도 죽을란다. 너그 죽는데
　내가 안 죽으면 되나."

한다. 그러면서 할머니도 농약을 한 병 가져왔다. 나는 빨리 뛰어서 엄
마와 제일 친해서 둘이는 비밀이 없는 숙이 언니 집에 가서,

"엄마하고 아빠하고 싸워서 할머니하고 엄마가 농약을 먹고 죽을라
　고 해요."

하고 이야기를 했다.

"울지 말고 여기 앉아 있어라, 아줌마가 가서 말리께. 걱정하지 마
　라."

그때 숙이 언니 엄마는 저녁을 하고 있었다. 숙이 언니 엄마는,

"밥 차려서 경이하고 먹어라. 숙아, 내 갔다 올게."

하며 갔다. 숙이 언니는 울고 있는 나를 위로해 주었다. 하지만 나는
마음이 놓이지 않았다.

집에 가 보니 조용했다. 엄마가 죽은 줄 알고,

"엄마! 엄마! 엄마!"

하고 불렀다. 그런데 엄마가 방에서 나왔다. 아빠는 그 여자 집에 갔고
엄마는 숙이 언니 엄마와 같이 이야기를 하고 있었다. 엄마와 친한 친
구가 있으니 좋았다.

아빠는 미쳤다. 엄마가 농약 먹고 죽을라고 했는데도 그 여자와 사
랑에 빠져서 오지도 가지도 않고 있다. 밥만 먹고는 그 여자 집에 갔
다. 그런데 그 여자가 ○○로 이사를 가 버렸다. 그 뒤로는 그 여자 생
각을 하지 않는 것 같았다. 그렇지만 지금도 그 여자가 올까 봐 마음이
조마조마하다. (5학년 여)

어른들에게는 지나가는 바람일지 몰라도 아이에게는 아니다. 그때 지나간 바람 때문에 상처가 큰데, 언제 그 바람이 다시 불어올지 모른다는 불안한 마음까지 지니고 살아간다. 부모가 가정을 건강하게 꾸려야 아이들도 건강하게 살아갈 것이다. 그러자면 서로 타협하고 협조해야 한다. 이기심을 버리고 자기 욕구를 누르지 않으면 안 된다.

난 어쩌면 좋을까?

난 어쩌면 좋을까? 내 마음 깊은 곳의 아픔을 어떡하면 좋을까? 이 하얀 종이 위에만 써야 하는 걸까? 이렇게라도 하지 않으면 나는 못 살 것 같다. 우리 집 같은 이런 집이 없길 바라며 내 깊은 곳의 사연을 털어놓는다.

난 지금 당장이라도 이 집을 나가고 싶다. 아니 차라리 죽고 싶다. 요즘 들어 왜 이렇게 어른들이 미워지는지 모르겠다.

요즘 엄마와 아빠의 사이가 아주 좋지 않다. 내가 어렸을 적부터 자주 싸웠다. 아빠가 바람을 피웠기 때문이다. 아빠를 '아빠'라고 부르기도 싫다. 춤을 배우러 다니고 돈을 흥청망청 쓰는 우리 아빠, 월급을 타고서도 이때까지 한 번도 월급 봉투를 보여 주지도 않는다. 그래서 엄마는 그때부터 술을 마셨던 것 같다.

아빠가 집에 들어오면 엄마와 싸웠다. 밥상이 날아가고 재떨이가 날아가고 엄마의 울음소리, 아빠의 고함 소리, 어휴 내 귀가 이때까지 견디어 온 게 의문스럽다. 그럴 때마다 난 아무도 모르게 홀쩍홀쩍 운다.

내가 어릴 때 엄마는 가끔 나에게 이렇게 물었다.

"지숙아, 니는 엄마가 좋드나 아빠가 좋드나?"

그런데 나는 엄마의 마음도 모르고 아빠가 더 좋다고 말했다. 아빠는 날 무척 좋아했다. 사 돌라 하는 것은 다 사 주고 시내로 쇼핑도 갔다. 아이들은 날 매우 부러워했다. 주말이나 쉬는 날이 되면 아빠 손잡고 놀러도 가곤 했으니까. 하지만 요즘은 놀러 간 것이 언제인지 기억도 나지 않는다.

아빤 멋 내는 것을 매우 좋아했다. 항상 양복을 갖춰 입고 멋쟁이 신사 노릇을 했던 것이다.

엄만 내 마음 아픈 말만 골라서 한다. 전번에 싸웠을 때도 집을 나가 버려야겠다는 말과 이혼하겠다는 말도 했다. 그때 난 엄마가 꼭 바보같이 느껴졌다. 자식을 앞에 놓고 그런 말을 하는 분은 울 엄마밖에 없다고 생각한다. 난 커서 만약에 결혼한다면 절대로 싸우지 않을 것이다. 절대로 절대로…….

난 아직도 은숙이네 집이 부럽다. 내가 보기엔 무척 행복해 보이니까 말이다. 아빠와 장난치는 것이 제일 부러웠다. 난 아빠와 놀러는 다녔지만 장난을 치지는 못했다. 항상 엄했기 때문에…….

요즘도 아빠는 봉투를 안 보여 주신다. 그리고 일주일에 두세 번만 일찍 들어오시고 나머지는 늦다. 그리고 이상하게 이름 모를 아줌마한테 전화가 가끔씩 걸려 온다. 정말이지 골치 아프다. 내가 뭘 어떻게 해야지만 우리 집이 행복해질 수 있을까. 아빤 성격도 참 까다롭고 야시 같다. 항상 헤헤거리고 살살거리고 자기 자랑을 잘하기 때문이다. 난 이게 제일 싫다.

또 엄만 뭐가 자랑이라고 동네방네 아줌마들에게 아빠 욕을 하는 걸까. 서로가 서로를 이해 못 하니까 아마 행복해질 수 없는 것 같다. 정말 언제 이 집구석을 나갈지 정말 골치 아프다.

어른들이 밉다. 아빠도 엄마도 모두 다……. 날 낳고 기르셨지만 도저히 이해할 수가 없다. (6학년 여)

이 아이는 어릴 때부터 바람을 피우는 아버지와 그 일로 다투는 부모 모습을 보며 자랐다. 성격이 명랑한데, 가만히 보면 어딘가 늘 한풀 꺾여 있다. 자기 집안을 떳떳하지 않게 생각하니까 남 앞에서 당당하지 못한 게 아닌가 싶다.

"언제 이 집구석을 나갈지 정말 골치 아프다"면서 자신을 포기하는 모습도 보인다. 부모와 집에 거는 희망이 무너졌기 때문이겠지. 부모를 믿지 못해 어른 모두를 못 믿고, 자기 자신도 못 믿게 될 수도 있다.

이렇듯 부모들이 일으키는 불화로 아이들은 학대를 받는다. 가정 불화가 바로 아이들 불행으로 이어지는 것이다.

부모는 아이들의 중요한 환경이다. 어떤 유혹에도 흔들리지 않고 열심히 살아가는 부모 모습에서 아이들은 큰 힘과 사랑을 얻는다.

부부가 한결같이 충만한 사랑으로 살아갈 수는 없을 것이다. 그러나 어른들이 자주 크게 불화를 일으키면 아이들은 감당할 수 없다. 부모를 제대로 된 부모로 보지 않고, 아이도 그런 모습을 닮아 가게 된다. 그러니 싸우더라도 아이에게 보이지 않도록 애써야 한다. 그리고 오래가지 않도록 해야 하고, 해결책을 찾도록 노력해야 한다.

아이 처지에서 생각해 보는 시간도 가졌으면 좋겠다.

04

집안 걱정과 아이들

이런저런 집안 걱정으로 어두워지는 아이들 마음을 헤아리고
손잡아 이끌어 주는 어른들이 되었으면 한다. 어른들부터
나약함을 보이지 말고, 호들갑을 떨거나 숨기려 들지도 말아야 한다.
집안 현실을 있는 그대로 보여 주어 아픔도 조금씩 겪게 해서,
스스로 이겨 내는 힘을 길러 주는 것이 필요하다.

집안 걱정과
아이들

빚

우리 집은 무슨 일인지
빚을 졌다.
논 몇 마지기 팔고도
빚을 다 못 갚아서
재판장한테 가서
재판을 받았다.
그런데 아버지께서
울면서 오셨다.
아버지께서
"형삼아, 너들 잘살아라.
형삼아, 니가 크면
돈 없는 사람 도와주어라."
하며 울었다.
나도 울었다.

(3학년 남)

삶과 죽음에 대한 걱정부터 작은 걱정까지, 우리 인생은 걱정으로 시작해서 걱정으로 끝나는 것인지도 모른다. 이 걱정이라는 것이 꼭 나쁜 것만은 아니라서, 알맞은 정도라면 살아가는 데 힘이 되어 주기도 한다. 그러나 아이들은, 어른에게라면 살아가는 힘이 될 만큼의 걱정으로도 마음이 짓눌릴 수 있다.

요즘 아이들은 대체로 명랑해서 아무 걱정이 없어 보인다. 사실 걱정이 있어도 동무들과 어울려 놀다 보면 쉽게 잊어버리는 게 아이들이다. 그러나 집안에 큰 걱정거리가 있을 때는 어딘가 그늘이 져 있다. 다른 아이들보다 활발하지 못하거나, 억지로 웃는 표정을 짓는다. 이런 아이들 걱정은 어른 걱정에서 비롯된 것이 대부분이다.

어른들 집안 걱정에 아이들이 어느 정도 영향을 받는지 아이들 글에서 알아보자. 이런 경우에 부모가 어떻게 해야 할지 생각해 볼 수도 있겠다.

돈, 돈, 돈이 뭔지

우리가 어릴 때는 학용품 살 돈도 넉넉지 않았다. 끝까지 돈 달라고 실랑이를 벌이다가 어른들에게 회초리를 맞고 징징 울며 학교에 가는 아이들도 참 많았다. 그래도 그때는 모두가 가난했던 시절이라 그렇게 불행해하지는 않았다. 요즘은 그때보다는 넉넉하지만, 상대 빈곤으로 느끼는 가난 문제가 심각하다.

어느 집이나 돈이 문제인데, 무슨 사고나 재난을 당하면 큰 어려움을 겪을 수밖에 없다. 아이들은 더욱 큰 타격을 받게 될 테고.

걱정이 태산이다

우리는 ○○○ 절 앞에 있는 빈터에서 포장마차를 했다. 장사가 잘되었다. 그런데 그 땅 주인이 그 터에서 비켜라고 했다. 그래서 할 수 없이 그 터에서 나와 그 위쪽에서 장사를 했다. 그리고 그 땅 주인은 우리가 하던 곳에 포장마차를 차리고 장사를 했다. 처음에는 우리 포장마차에 손님들이 많이 왔다. 그러니 그 집에도 더 잘되었다. 그런데 주인이 심통이 났던지 우리 아빠에게,

"이 땅에서 나가시오. 당신들이 거기서 장사를 하니까 우리가 안 되잖아요."

하며 화를 내었다. 그러자 우리 아빠는 당당하게,

"아 이 땅이 당신 땅인가? 당신이 샀나? 당신들 장사 안 되는 건 당신네 사정이고 나는 상관없소!"

하며 따졌다. 그 아저씨는 할 말이 없었는지 아무 말도 못 했다. 그때는 참 고소하다는 생각이 들었다. 아빠가 막긴 막았지만 또 어떤 일이 들이닥칠지 걱정이 되었다. 전번에 장사를 할 때는 기분도 좋고 재미도 있었는데 지금은 신경이 바짝 곤두섰다. 그리고 그 아저씨가 와서 행패를 부리지나 않을까 하는 걱정도 생겼다.

밑에서 장사하는 아저씨는 계속 심통을 부렸다. 포장마차가 못 들어가게 해 놓았을 때도 있었다. 그럴 때마다 그 아저씨가 미웠다.

그러던 중 군청에서 장사를 중단하고 다 가져가라고 했다. 그 말을

들으니 앞이 캄캄했다. 엄마와 아빠는 천막을 다 거두고 정리를 했다. 엄마와 아빠의 발걸음이 무거웠다. 나는 다리에 힘이 **빠졌다**.

학교 갔다 집에 오니 아빠와 엄마는 그냥 주무셨다.

'이제 장사는 뭐 하노. 뭐 해 가지고 먹고 사노. 후유, 참 답답하다 답답해.'

아빠와 엄마는 심각하게 의논을 하셨다.

"이제 또 장사하겠나."

"이제 그 얘기 그만해라."

이제는 어떻게 해야 할지 모르겠다. 걱정이 태산이다. (6학년 여)

먹고살 길이 막막해진 이 아이 집을 생각하니, 한 아이가 쓴 시가 떠오른다.

저녁 뉴스를 보니

수성 못 앞에

포장마차가 죽 늘어서 있고

사람들도 많이 있었다.

싸움을 하는 것 같았다.

죽었는지 기절했는지

아무 기색이 없이

누워 있는 사람

옆에서는 그 사람을 흔들었지만

꼼짝달싹하지 않는 그 사람

울고불고 난 터였다.

물이 오염된다는 이유로
장사를 못 하게 했다.
포장마차를 못 하도록
끌고 가는데
포장마차 기둥을 붙들고 뒹굴어졌다.
사람은 먹고사는 것이 참 중요하다.
누구는 잘살고
누구는 못살고
어떻게 해야 좋을지
모르겠다.
포장마차를 붙들고
늘어지는 것을 보니
사는 게 얼마나
힘든 것인 줄 알겠다.
내 마음으로는
그냥 놔두었으면 좋겠다.

(6학년 여)

포장마차나 노점상으로 먹고사는 사람들 장사를 강제로 못 하게 하는 모습을 볼 때, '불법으로 했으니까 마땅해'보다 '대책 없이 무조건 저렇게 못 하게 하면 어떡해' 하는 생각이 먼저 들어야 옳다고 본다. 우리 아이들에게도 이런 인간성을 가르쳐야 한다. 나눌 줄 모르는 어른, 이웃과 더불어 사는 길을 모르는 어른을 닮지 않게 말이다. 그래야 자기만 잘살기 위해 극단으로 가는 이기주의를 경계할 수 있다.

그러나저러나 이 아이 식구들은 앞으로 무얼 해서 먹고살까? 또 먹고살 걱정을 하는 부모를 보는 아이 마음은 얼마나 안타까울까?

죽을 놈의 빚

저녁때의 일이다. 어떤 아줌마께서 오시더니 쪽지를 내시며 이걸 빨리 마무리 짓자고 하셨다. 작은형님 결혼 비용으로 쓴 돈 같다.

'아이고, 또 빚이구나! 저놈의 망할 놈의 빚!'

공부하다 말고 옆방으로 가 버렸다.

"그럼 3부 이자로 십육만 원 하면 되겠네. 그럼 끝났제!"

"아니 3부 이자라니? 4부 이자지! 정말 사람이 그럴 수만은 없구만요."

어머니와 아주머니는 싸우기 시작하셨다.

'저러다 큰일나면 우야노.'

나도 모르게 눈물이 핑 돌았다.

형님의 말씀으로는, 아주머니 집에 있는 쌀과 논을 팔아서 급히 필요한 사람에게 이자를 5부나 6부로 쳐서 빼먹는 사람이라 하셨다. '정말 저 아주머니가 돈에 미친 사람이구나' 하는 생각도 들었다.

어머니께서는 마룻바닥을 '땅땅' 치시면서 고래고래 고함을 지르셨다. 형수님은,

"또 돈이구나!"

하시며 한숨을 내쉬신다.

아주머니는 일을 결정내었는지 대문 앞을 나서셨다.

형님은 돈에 시달려 술을 퍼 잡수신다.

'우린 언제 한번 빚에서 벗어날꼬.'

한숨만 나온다. (6학년 남)

비싼 이자를 물면서까지 남의 돈을 빌려 써야 하는 집안 형편, 그런 어려움을 당하는 식구들을 보는 아이 마음은 얼마나 답답할까. 돈을 빌려 준 사람을 무조건 나쁜 사람으로 생각하기도 한다. 그러면서 가진 자 모두를 부정하고 불신하게 될 수 있다.

우리 집과 마이너스 통장

우리 집은 처음에 살 때 1억 원이었다. 집값으로는 4천만 원밖에 못 내었다. 그래서 엄마와 아빠는 매달 집값에 돈을 넣는다. 그래서 이제 어느 정도 갚고 3천 몇만 원밖에 남지 않았다. 하지만 아직도 갈 길이 멀다. 아빠는,

"이제 삼천 얼마밖에 안 남았네."

하지만 속으로는,

'아이구, 언제 다 갚으려고 하노!'

생각하고 있다는 것을 나는 안다. 엄마 아빠가 걱정을 막 하니까 나까지도 걱정이 된다.

'빚 못 갚으면 어떡하지? 혹시 집이 빼앗기는 것은 아닌가?'

자꾸 이런 생각이 든다.

그리고 우리는 집뿐만이 아니다. 마이너스 통장도 문제다. 아빠 차 기름 값 때문에 요즘 부쩍 마이너스 통장의 수치가 올라가고 있다. 아빠가 다니는 회사가 집에서 거의 한 시간 반이나 걸려 일주일에 기름 값이 수도 없이 많이 나간다. 그래서 요즘 우리 가족은 이사 때문에 많이 걱정하고 있다. 아빠와 엄마는 ○○ 쪽 아파트로 이사 가자고 한다. 하지만 이사를 가면 낯선 사람, 낯선 학교가 모두 두렵고 떨리기만 한다. 그래서 나는 가끔,

"아! 나는 왜 태어났을까?"

하고 혼자 소리 없이 운다.

이사를 가더라도 엄마 아빠가 내 마음도 좀 알아줬으면 좋겠는데……. 하지만 기름 값 때문에 아빠는 일주일에 겨우 두 번 올까 말까 하고, 오는 날에는 피곤해서 코가 빨개져서 온다. 나는 그런 아빠를 보면 항상 가슴이 아프다. 이렇게 아빠를 힘들게 만드는 것은 그놈의 돈 돈 돈 때문이다. 아빠가 돈을 벌려고 회사에 힘겹게 다니기 때문이다. 아빠는 내가 이사 이야기를 꺼내면 일부러 느긋한 표정으로,

"괜찮다."

하지만 아빠가 날 위해서 그런다는 것을 알고 있다.

그런데 만약 우리 가족이 아빠 회사 가까이에 있는 아파트로 이사를 간다면 마이너스를 훨씬 더 빨리 갚고 우리 집 빚도 빨리 갚을 수 있을 것이다. 또 아빠도 아프지 않을 거고, 아빠가 더욱더 힘이 덜 들것이다.

우리 가족이 하루라도 더 빨리 화목한 가정을 만들었으면 좋겠다. 지금도 이사를 가야 하나 안 가야 하나 걱정이 되고, 아빠가 계속 아플까 봐 걱정도 된다. 아빠가 아프면 큰일나는데 정말 걱정이다. (4학년 여)

대부분 사람들은 빚 내어 집을 사고, 돈을 벌어 빚을 갚으며 생활해 간다. 아이들도 그런 어른들 삶을 함께하고 있다. 그런데 아이는 어른들이 하는 일상적인 걱정도 때로는 매우 크게 받아들이기도 한다. 집값을 빨리 못 갚으면 집을 빼앗기지나 않을까, 아버지 기름 값 때문에 마이너스 통장 수치가 올라가니까 이사를 가는 것이 좋은데 그럼 낯선 곳과 낯선 사람들에 어떻게 적응할까, 이사를 안 가면 아버지가 먼 길 다니느라고 아프지 않

을까, 이런저런 걱정이 그치지 않는다. 그러다 "아! 나는 왜 태어났을까?" 하는 생각까지 하면서 혼자 울기도 한단다.

아이들이라고 가정 일에 대해 생각이 없는 것이 아니다. 부모들은 이런 아이들 마음을 헤아려야 할 것이다.

나는 겨울이 싫다

우리 집의 가장 큰 걱정은 바로 돈이다. 우편함 ○○○호에 편지가 들어오면 마음이 조마조마하다. 나는 '요금 후납'이라는 단어가 싫다. 아빠 가게는 횟집이다. 위치는 ○○이다. 여름에는 장사가 잘되는데 지금은 겨울이라서 장사가 잘 안 된다고 그랬다. 우리 엄마도 ○○○에서 미용실을 한다. 가을쯤까지는 손님이 꽤 있었다. 그런데 겨울이 되어 바람도 많이 불고 추워지기 시작하니까 아무도 안 온다고 한다. 엄마 아빠는 어떻게 해야 할지 모르겠다고 한다.

먹고사는 것도 힘든데 우리 학원비, 간식 먹을 것, 용돈 때문에 걱정이 더 많은 것 같다. 나는 엄마가 돌아오면 손님이 있냐고 물어본다. 그러면 아예 없다고 말할 때도 있고 몇 명 있다고 할 때도 있다. 아빠도 손님이 아주 없는 것 같다. 내가 보는 아빠의 모습은 무척 피곤하다. 잠든 모습을 보면 눈물이 날라 한다.

나는 여름이 가장 좋다. 회도 잘 팔리고 엄마 미용실 같은 경우는 머리가 길면 덥기 때문에 머리를 자르는 손님과 파마하는 손님도 있을 것이다. 그래서 내가 싫어하는 계절은 겨울이고 좋아하는 계절은 여름이다. 여름만 있으면 우리 집의 걱정인 돈 걱정은 없어진다. 하지만 겨울엔 전기장판 때문에 더 문제다. 전기장판은 잘 때 필요하니까 안 쓸 수가 없다.

나는 우리 집에 돈 걱정이 없으면 좋겠다. (4학년 여)

아버지가 하는 횟집, 어머니가 하는 미용실에 손님이 없어 걱정한다. 식구를 먹여살리려고 애쓰느라 피곤한 아버지 모습을 보면 눈물도 나려 한단다. 아이들은 집안 경제가 많이 어려우면 자기들 학원비, 간식비, 용돈 때문에 부모님이 더 고생한다고 생각하며 죄책감까지 느끼기도 한다.

집안과 내 걱정

우리 아빠는 요리사가 직업이다. 16년 동안 요리사를 해 오셨다.

오늘 밤에 나는 동생과 같이 쿨쿨 자고 있었다. 그런데 한밤중에 무슨 소리가 났다. 소리를 들어 보니,

"아니! 16년 동안이나 있었는데 그걸 어느 날 갑자기 그만둔다고요?"

자세히 들어 보니 아빠가 이제부터 요리사 직업을 그만둔다는 거였다. 나는 너무 놀랐다. 그다음 날부터 엄마와 아빠는 나와 동생을 재운 뒤 어디론가 나가셨다. 한번은 나도 안자고 엄마와 같이 간다고 했지만 안 된다고 하셨다.

엄마와 아빠는 계속 친척들과 전화도 하고 자주 의논을 했다. 나는 엄마 아빠가 너무 걱정되었다. 아빠가 다시 요리사를 했으면 좋겠다. 만약 엄마 아빠가 같이 일하시면 동생 예선이는 밥을 어떻게 먹이고 빨래, 설거지 등은 어떻게 할지 정말 고민이었다. 너무 궁금해서 엄마한테 물어봤더니 할머니가 내려오신다고 하셨다. 아니면 최후의 수단으로 이사를 간다고 했다. 나는 가슴이 철렁 내려앉았다. 이곳에서 9

년 동안 즐겁게 그리고 재미있게 힘차게 살았는데 이사를 간다니 너무 슬퍼서 눈물이 났다. 하지만 엄마와 헤어질 수는 없었다. 아빠가 요리사 직업을 그만두지 않았다면 더욱 즐겁게 살 수 있었을 텐데…….

할머니가 내려오신다고 했는데 동생은 할머니를 싫어한다. 모든 것을 처음부터 다시 하는 것이 너무 슬프다. 아예 나 혼자 이곳에서 살고 싶다. 언제나 친구들과 살고 싶다. 엄마랑 아빠 때문에 온 가족이 피해를 입다니 엄마 아빠가 싫지는 않지만 조금 짜증이 난다.

막창 골목 중 막창집, 난 막창이 뭔지도 모른다. 나는 날마다 밤에 묵주를 들고 제발 이사 안 하게 해 주세요, 제발이요, 했는데 이사는 결국에 가게 되었다. 이사한 집 안에 들어와 보니 죽을 것 같았다. 좁기도 좁고 또 밤에는 식당의 소리 때문에 잠을 자지도 못하고 비행기 소리는 더욱 짜증나게 한다.

식당에 들어가 보니 우리가 쉴 곳은 아주 좁은 방 하나뿐, 죽을 생각도 들고 집 나갈 기분도 들었다. 새로 하는 직장 슬픈 직장, 나는 죽을 정도이다. 다시 돌아갈 것이다. 짜증난다. 엄마와 아빠가 다시 이사나 직장을 그만두고 다른 것을 할까 봐 걱정이다. (4학년 남)

아버지가 16년 동안 해 오던 직업을 바꾸는 것, 그럴 경우 이사를 가야 하는 것, 이사한 곳에 적응하는 것에 대한 혼란과 아버지가 다시 직장을 바꾸면 어쩌나 하는 불안감 들로 아이가 마음의 안정을 찾지 못하고 있다. 부모는 이런 아이 마음도 헤아려야 할 것이다.

아빠 일에 대한 생각

나는 아빠의 일에 대한 생각을 많이 한다. 엄마 아빠 앞에서는 어느 가족보다도 행복하다고 하지만 왠지 가끔은 우리 가족은 불행하다고 생각한다.

우리 아빠는 내가 일곱 살 때까지 작은 제과점을 했다. 하지만 아빠가 어떤 아저씨의 보증을 서 주고 난 뒤부터 사정이 어려워졌다. 아빠가 보증 서 준 아저씨가 도망을 가 버리고 만 것이다. 아빠는 그 돈을 갚는다고 우리 집과 차를 팔았다. 그래서 우리 가족은 이사를 왔다. 이사를 와서 아빠가 어렵사리 구한 일자리가 신나 장사다. 처음엔 신나라니, 무슨 말인지 몰랐다.

"엄마, 신나가 뭐야? 신나는 일 같은 거야?"

동생이 묻자 엄마는 머뭇거리며 가르쳐 주었다.

"자동차에 넣는 기름 알지? 그런 거야."

그때는 주유소 같은 거라고 생각하면서 넘어갔다. 하지만 신나 장사는 주유소 같은 것이 아니었다. 엄마와 같이 목욕탕에 갔는데 엄마가 비밀이라며 말해 주었다.

"사실 아빠가 하는 신나 장사 있잖아. 그거 불법이야. 우리 집 사정이 그렇게 좋은 게 아니잖아. 이사 오자마자 일자리 구하는 건 진짜 어려운 거거든. 그래서 겨우 찾은 게 신나 장사야."

아빠가 하는 일이 불법이라니 참 부끄러웠다. 가끔씩 친구들이 우리 아빠가 하는 일이 뭔지 물을 때면 부끄러워서 그냥 얼버무린다.

어느 날 아빠 따라 아빠가 일하는 가게에 가 보았다. 찬바람이 쌩쌩 들어오는데 아빠는 거기서 일을 하고 있었다. 얼마나 추웠는지 아빠의 귀와 얼굴이 벌겠다.

"딸, 아빠가 불법 일 해서 미안해. 친구들이 아빠 직업 물으면 대답도 못 하고……. 나중에 아빠가 돈 많이 벌어서 신나 가게 팔고 다른 거 좋은 일 할게. 지금은 조금만 참아."

그렇게 말하면서 웃는 아빠 눈을 보니까 눈물이 그렁거렸다. 난 이때서야 우리 집이 가난하구나, 느껴졌다. 지금은 많이 커서 적응되었지만 아직도 우리 집은 가난하게만 느껴진다.

한번은 짝이 우리 집보고 가난하다고 놀렸다. 아무 생각 없이 농담으로 한 소리에 괜히 뜨끔했던 것이다.

"니가 우리 집 가난한 줄 어떻게 알아? 모르면서 그런 소리 지껄이지 마!"

괜히 짜증을 냈다.

엄마 아빠가 일하러 가고 없을 때는 나 혼자 턱을 괴고 생각한다, 아빠가 하는 일을. 힘들게 일하는 아빠 생각에 내 머릿속이 하얘진다.

(5학년 여)

아이들은 부모가 하는 일이 천하다고 생각되면 부끄럽게 느끼는 경우가 흔하다. 그럴 때는 열심히 떳떳하게 하는 일은 어떤 일이든 자랑스러워해도 된다는 것을 깨우쳐 주어야 한다.

아이들은 또 고생스럽게 일하는 부모 모습을 보면서 매우 안쓰럽게 생각하기도 한다. 이 글을 쓴 아이 역시 아버지가 불법으로 신나 장사를 하는 데 대해서 매우 혼란스러워하는 한편, 떳떳하지 못한 장사를 한다는 것을 딸에게 솔직히 말하는 아버지 마음을 헤아리고는 아버지를 더욱 안쓰럽게 생각한다.

이런 마음이 지나치면 좌절감을 느끼기도 하고 무기력해질 수도 있으니까 아이 마음을 잘 안정시켜야 할 것이다. 부모는 이런 아이 앞에서 약한 모습을 보여서는 안 된다. 힘겹지만 씩씩하고 당당하고 강한 모습으로 살아가면 아이들도 부모를 믿고 힘차게 살아갈 것이다.

돈, 돈, 돈이 뭔지

어제 있었던 일이다. 내가 새 샤프와 지우개 산 것을 보고 어머니께서,

"준아, 니 요즈음 우리 집에 돈이 얼마나 없는 줄 아나! 가을 추수 때 돈 쪼매 있었는데 고마 딸기 한다고 다 썼다. 지금 엄마는 돈 없어가 속 답답아 죽겠는데 니는 이래 돈을 헤프게 쓰마 되나!"

나는 아무 말도 하지 않았다.

"지금 돈이 없어가 죽겠다. 여도 빚이고 저도 빚이고, 아이고 오⋯⋯. 또 봐라, 저 딸기 하우스도 전부 빚 내가 했는 거 아이가. 딸기 모종 값하고 비닐 값만 빼고 전부 빚 내가 했는 건지 니는 모르제? 요즈음은 빚쟁이들이 맨날 전화해가 죽겠다."

어머니께서 한숨을 푹푹 내쉬셨다. 눈꼬리가 축 처졌다. 어머니 눈에서 눈물이 흐를랑 말랑 했다. 얼굴이 벌겠다.

방에 가만히 누워 있던 할머니께서,

"지금 얼마나 쪼들리는 줄 모르고 너거 아빠는 일도 안 하고 만날 ㄴ다니고. 어유우우, 가을에 쪼매 일하디 겨울 되이끼네 또 놀러 댕긴다. 통장에 돈 또 빼 갔는데 우옜는지⋯⋯."

하셨다. 나는 또 아무 말도 하지 못했다. 그 말을 들으면서 아버지가 미웠다. 짜증도 났다.

'어휴우우, 왜 자꾸 내보고 저카는데. 내가 잘못했는 거가. 나 저 소

리 딱 듣기 싫다.'

나는 고개를 푹 숙이고 가만히 있었다. 그렇게 가만히 있다가 뭐가 떠오른 듯이 고개를 번쩍 들고 눈을 둥그렇게 떴다.

"엄마, 소 있잖아요!"

'소'라는 말이 무척 반갑게 느껴졌다. 그에 비해 어머니께서는 별로 반갑게 받아들이지 않았다.

"소 저거 해 봐야 값이 헐해 가지고 요즈음은 사료 값도 제대로 못 건진다, 아나."

"왜 못 건지는데요?"

불만이라도 있는 투로 말했다.

어머니 말을 들어 보니 정말 그럴 듯했다. 요즈음 소는 한 마리에 백만 원도 하지 않는다. 그런데 사료 값은 정말 많이 든다. 하루에 사료 한 포대도 넘게 먹는다. 그러니까 평균으로 따져 보자면 한 달에 서른다섯 포대쯤 먹는다. 한 포대에 5,500원이니까 한 달 35를 곱해 보면 192,500원이 된다. 거의 20만 원 돈인데 일 년이면 231만 원이나 된다. 거기에다 소 수정시키는 돈, 소 약 먹이는 돈, 거기에다 주사 맞히는 돈까지 합하면 정말 어마어마하다. 그러니까 소 팔아 봐야 큰돈이 되지 못한다. 소 값이 싸니까 지금 팔아 봐야 손해만 보니까 팔 수도 없고 자꾸 붙들고 있으니까 짚하고 사료만 자꾸 먹고 정말 걱정이다. 우리 마을 사람들은 할 수 없이 소를 잡는다. 소 값이 오를 기미가 보이지 않기 때문이다. 우리 식구들은 소 값이 오르기만을 기다린다.

'돈, 돈, 돈이 뭔지. 종이에 잉크 묻힌 돈이 뭔지.'

문득 그런 생각이 든다. 요즈음 나는 절대 과자를 사 먹지 않는다. 우리 집이 지금 어렵다는 것을 나는 잘 안다. 이제 절대 쓸데없는 돈은 쓰지 않겠다. (6학년 남)

집안 사정을 아이에게 솔직하게 알리는 태도는 중요하다. 그러나 호들 갑을 떨면서 위기 의식을 심어 주거나, 아이에게 한풀이를 해서는 안 된다. 돈이 없어 아이들에게 넉넉하게 해 주지 못하면 부모로서 미안하고 부끄러울 수는 있겠다. 그렇다고 죄인이 될 필요는 없다. 어려운 집안 사정을 자연스럽게 말해 주고 열심히 살아가는 모습을 보여 주면, 아이들은 오히려 용기를 얻어서 한층 더 자란 모습으로 부모들 앞에 우뚝 설 것이다.

식구들이 아프면 나도 아파요

집안에 아픈 사람이 있으면 옆에서 지켜보는 사람도 괴롭다. 더구나 깊은 병으로 누워 있다면, 식구들조차 살아갈 힘을 잃어버린다. 별 생각 없이 지나가는 듯하지만 아이들도 두려워하고 걱정을 한다. 식구들 아픔이 아이들에게도 아픔이 된다는 사실을 아이들 글에서 조금이라도 느꼈으면 싶다.

아픈 엄마

며칠 동안 밤낮 가릴 것 없이 엄마 목에서 피가 난다고 했다. 가래만 뱉으면 피 가래가 나오고 했다. 그런데도 아빠는,

"에이씨이, 고마 죽어 뿌라!"

소리를 꽥 지르고 문을 벌컥 열며 밖으로 나가 버렸다.

"엄마, 내일 병원 한번 가 봐라."

"말라꼬 가노, 죽을 병도 아인데. 그라고 닐 또 바쁘다."

하며 미루었다. 그러다 할 일도 대충 끝나고 해서 병원에 갔다 왔다.

엄마가 아빠에게,

"병원에 가 봤디 목 안에 있는 혈관이 약해가 터졌는데 그래가 계속
목에서 피가 난단다."

"그라마 우예 치료한다 카더노?"

"뭐 한동안 병원에 가가 검사받아야지 뭐."

며칠에 한 번씩 병원에 다니면서 약을 지어 오다가 한번은 일 때문
에 병원엘 가지 않았는데 그날 저녁에 계속 피 가래를 뱉으며 잠도 못
잤다. 밤 9시에 대구 가는 버스가 없었다. 마을에 차 있는 집에다 전화
로 사정을 해도 밤이라서 아무도 가지 않으려고 했다. 하지만 뒷집 숙
이네는 엄마가 심하다는 것을 알고 대구까지 실어다 주었다. 혹시 더
심해지면 어떡하나 가슴이 조마조마해졌다. 가슴이 콩만 하게 되어서
밤이 깊어도 잠이 오질 않았다. 계속 더 심해지면 어떡하나 하는 생각
에 눈물이 막 쏟아졌다. 가슴이 철렁 내려앉는 그 마음은 아무도 모를
것이다.

아침이 되어 병원에서 전화가 왔는데 엄마가 병원에 입원을 한다고
했다. 그 소리를 듣고 아빠는 화를 버럭 내며 이런다.

"요즘 바쁠 때 저 지랄 하마 우야노 이 말이다!"

세상에 엄마가 심하게 아파서 병원에 입원을 해야 할 판인데 아버지
는 그렇게 섭섭한 말을 한다. 그때는 우리 아버지가 뭐 저렇노 하는 생
각밖에 안 들었다.

일요일 아침, 10시 25분 차를 타고 엄마가 있는 병원으로 갔다. 가
는데 자꾸 엄마 얼굴이 아른거렸다. 만약에 잘못되어 못 고치는 큰 병
이라면 우리는 어떻게 살아갈까 하는 생각도 들고, 엄마가 만약에 병
으로 죽는다면 어떻게 하나 하는 상상도 막 하였다. 그러니 그만 눈물
이 솟구쳤다.

병원에 다 갔다. 침대에 누워 있는 엄마의 팔에는 닝겔이 꽂혀 있었다. 나는 깜짝 놀라 가슴이 퉁 내려앉았다. 엄마가 우리를 반기며 일어났다. 그러나 생각보다는 덜하다는 느낌이 들었다. 닝겔 때문에 세수도 거의 못 하고 있었다. 그래서 좀 씻어 달라고 했다. 엄마의 손을 보니 손마디가 딱딱하고 주름이 엄청 많았다. 그걸 보니 엄마한테 잘못한 일이 내 눈에 선하게 떠올랐다.

엄마는 다행히도 일주일 안 되어 퇴원을 했다. 요즘도 목에서 피는 조금 나지만 차츰 나아지고 있다고 한다. 빨리 나았으면 좋겠다.

(5학년 여)

피, 입원, 링거. 이런 것들은 아이들을 두렵게 만든다. 그런데 아버지는 아이를 안심시키거나 어머니를 걱정하기는커녕 조심성 없는 말을 해 버렸다. 아버지가 할 소리가 아니다.

보통 집안에 일어난 일을 사실대로 아이에게 말해 주지 않는 어른이 많은데, 이것은 아이를 업신여기는 행동이다. 사실을 자세히 모르면 아이는 온갖 불길한 상상을 키운다. 아이에게 타격을 줄 만한 큰일이라도 차츰 알게 해야 하고, 큰일이 아니라면 제대로 알려 주어 안심을 시켜야 한다.

엄마 걱정

토요일 오후의 일이다. 누나는 아직 학교에서 오지 않고 나는 방에서 텔레비전만 보고 있었다. 엄마가 큰방에서,

"영아, 아직 누나 안 왔나? 그라마 내가 소죽 주꾸마. 누나 오마 소죽 주었다 그캐라."

하고 말하였다. 원래는 오늘 내가 소죽 줄 차례다. 하지만 엄마가 준다고 하고 귀찮기도 해서 그냥 가만히 있었다.

10분이 조금 지났다. 엄마가 소죽을 다 주고 나올 때 일이다. 갑자기 바가지 깨지는 소리도 나고 엄마가 넘어지는 소리도 났다.

"아이고! 아이고! 영아, 엄마 죽는다!"

나는 당장 밖으로 나갔다. 엄마가 마당에 쓰러져 있었다. 어제 내린 눈이 얼어 얼음이 되었는데 그곳에 엄마가 미끄러진 것이다. 나는 얼른 엄마를 일으켜 세웠다. 엄마는 다리를 절뚝거리고 자꾸,

"아이고, 아이고."

하였다. 나는 눈물이 나왔다.

"엄마, 엄마, 괜찮나? 응? 흐흐 엉……."

나는 자꾸 울었다. 내가 소죽을 주었으면 이런 일은 없었을 것이다.

엄마와 큰방에 왔다. 엄마가,

"영아, 이불 좀 펴라. 파스도 좀 가지고 오니라."

손이 벌벌 떨렸다. 내가 죽을죄를 지었다. 엄마가 자꾸 아파하니까 전에 일이 생각이 났다.

가을 추수를 끝내고 집으로 올 때였다. 경운기를 타고 오다가 아빠에게 억지로 졸라서 내가 경운기를 몰고 집으로 오기로 하였다. 아빠가 내리막길에서는 반대로 돌리라고 하였다. 나는 아빠 말을 제대로 듣지도 않았다. 처음에는 운전 솜씨가 조금 서툴러서 1단으로 천천히 갔다. 너무 느려서 기아를 2단으로 놓고 갔다. 내리막길로 접어들었다. 나는 그대로 손잡이를 왼쪽으로 돌렸다. 그런데 경운기는 오른쪽으로 가고 있었다. 자꾸 다리를 벗어나고 떨어지려고 하였다. 그때 엄마가 경운기에서 급하게 뛰어내렸다. 엄마는 무릎이 먼저 땅에 받혔다. 다행히도 옆으로 틀어서 경운기는 떨어지지 않았다. 아빠가 막 꾸

중할 줄 알았는데 아빠는 엄마를 먼저 일으켜 세우고,

"영아, 괜찮나? 그때는 요 급브레이크 밟아야지."

하고 말했다. 엄마는 다리를 쩔뚝거렸다. 명숙이 누나는 막 울었다. 나를 막 때렸다. 나도 막 울었다. 나중에 나는 자전거를 타고 왔다. 아빠가 경운기를 몰고 왔다. 나는 자전거를 타고 오면서 나를 막 때렸다.

집에 왔다. 엄마에게 미안하다고 말하기가 정말 부끄러웠다. 창고에서 막 울기만 하였다. 나중에 엄마가 나를 불렀다. 나는,

"엄마예, 괜찮아예?"

하고 울었다. 챙피했지만 울음이 그치질 않았다.

지금 생각해도 눈물이 나올 것 같다.

엄마는 아직 아픈지 "허어, 허어" 하였다. 나는 엄마 다리를 자꾸 주물러 주었다. 10분쯤 지나고 누나가 왔다. 누나는 깜짝 놀라서 얼떨떨해하였다. 나중에는 누나가 알고,

"영이 니 오늘 소죽 줄 차례 아니가? 니 오늘 내한테 죽고 싶나? 어! 어이고오!"

"누나, 미안하데이. 내가 소죽 줄라 캤는데……."

나는 두 손으로 싹싹 빌었다. 또 나는 거짓말을 하였다. 누나도 막 울고 나도 따라 울었다.

엄마는 하루 종일 누워 있었다. 나는 밤에 잠이 오질 않았다.

그 이후는 아주 큰 이상은 없는 것 같은데 자리에 앉기만 하면 자꾸만 다리를 쓰다듬는다. 다리가 자꾸 아픈 것이 아닌가? 그런 생각이 자꾸 든다. 그리고 앉았다 일어설 때 그냥 "아이고!" 하는 소리만 들으면 깜짝깜짝 놀란다. 그때 다친 것 때문일 것 같은데 더 아프면 어떡하나. 나는 아직도 걱정이다. (6학년 남)

어머니가 넘어진 것을 자기 탓으로 돌리며 걱정하는 아이 마음을 잘 알 수 있다. 경운기를 잘못 몰고 소죽을 안 주었다고 아이를 심하게 꾸중했다면, 오히려 반감을 샀을지 모른다.

아빠의 당뇨병 걱정

나에게는 아주 큰 걱정거리가 몇 가지 있다. 바로 아빠가 당뇨에 걸린 것이다. 아주 오래전에 회사에서 피 검사를 했는데, 그 검사 결과를 엄마에게 말하는 것을 들었다. 나는 충격을 받았다. 당뇨라는 병은 고칠 수 있지만 아주 고치기는 좀 힘든 병이라서 조그만 걱정이 아니라 아주 큰 걱정거리다. 당뇨가 걸리면 오래 살지도 못하고 매일 당뇨 검사도 해야 하기 때문에 아빠는 너무 힘들어한다. 당뇨 검사는 피 내의 당을 체크하는 것이다.

아빠는 늘 내가 걱정하면 머리를 쓰다듬으면서

"성희야, 아빠 이제 다 나았어. 걱정 마."

하고 말할 때마다 눈물이 나온다. 나의 아빠가 왜 당뇨에 걸려서 아무거나 못 먹는지 모르겠다. 가끔 아빠는 어깨도 아프다고 한다. 어제는 아프다며 꿈쩍도 하지 못했다.

나는 아빠가 빨리 건강해졌으면 좋겠다. 우리 집이 다른 집보다 많이 다른 것 같고 더 못사는 것 같기도 해서 그냥 혼자서 살고 싶기도 하다. 왜 아빠는 건강하지 않을까?

전번에 청도에 파랑새 다리를 건너다가 갑자기 너무 힘들어하고 얼굴도 창백해졌을 때가 있었다. 나와 아빠 단둘이서 갔기 때문에 내가 어떻게 해야 하는지 알지 못해서 안절부절못하는데 그때 마침 엄마한테서 전화가 와 아빠는 다행히 살 수 있었다. 그때 일을 생각하면 정말 마음이 아프고 고통스럽다. 아빠에게 왜 당뇨에 걸렸느냐고 물으면 그냥 단것을 많이 먹어서 걸렸다고 한다. 하지만 나는 믿기지가 않는다, 단것만 먹어서 당뇨가 걸렸다는 것을.

요즘에 엄마는 당뇨에 좋은 음식을 많이 만들고 있다. 나도 여러 책을 보면서 아빠에게 좋은 마사지 등을 공부해야겠다. 내 소원은 아빠가 빨리 낫는 것이다. (4학년 여)

아버지가 당뇨에 걸려 고생하는 모습을 보고 여러 가지 걱정을 한다. 아버지가 걱정하지 말라고 하면서 위로를 해 주니까 눈물이 난다고 했는데 그만큼 사랑하는 아버지가 걱정된다는 뜻이다. 아이는 또 "우리 집이 다른 집보다 많이 다른 것 같고 더 못사는 것 같기도 해서 그냥 혼자서 살고 싶기도 하다" 했는데 정말 혼자 살고 싶다는 뜻이 아니다. 그만큼 마음이 아프다는 뜻이다. 아이들은 이렇게 부모가 아파하는 모습을 보고도 아무것도 할 수 없을 때 크게 자책하기도 하는데, 너무 그러지 않도록 마음을 잘 안정시켜 주어야 한다.

아빠의 무서운 병

내가 합기도 학원에 있을 때 전화가 걸려 왔다. 나는 어떤 아이가 결석한다고 전화를 하는 줄 알았다. 그러나 사부님이 나를 불렀다. 집에 급한 일이 있으니까 가 보라는 것이었다. 나는 합기도를 땡땡이칠 수 있어서 좋다고 생각했다.

그러나 집에 오자마자 내 얼굴의 표정은 엄마의 한마디로 바뀌었다. "아빠한테 가자! 아빠 병원에 입원했다!"

나는 가슴이 쿵 내려앉는 것 같았다.

오빠, 나, 엄마는 병원으로 갔다. 병원에 가자 나는 상상 이상인 아빠의 모습에 눈물이 찔끔 났다. 그리고 아빠에게 달려가 안겼다. 난 아빠가 무슨 병인지는 몰랐다.

병실 안에 들어가 병원에서 하룻밤 묵을 준비를 했다. 내가 누워 있을 때 엄마는 옆자리에 있는 아저씨의 아줌마와 이야기를 하고 있었다.

그런데 그 이야기 사이에서 이 한마디가 들렸다.

"우리 남편이 암이잖아요."

나는 또 한번 가슴이 내려앉았다.

나는 엄마에게 다시 물어보았다.

"니 몰랐나? 니 아빠 구강암이잖아. 그나저나 내일 아침 뭐 먹을래?"

"라면. 그런데 아빠 진짜 암이야?"

"응."

나는 정말로 믿을 수가 없었다. 노인들이 가장 두려워하는 병 2위가 우리 아빠에게 오다니! 그걸 알고 있었으면서도 엄마는 아무렇지도 않게 서 있었다.

다음 날, 아빠는 수술실로 가고 난 집으로 왔다. 나는 집에서 수술이 잘되기만을 기원하고 있었다. 수술 시간은 약 13시간이었다.

하루가 지나고 4일이 지나자 아빠는 많이 회복되었다. 정말 수술이 잘되었고, 링거도 맞지 않게 되었다. 아픈 내 마음은 6일 만에 원기를 되찾았다. 아빠는 나에게 없어서는 안 될 존재인 것을 깨달았다. 이제 아빠의 말을 잘 들어야겠다. 내가 아빠에게 효도를 못 한 것이 더욱 마음이 아파 온다. 아빠가 앞으로 건강해져서 계속 오래오래 살면 좋겠다.

아빠는 내가 사는 데 꼭 필요한 존재라는 걸 깨달았다. (4학년 여)

아버지가 암으로 병원에 입원하자 아이는 매우 놀란다. 누구나 공기의 중
요성을 잘 느끼지 못하고 살듯이, 이 아이도 보통 때 아버지가 귀한 존재라
는 것을 크게 느끼지 못하다가 이렇게 큰 아픔을 겪으면서 깨닫게 되었다.

여기서 더 이상은 아이 마음이 다치지 않게 아버지가 빨리 건강을 되찾
기를 빌 뿐이다.

고생하는 엄마

우리 엄마는 날마다 공장에 간다. 어떤 때는 새벽 5시에 가서 낮 2시
30분쯤에 오고, 어떤 때는 낮 12시 30분에 가서 저녁 10시에 온다. 또
어떤 때는 저녁 8시에 가서 아침 7시에 온다. 이렇게 주마다 일하는 시
간이 바뀐다. 요즈음은 새벽에 일하러 간다.

어떤 때는 열이 펄펄 끓어서 아버지가 가지 말라고 하여도 몰래 간
다. 다른 아줌마들이,

"말라고 오노."

해도 엄마는 가만히 있다. 나는 엄마의 속마음을 다 안다. 엄마는 무너
진 우리 집을 일으켜 세우려고 하는 것이다.

나는 엄마의 참사랑을 느껴 본 적이 있다.

가을이었다. 아버지께서 엄마와 같이 시장에 갔다 오라고 해서 동네
밭길을 걸어갔는데 바람이 세차게 불어왔다. 나는 덜덜 떨었다.

"숙아, 춥제? 이거 입어라."

나에게 잠바를 벗어 주었다. 나는 처음에는 얼른 그 옷을 받아 입었
지만 다시 생각해 보니 엄마는 얇은 봄옷을 입은 것이었다. 엄마의 옷
은 봄 여름 가을 겨울 변함이 없다.

"엄마, 내 안 춥다. 엄마 입어라."

"아이다. 나는 하나도 안 춥다."

나는 엄마가 준 옷을 입었지만 다시 아무리 안 입는다고 말해도 엄마는 나 입으라 하고는 못 들은 체 딴청만 부렸다. 이게 우리 엄마의 참사랑이다. 겉으로는 엄하고 속으로는 참사랑을 가지고 계신다.

특히 우리 엄마는 우리 식구가 받아야 할 고통과 아픔을 모두 혼자만 지고 있다. 아버지의 병환 때문이다.

우리 아버지께서는 벌써 4년이 넘고 5년째 병이 나셨다. 병은 네 가지라고 한다. 위장병과 다른 세 가지 병이다. 세 가지 병 중의 한 가지 병은 이름은 몰라도 성질은 잘 안다. 그 병은 밥을 먹으면 조금씩 조금씩 뱃속의 어느 구멍에 걸려서 그게 자꾸 커진다. 그러면 나중에는 손톱같이 동그래지고 그 구멍을 막아 버린다. 이 병은 병원에 가서 돈만 주면 조그만 기계로 폭파시키면 낫는다고 한다. 그런데 그렇게 많이 드는 돈이 없다.

아버지께서는 자주 이렇게 말씀하신다.

"내가 이렇게 늙어도 너희 할머니 보고 싶어 아직도 술을 먹고 운다. 너거는 엄마가 있어서 얼마나 좋겠노."

나는 이 말을 들을 때마다 저절로 눈물이 나오려고 한다.

또 아버지는 위장병 때문에 '잔탁'이라는 약을 드신다. 그러나 너무 비싸다. 한 알에 1,000원이라는 것이다. 엄마는 병을 빨리 낫게 해야 된다며 약을 사 잡수시라고 돈을 주신다. 아버지께서는,

"말라고 주노. 안 줘도 된다."

하시지만 엄마의 정성 때문에 할 수 없이 약을 사 잡수신다. 어떨 땐 약을 안 사 잡수시고 살림 꾸리는 데 보태신다.

요즈음은 병이 좀 나으셨다. 그래서인지 엄마의 얼굴이 밝아지고 있다. 우리 엄마가 언제나 활짝 핀 얼굴이었으면 좋겠다. 엄마는 우리 집

기둥이다. 엄마가 공장에 가면 내가 설거지도 하고, 빨래도 하고, 밥도 짓는다. 아버지께서 내가 이런 일들을 할 때마다,

"숙이 착하다."

하고 말씀하신다. 그러나 내가 마땅히 해야 할 일이다.

엄마의 얼굴이 자꾸 새하얗게 변하고 있다. 안 받아야 할 고통을 받기 때문이다. 나는 우리 엄마한테 배운 것이 있다. 아무리 가난하여도 참고 이겨 나가는 것이다. 나는 엄마를 더 열심히 도와서 집에 오면 편안하게 쉬도록 하는 것이 지금 나의 결심이다. (5학년 여)

기약 없는 아버지 병이나 어머니 고생을 걱정하면서도 아이는 꿋꿋하게 자란다. 아프면서도 아내와 딸을 생각하는 아버지, 남편과 딸을 위해 혼신을 다하는 어머니를 보며 사람답게 사는 모습을 배우기 때문이다.

엄마의 병 걱정

내가 1학년 때인가? 엄마는 '○○생명'이라는 보험에서 일을 했다. 그때 저녁에 언니와 나와 이모와 아빠와 엄마를 기다리고 있었다. 그때 마침 벨이 울려 문을 열어 주자 엄마가 들어왔다. 나는 엄마가 웃으며 들어오면서 오늘의 유치원 생활에 대해 물어볼 줄 알았는데 종이한 장을 가방에서 꺼내어 식탁 위에 올려놓는 것이다. 그리고는 옷도 갈아입지 않은 채로 멍하게, 우울하게, 아무 말 없이, 모든 기운이 다른 데로 가 버렸는지 터벅터벅 걸어 화장실로 들어가서는 문을 꼭 닫았다.

이모와 아빠가 누런색 종이봉투를 물끄러미 보더니 아빠는 시무룩

한 표정으로 안방에 가서 TV를 보았다. 그리고 표정이 가장 밝았던 이모도 그 종이를 보고는 침대가 있는 작은 방으로 가 TV를 보면서 마음을 추스렸다. 언니와 나는 식탁에 있는 종이를 보았다. 언니가 '유방암'이라고 했다. 나는 그때 어려서 유방암이 뭔지조차 몰랐다.

그때부터 엄마는 몸속 암과의 생활이 시작되었다.

엄마가 수술하는 날이 되었다. 이모와 큰이모와 서울 이모와 재승이 삼촌과 재진이 삼촌과 아빠가 병원에 왔다. 그런데 아쉽게도 우리와 할머니는 못 갔다. 나와 언니는 어리다고 못 가고 할머니는 우리들을 봐야 돼서 못 갔다. 못 가서 지금 마취되어 있는 엄마에게 미안했다. 나와 언니는 책상에 성모마리아님을 세워 두고 촛불을 켜서 기도를 했다.

'하느님! 우리 엄마를 도와주세요. 살려 주세요. 왜 죄 없는 우리 엄마에게 벌을 내리셨어요? 우리 엄마 수술이 잘돼서 건강하게 오래오래 살도록 도와주세요.'

나는 수천 번 수만 번 기도했다. 그리고 나는 엄마가 수술하고 있는 서울 병원으로 엄마 찾으러 가겠다고 나섰다.

얼마 후 엄마가 집에 와서 너무나 기뻤다. 그런데 우리 엄마가 대머리다. 수술해야 해서 머리를 빡빡 밀어서이다. 그렇지만 화장하고 머리하고 예쁜 옷 입는 다른 엄마보다 대머리 우리 엄마가 최고다.

이제 우리 엄마는 환자 같지가 않다. 왜냐하면 머리도 많이 자랐고, 또 운전도 하고 매일 밝은 얼굴로 다니고, 또 운동도 열심히 했다. 그런데 요즘에는 운동도 자주 안 하고 인스턴트식품, 패스트푸드, 고기 등을 막 먹는다. 암 환자들은 다 완치가 되어도 재발할 수가 있기 때문에 걱정이다.

엄마가 다시는 안 아팠으면 좋겠다. 엄마가 무거운 것을 들어서 손이 붓거나 아프면 내 마음이 두근거린다. 혹시라도 엄마가 또 병원에

갈 수도 있기 때문이다. (4학년 여)

이렇게 집안에 어느 한 사람이라도 크게 아프면 아이들도 그만큼 마음
이 아프다는 것을 잊지 말았으면 한다. 부모가 건강해야 아이도 건강하고
행복하게 살아갈 수가 있는 것이다.

식구들 가운데 누가 아프더라도 걱정하고 좌절하는 모습만 보이지 말
고, 얼마든지 병을 이겨 낼 수 있다는 희망을 아이에게 자꾸 보여야 한다.
그것은 아픈 사람에게도 매우 중요하다.

건강은 건강할 때 지켜야 한다고 했다. 식구들 모두 운동을 하면서 건강
하게 살아갈 수 있도록 노력하자.

오빠와 누나 때문에 조용할 날이 없어요

돈이나 건강에 얽힌 일 말고도 사람 일로 생기는 걱정이 많다. 생각이나
행동에 문제를 일으키는 식구가 있으면, 아이에게도 영향을 미친다.

오빠

우리 오빠는 나쁜 아이들과 어울려 다닌다. 날마다 학교에 갔다 와
서 밤이 되면 옷을 갈아입고 바깥으로 나간다. 나가면 양식이 오빠와
용이 오빠와 오토바이를 타고 ○○에 가서 거기에 있는 오빠들과 또 다
른 곳으로 간다. 그래서 술도 먹고 담배도 피우고 하다가 집으로 돌아
와서 또 옷 갈아입고 할머니 집에 간다. 집에 오면 아빠한테 맞을 거니

까 말이다.

일요일에는 할머니 집에서 돈을 가지고 갔다. 그것도 할머니 몰래 5만 원이나 넘게 말이다. 나는 자주 돈을 가지고 가는 걸 보았다. 그래서 큰 걱정이다. 아빠가 꾸중하면 이제는 막 대들기도 한다.

우리 집에 다른 오빠들을 데리고 와서 논다. 엄마 아빠가 자기 전에는 공부하는 척하다가 엄마 아빠가 자면 새벽 두 시나 세 시까지 막 논다. 뭘 하는지 모른다. 방문도 잠그고 문을 무엇으로 가리고 놀아서 모른다. 그런데 아침에 일어나면 아무도 없다.

오빠는 어떨 때는 학교에도 가지 않고 놀러 다닌 적도 있다. 이제 아빠도 오빠를 생각하지도 않는다. 영길이 오빠랑 ○○에 가서 술 먹고 있다고 누가 말을 해 주어도 가만히 있고 용돈도 안 준다. 그리고 오빠랑 말도 안 한다. 밥도 같이 안 먹는다. 오빠가 할매 집에서 잔다고 하니까 할머니보고 오빠 거기에 오지도 못하게 하라고 했다. 오빠가 오면 문을 잠가 버리라고 했다. 아빠가 그러니까 이제는 엄마가 화나서 아빠와 싸운다. 거의 날마다 싸운다. 오빠가 밖에 나가면 엄마는,

"지금 식이 밖에 안 나가나. 빨리 좀 나가서 잡아라! 가만히 앉아만 있으면 우예 되노!"

이러며 아빠를 막 당기고 밀면서 애타게 말한다. 그래도 아빠는,

"나가마 봐도라! 나가 뒤지든지 말든지. 무슨 지랄 하든지 말든지 봐도 봐라."

하며 남의 일처럼 말한다. 엄마는 너무도 답답해 뛰어나가면 언제 나갔는지 오빠는 없다. 엄마는 방에 주저앉아 정신 나간 사람처럼 가만히 앉아 있다. 그러다가 아빠보고 발악을 한다.

"아바이라 카는 양반이 아가 우예 되든지 말든지 저래 처덮어놔 뚜고 어떻게 천하태평으로 있겠노. 세상에 세상에⋯⋯."

"가마이 놔도 뿌라. 아들 없는 셈 치지 뭐. 저런 새끼는 없는 기 더 낫다."

"아이고 아이고, 내가 못 산다 못 살아……."

그래서 우리 집은 하루도 조용할 날이 없다. 이제는 오빠를 어떻게 할 도리도 없다. 어떡하면 좋을까? 하느님께 빌어도 안 되고 어떡하면 좋을까? 제발 우리 오빠가 정신을 차렸으면 좋겠다. 내가 이렇게 두 손 모아 빈다. (5학년 여)

아이가 잘못된 길로 가면 부모들은 '다른 집 애들은 안 그런데 우리 집 자식은 왜 그럴까?' 하고 속상해한다. 그러니 화부터 내고 아이를 몹시 나무란다. 나아가서 나쁘게 단정 짓는 말이나 입에 담지 못할 욕지거리도 한다. 꾸중이나 매보다도 더 나쁜 것이 책임 없이 내뱉는 말이다. 아이가 나쁜 길로 가도록 부채질하는 거나 다름없다. 이렇게 되면 마음을 바로잡아 보려다가도 옆길로 가게 되어 있다.

아이 오빠의 일탈과 방황은 부모 아니면 사회에 원인이 있다. 병든 어른 사회에서 보고 배웠다고 볼 수밖에 없다. 잘못된 환경에서 오히려 심지를 곧게 세울 수도 있지만, 자라는 아이들은 환경에 물들기 쉽다.

뒤늦게야 놀라는 부모들이 많은데, 어릴 때부터 올곧게 살아가는 힘을 길러 주지 않으면 안 된다. 충동으로 저지른 잘못은 쉽게 깨우쳐도, 자라면서 켜켜이 쌓여 만들어진 나쁜 태도는 세월과 노력을 몇 배로 보태야만 바로잡을 수 있기 때문이다. 그러려면 아이를 더 받아들이면서 따뜻하게 타이르고 기다려 주어야만 한다. 그것만이 이 글을 쓴 아이의 불안과 걱정을 없애 주는 길이다.

누나의 가출

누나가 며칠째 집에 들어오지도 않고 있다. 아버지는 날마다 일하고 들어와서는 "누나 왔나?"다.

"누나 왔나?"

"아니요."

"이놈의 가시나 전화 한 통화라도 해 주마 좋지, 어이구우!"

"아빠, 걱정하지 마이소. 누나 곧 들어오겠지예."

"그랬으마 얼마나 좋겠노."

이번에 누나가 들어오지 않는 지가 벌써 5일째다.

'따르릉 따르릉……'

"여보세요? 누고? 수희가? 여보세요? 거 어디고? 어디고?"

누나는 전화를 끊었다. 아버지는 한숨을 내쉬며,

"살살 달래 가지고 데리고 올라 캤는데 안 되겠다. 놔나 뿌라. 지 들어오기나 말기나 모리겠다. 들어오마 다리 몽댕이 뿔라 뿌든지 무슨 수를 내든지 해야지 안 되겠다."

사실 아버지는 속으로 걱정을 무척 하면서도 화가 나고 하니 그렇게 말했을 것이다. 누나는 한마디로 미쳤다. 아이고, 정말로 사람 돌아 뿌겠다. 도대체 집안이 이러니까 아무것도 손에 잡히지를 않는다.

7일째, 아버지는 누나에 대해서는 아예 신경을 쓰지도 않았다. 그러니 나는 더 걱정이 되었다.

'따르릉 따르릉'

"여보세요?"

"아, 거기 수희 학생 집입니까?"

"그런데 왜 그러시는데요?"

"여기 경찰선데요, 수희 학생 여기 잡혀 있어요."

"예? 경찰서예?"

"아, 이놈들이 글쎄 카바레에서 놀다가 걸렸어예."

"예, 곧바로 가께예. 장소는 어뎁니까?"

"여기 ○○경찰섭니다."

이렇게 하여 누나를 잡아 왔다.

"훈아, 저 몽둥이 가온나!"

아버지는 누나를 마구 때렸다. 나는 어떻게 할 줄을 몰랐다. 몽둥이가 부러지고 엄마도 울고 난리가 났다. 나는 끔찍했다.

누나가 또 가출을 하면 어떡하나 걱정이다. 언제 마음을 잡을지 의문이다. 우리 집에는 마치 시한폭탄을 한 개 안고 사는 거나 다름없다.

(6학년 남)

우리는 흔히 문제가 일어난 까닭을 밝혀 풀어 가기보다는 결과를 놓고 이러쿵저러쿵하다가 문제를 더 나쁘게 만드는 경우가 많다. 그러지 않으리라 다짐해 놓고도 닥치고 보면 잘 안 되는 게 사람살이다. 아이들 문제에서는 더욱 그렇다.

아이 부모는 먼저 아이 누나가 집을 나간 까닭과 카바레에 간 까닭부터 알아 내야 한다. 예전 같으면 도시를 막연히 동경해 집을 나가는 시골 아이들이 종종 있었다. 요즘에는 불만을 채우거나 견딜 수 없는 억눌림에서 벗어나려는 가출이 많을 것이다.

전에도 누나가 몇 번 가출을 한 모양인데, 이 글을 쓴 아이는 아무것도 손에 안 잡히고 마치 시한폭탄을 한 개 안고 사는 거나 다름없다고 한다. 더구나 아버지가 누나 일로 신경이 곤두서 있으니 그 불똥이 언제 자기에게 떨어질지 몰라 불안하기까지 할 것이다. 그 마음을 헤아려 주어야 한다.

친척들과 사이좋게 지냈으면

사람 사이가 가까워지면 정도 생기고 이해관계도 생긴다. 그리고 욕심이 생긴다. 건강하게 일어나는 욕심이라면 발전에 밑거름이 되지만, 지나치게 큰 이익을 얻으려다 보면 경쟁 의식과 적대 의식이 생기게 마련이다.

친척 사이에는 관심과 사랑, 믿음, 기대가 남들보다 크기 때문에 불화가 일어나면 그만큼 상처가 크게 남는다. 적대 관계 속에서 그 화는 아이들에게까지 미치게 된다.

다음은 친척 사이에 일어나는 불화를 가지고 쓴 글이다.

우리 이제 끝장!

설날을 얼마 앞둔 때였다. 일요일 아침 부산에서 전화가 왔다.

"여보세요? 큰아버지세요?"

"그래. 아빠 좀 바까라!"

화난 큰아버지의 목소리에 기분이 좀 안 좋았다.

"아빠, 큰아버지 전화요."

아빠가 달려와 수화기를 들었다.

"와요? 이번에 못 올라온다꼬? 그라마 우리가 내리가꾸마."

한참 통화하던 아빠의 얼굴이 일그러지기 시작했다. 나는 뭔가 안 좋은 느낌이 들었다.

"그라마 설날에 내려가께요."

하고 끊었다.

　설 전날 엄마, 아빠, 언니, 나는 부산 큰집에 제사를 지내러 갔다. 가니 삼촌도 와 계셨고 친척들이 많이 와 있었다. 큰엄마와 작은엄마는 제사 음식을 하고 있었다. 나와 언니는 큰방에 들어가 큰아버지께 세배를 드렸다. 그러니 2만 원을 주셨다. 방에서 나와 마루에서 노는데 큰아버지의 나지막한 목소리가 들렸다.

　"니 요번에 시골집 2층으로 지가(지어서) 느그 1층에 살고 2층에 막내 동생 조라. 옴마는 니가 모시고……."

하시는 것이었다. 화가 난 아빠가,

　"안 됩니다. 아들(아이들)도 있는데……."

하시자 큰아버지는 버럭 화를 내며,

　"니가 모셔야지. 나는 내 자식들 믹이기도 힘들다. 옴마는 니가 모셔라."

하시는 것이다. 그러자 아빠는 문을 덜컹 열며,

　"내가 이제는 진짜로 못 참겠다! 형이 저번부터 그래 카마 나는 우짜란 말이고! 종순 엄마, 그냥 가자! 짐 챙기라!"

하고 밖으로 나가셨다. 나도 엄마 손을 붙잡고 나왔다. 나는 정말 슬픈 생각이 들었다.

　아빠 차를 타고 집으로 왔다. 아빠는 오면서도 아무 말도 안 했다. 엄마도 마찬가지였다.

　집에 와서 아빠는,

　"아이구! 아이구! 내가 이래 가지고 어떻게 사노."

하시면서 주먹으로 가슴을 툭툭 두드렸다. 그리고 온종일 누워 있었다. 보는 나도 답답해졌다.

　설 쉬고 하루가 지나자 큰아버지가 집에 오셨다. 아빠는 담배만 뻐

끔뻐끔 피우며 큰아버지의 눈치만 보셨다. 한참 있던 큰아버지는,

"옴마 이제 니가 계속 모셔라. 나는 우리 아들도 있고, 쯧!"

하고 말하셨다.

"맏형이니까 형이 모시소. 시골에서 있으마 고생하시는데 그냥 모시고 가소. 또 우리 집은 18년 동안 이 터에 그냥 있었던 집이라 가지고 양집은 못 짓는다."

아빠 말에 화가 난 큰아버지는 아빠의 멱살을 잡았다.

"니가 요번 설에 그냥 올라가가 속에 천불이 나가 죽겠는데 니가 내 말을 거역하겠다는 거가, 어!"

"이 손 노소! 뭐 잘했다고 이카요. 옴마도 안 모실라 카면서……"

큰아버지는 뭔가 중얼거리시면서 멱살을 턱 놓고는,

"나쁜 놈의 새끼!"

하고는 나가셨다. 그러자 아빠는 삿대질을 하며,

"그래, 우리 끊자! 내 이제 큰집 식구 안 볼 기다."

하며 소리를 질렀다. 큰아버지도,

"그래, 좋다. 이제 우리 끊자!"

하고는 가셨다.

그날 온종일 아빠는 담배만 뻐끔뻐끔 피고, 엄마는 착잡한 표정이었다.

이렇게 겉으로 싸우는 것은 끝냈지만 문제는 아직 그대로 있다. 지난 3년 동안 큰아버지는 아무 소식도 없고, 우리는 설날에도 가지 않았다. 이 일을 생각하면 가슴이 답답하고 걱정이 된다. 제발 올해라도 함께 만나 화해하고 평화롭게 살았으면 좋겠다. (6학년 여)

어머니 모시는 문제로 다투다가 3년 동안이나 서로 만나지 않고 소식도 주고받지 않았다고 하니, 누구 잘못이냐를 따지기에 앞서 문제가 크다. 어른들끼리는 접어 두고라도, 아이들까지도 만나지 못해 정이 끊어지게 되었다. 어른들 불화를 보며 아이 자신도 모르게, 친척에 대해 적대의 싹을 키울 것이 아닌가?

큰집 작은집과 할아버지의 다툼

나는 일곱 살 때부터 큰집과 작은집에 가지 않았다. 나는 명절 때마다 친척들이 너무 보고 싶어서,

"엄마, 우리는 왜 큰집이랑 작은집에 안 가?"

하고 물었지만 엄마는,

"바빠서 그래. 다음에는 갈 거야."

이렇게 말했다.

나는 그때까지만 해도 큰집과 작은집이 우리 할아버지랑 서로 싸운 줄 몰랐다. 그런데 작년 명절에 엄마가,

"서정아, 우리가 왜 큰집이랑 작은집에 안 가는지 가르쳐 줄게. 할아버지는 5급 공무원이었단다. 그래서 할아버지는 돈을 많이 벌었어. 그런데 그 재산을 큰집과 작은집이 차지하려고 해서 할아버지는 화가 많이 나 있어. 자세한 내용은 더 크면 알려 줄게."

엄마는 여기까지만 말해 주었다. 나는 그 이야기를 들었을 때는,

"큰집이랑 작은집 미쳤다 미쳤어."

했지만 명절만 되면 언니와 오빠들, 큰엄마, 작은엄마, 왕 할아버지가 너무나도 보고 싶다. 이제는 얼굴을 잊을 정도로 안 보고 지낸다. 내가 한때 친척들이 너무 그리워서 할아버지한테 그 이야기를 했다. 할아버

지는 그 이야기를 들으니까 눈썹이 올라가면서 금방이라도 회초리를 들 것 같은 표정을 지었다. 그래서 나는 그 말을 입 밖에 꺼내지도 못한다.

나는 지난 추석 때,

'내가 잘못한 것도 아닌데 왜 우리들이 서로 만날 수 없는 거지? 할아버지 미워!'

이렇게 생각하며 눈물을 흘렸다.

이번 설에는 할아버지가 큰집, 작은집과 화해를 해서 서로 만나 그 동안 못 나눈 이야기를 많이 나누고 싶다. 그런데 잘될까 걱정이다.

(4학년 여)

요즘은 돈 문제 때문에 친척들 사이를 서로 끊고 살아가는 집안이 참 많다. 그런데 그것이 어른들 사이에서만 그치는 것이 아니고 아이들에게까지 큰 영향을 미친다는 게 문제다. 아이들까지 서로 사이가 벌어지게 되는데, 어떤 경우에는 아이들끼리 어른 문제를 들고 나와 다투기도 한다. 참 슬픈 모습이다.

아이는 '내가 잘못한 것도 아닌데 왜 우리들이 서로 만날 수 없는 거지?' 하며 눈물을 흘렸다고 했는데, 어른들은 마음에 좀 새겨 두었으면 싶다.

큰 집

학원 갔다 오니까 엄마와 아빠가 할머니 댁에 가자고 하셨다. 우리는 만반의 준비를 하고 할머니 댁에 갔다. 할머니 댁에는 친척들이 다 모여 있었다.

친척들과 우리는 고기를 다 먹고 쌍둥이 동생, 영민이 언니랑 놀고 있는데 그때 큰아빠가 큰소리를 질렀다. 나는 갑자기 놀라서 거실에 나가 봤더니 큰엄마가 울고 있었다. 나는 뭔가 수상해서 그냥 들어 봤는데, 큰아빠가 큰엄마한테 이렇게 말했다.

"조깄다."

나는 아빠 옆에 앉아서 이 일이 왜 일어났는지 잠깐 들었다. 무엇 때문이냐 하면 큰엄마 가족의 돈 문제 때문이다. 그것 때문에 큰아빠도 그렇게 말한 것 같고, 할머니, 온 가족은 큰엄마 때문에 화가 났다.

큰엄마와 우리 온 가족이 다 다투고 드디어 큰엄마는 차 타고 큰집에 가 버렸다. 그런데 큰엄마가 가자마자 할머니께서 이렇게 말했다.

"우리도 지금 돈 없는 형편에 돈을 구해 달라고 하는데, 차라리 자기 엄마한테 돈 좀 마련해 달라고 하든지."

우리 가족들은 화가 나서 술을 벌컥벌컥 마셨다. 할머니께서는 아빠한테 이렇게 말했다.

"영식아, 니가 우리 가족 중에 돈도 제일 잘 벌고 사장이니까 니가 돈 좀 마련해 줘라."

하니까 아빠는 이렇게 말했다.

"아무리 그래도 하필 왜 내가 해 줘야 하는데? 자기 집안일이니까 자기가 하게 나둬라! 엄마도 그렇게 신경 많이 쓰면 건강에도 해롭고 스트레스 더 많이 받는다, 나둬라!"

우리 가족들은 어떻게 해야 할지 온 생각을 다 했다. 그렇지만 아무리 생각해도 어떻게 해야 할지 답이 나오지 않았다.

그런데 그때 할머니 댁에 전화가 왔다. 전화를 받던 할머니는 끊고 깜짝 놀랐다. 할머니께서 왜 그런지 우리에게 말해 주었다.

"너희들 큰엄마가 큰아빠한테 이혼하자고 했단다."

우리 가족은 다 깜짝 놀라 어떻게 할 수가 없었다. 나는 원래 이런 어른들 일에는 신경을 안 쓰는데 진짜 심한 일이니 신경 안 쓸 수가 없었다. 그런데 그때 아빠가 대답했다.

"우리 가족이 같이 돈을 모아 주자. 생각해 보니 그런 방법밖에 없네."

모두 찬성을 하긴 했지만 정말 큰엄마와 큰아빠 사이는 어떻게 될지 모르겠다. 제발 우리 가족들이 다른 것은 다 해 줄 테니까 이혼은 하지 마라고 빌었다. 큰엄마도 그렇지 아무리 화가 났어도 이혼은 안 하면 좋겠다.

이제 우리 가족에게 어떤 일이 또 일어날지 두렵다. 이런 일이 더는 생기지 않았으면 좋겠다. (4학년 여)

역시 돈 문제다. 모든 것에 돈으로 가치를 따지면서 친척들과의 따뜻한 정까지도 다 잃어버리고 살아가는 메마른 세상이 된 것 같아 참 안타깝다.

아무리 어른들 사이에서 벌어지는 일이라도, 걱정하는 모습이 아이들 눈과 귀로 들어오는 이상 어른들 문제라고만 말할 수 없는 것이다. 아이들이 더 큰 충격을 받을 수 있고 더 크게 걱정할 수도 있는데 어른들은 모르고 있다. 아니 안다고 해도 아이들한테까지 마음 쓸 수가 없겠지. 그래서 더 문제가 되는 것이다.

아이를 생각한다면 그런 불행한 일이 일어나지 않도록 우애 깊게 살아야 하는 것은 말할 것도 없고, 이미 그런 상황이 벌어졌다면 아이들에게도 잘 이해시키고 크게 걱정하지 않도록 해 주어야 한다.

예배로 하는 제사

할아버지 제사도 며칠 남지 않아서 아빠가 큰집에 전화를 했다. 그런데 금요일날 해야 할 제사를 일요일날 지낸다는 것이다.

아빠는 전화를 끊으며,

"흐음, 날짜도 지 마음대로고……."

그때 엄마가,

"제사하는 것만도 어딘데."

했다.

하긴 옛날에 할머니가 살아 계셨을 때는 꼭 제사를 지냈는데 할머니가 돌아가시고부터 제사를 지내지 않았다. 왜냐하면 큰집에는 교회를 다니기 때문이다.

일요일날 아빠와 같이 ○○으로 해서 갔다. 가니까 상 위에는 찬송가 책은 있는데 할아버지 사진은 찾아볼 수 없었다.

아빠는 꾹 참고 그 상 앞에 앉아 예배를 드렸다. 그리고는 나에게 다른 곳에 가자고 했다. 어디 가냐고 물었더니 할머니 할아버지 산소에 간다고 했다. 막걸리와 사이다를 사 들고 말이다. 나는 아빠를 따라갔다. 산소는 아주 그늘진 곳에 자리잡고 있었다. 술을 쳐 놓고 절을 했다. 아빠가 산소를 둘러보더니 눈물을 막 흘리며 내려가자고 했다.

큰집에 가니 동네 사람들이 많이 와 있었다. 아빠는 큰아빠를 조용히 불렀다.

"아, 제사는 언제 하능교?"

"제사는 무슨 제사, 이렇게 하고 말지."

"그런 거 할라꼬 나 불렀능교. 내 이럴 줄 알았으마 안 왔어요. 그라고 소정이하고 다 어디 갔능교?"

"가들은 말라꼬."

"산소는 언제 가 봤능교?"

"또 산소는 와?"

"산소에 잡초가 그렇게 많이 자라도록 가만히 놔뒀능교? 내가 그렇게 벌초하라고 몇 번이나 말 안 하든교. 정 하기가 싫으면 아들이라도 가가 좀 비라 카지 그기 뭔교."

"아, 아들이 하기 싫다고 카는데."

"어릴 때부터 그런 거나 좀 가르쳐 주지 뭐 했능교. 어이구 이 집구석에 와 이카는지 모르겠다."

그때 큰엄마가 나오더니,

"아, 밥 먹으로 오소."

아빠는 화가 단단히 났는지,

"지금 밥이 문젠교. 여 와 보소. 대체 제사를 어떻게 지내능교. 일 년에 딱 한 번뿐인 제사도 못 지내능교. 지내기 싫으면 저번에 어무이 돌아가시기 전에 지내기 싫다고 하든지 하지."

"이제 와서 우야란 말인교. 그라고 싫다 캐가 될 일인교."

"그래도 그때 말했으마 내가 지내든지 할 거 아인교."

그 말을 듣고 큰엄마가 큰아빠의 팔을 막 당기면서,

"아, 더가이시더(들어갑시다). 이런 말 들으면서 말라고 있능교."

했다. 아빠는,

"아, 누구는 말이 통해가 말하고 있는 줄 아나."

했다. 내가,

"아빠, 이제 그만하고 가자."

하니 아빠는 더 소리를 질렀다.

"아, 가만있어 봐라. 형님 니가 내한테 제대로 해 준 기 어데 있노.

그 큰 논도 다 팔아묵고, 어. 형님 해 준 기 있어야지 형님이지."

그때 큰아빠가 손바닥으로 아빠 머리를 때렸다.

"와 때리노! 니가 뭔데 와 때리노 말이다."

"아, 니가 내 허패(허파)를 디비지게 한다 아이가!"

아빠는 그 자리에서 뒤돌아서,

"가자!"

하였다. 그러니 큰아빠는,

"그래, 가가 다시는 오지 마라."

했다.

나는 큰 싸움이 일어날까 봐 조마조마하고 떨렸다.

몇 달 뒤 큰아빠가 우리 집에 와 잘못했다고 사과를 했다. 그렇지만 아빠는 받아 주지를 않았다. 제사를 똑바로 지내면 가겠다고 했다. 사과를 해도 해도 안 되니 큰아빠는 핑 가 버렸다. 그러고는 2년 동안 만나지도 않고 있다. 정말 슬프다. (6학년 여)

개인이나 사회에 해를 끼치지 않는 종교라면 어떤 종교를 믿든 자유다. 그런데 이 아이 글에서처럼, 한집에서는 말할 것도 없고 친척끼리도 종교가 달라서 문제가 일어나는 경우가 있다. 전통으로 해 오던 제사를 종교식으로 한 것이 문제가 되었는데, 시대와 의식이 많이 달라지고 있으니 한 가지만 고집할 수도 없게 되었다. 종교가 달라서 생기는 싸움으로도 아이들은 이렇게 슬퍼한다.

지금까지 글들을 죽 보니 아이들이 참으로 착한 걱정을 하고 있다. 이 정도 걱정이나 아픔은 오히려 의지를 세우는 거름이 될 수 있다. 지나치면 병이 되겠지. 예삿일에도 두려워하고 걱정하는 게 아이들이기 때문이다.

이런저런 집안 걱정으로 어두워지는 아이들 마음을 헤아리고 손잡아 이끌어 주는 어른들이 되었으면 한다. 어른들부터 나약함을 보이지 말고, 호들갑을 떨거나 숨기려 들지도 말아야 한다. 집안 현실을 있는 그대로 보여 주어 아픔도 조금씩 겪게 해서, 스스로 이겨 내는 힘을 길러 주는 것이 필요하다.

애써 가다 보면 큰 산과 깊은 시내도 거뜬히 넘고 건널 수 있는 게 사람살이다. 그러나 처음부터 아이에게는 힘든 산이나 시내도 있다. 그럴수록 넘을 수 있고 건널 수 있다는 자신감을 길러 주어야 한다. 그러다 보면 어른 자신도 어린 자식에게 힘을 얻어, 험한 산도 넘고, 깊은 시내도 건너고, 늪에서도 거뜬히 빠져나올 수 있을 것이다.

05

아이 자신의 걱정

약점이 없는 사람은 없다. 몸의 일부가 다른 사람과 달라서,
몸에 걸친 옷이 누추해서, 사는 형편이나 능력이 뒤떨어져서,
자기 행위가 떳떳지 못해서……. 약점이 있다고 생각하는 아이들은
수치심이나 두려움으로 몸과 마음을 움츠리게 된다.
심하면 스스로를 낮추어 자학하고,
감수성이 예민한 아이는 비애감도 가질 수 있다.

아이 자신의
걱정

내 다리

어릴 적에 엄마와
하양에 갔다가
차에 찡겨
내 다리 하나를 못 쓴다.
내 팔도 하나 못 쓴다.
놀 때도 잘못 뛰면
넘어져서 무릎 깨고
그냥 걸어갈 때도
빨리 가면 넘어진다.
엄마가 나에게 일을 시킬 때
다리 아파서 못한다고 하면
니 커서 뭐 할래
하고 뭐라 한다.
그 말을 들을 때마다
가슴이 답답하고
집을 나가고 싶다.
체육 시간에 아이들이
운동하는 것을 보고
앉아 있어도
답답하고 가슴이 뛴다.
아이들이
절룩발이 절룩발이 하고 놀리면
화 죽고 싶은 마음도 든다.
나는 내 다리를
빨리 고치는 것이
소원이다.

(6학년 여)

어른이 우습게 생각하는 물건도 아이 처지에서는 귀중한 것들이 많다. 구슬, 딱지, 팽이, 인형, 그림 조각, 스티커, 소꿉놀이 기구 같은 것이다. 이런 것을 함부로 버리면 아이들은 속상해한다. 놀잇감은 단순한 물건이 아니라 아이들 삶에서 소중한 부분이기 때문이다.

그것뿐인가. 어른에게 하소연해도 받아들여지지 않는 걱정도 많다. 아이들 걱정은 주의 깊게 살펴 주면 힘이 되지만, 예사로 넘기면 아픔이 된다. 어른들은 도무지 그런 것들을 보지 못하는 바보들이다. 아이들 걱정을 하찮다고 내치지 말고 진정으로 받아 주었으면 좋겠다. 사랑을 주는 어른이 있기만 하다면, 걱정과 아픔도 아이에게는 힘이 된다.

나는 왜 이렇게 생겼나

사춘기가 와서 이성에 눈을 뜨면, 아이들은 외모에 관심을 갖기 시작한다. 머리 모양을 꾸미거나 마음에 드는 옷만 골라 입으려 하고, 거울을 보면서 자기 모습을 요것조것 뜯어본다. 제 모습이 못마땅해 보이기 시작하면 온 신경이 그쪽으로 쏠려, 이때부터 성격에 문제가 생길 수도 있다.

이 시기 아이들은 외모를 가지고 농담만 해도 충격을 받는다. 잠깐 동안이 아니라 삶에 중요한 영향을 끼칠 수도 있다. 부모는 아이가 자신을 소중하게 여기고 사랑하면서 살아갈 수 있게 도와주어야 한다.

내 얼굴에 있는 점

나는 늘 내 얼굴에 점이 있어 걱정이다. 눈 위에 점이 있다. 엄마는 눈 위에 점이 있으면 복점이라고 하는데 내가 그걸 얼마나 싫어하는지 아무도 모른다. 정말 점을 좀 뺐으면 좋겠다. 점을 빼려면 병원에 가야 한다. 아프기도 하고 돈도 없다. 그래서 난 일부러 점을 안 보이게 하려고 앞머리로 점을 가린다. 아무리 점을 가린다 해도 바람이 불면 앞머리가 휙 날려서 점이 다 보인다. 눈곱만 한 점이라도 나는 그 점이 너무나도 싫다. 그래서 나는 그 점이 다른 사람한테 날라가 딱 붙었으면 좋겠다. 하지만 점에게 손이 달렸나 발이 달렸나 눈이 달렸나. 에휴! 진짜 점을 빼고 싶다.

한번은 엄마한테 이렇게 물어본 적이 있다.

"엄마, 나도 오빠처럼 눈 위 점 빼 줘, 응?"

"안 돼. 초등학생이 무슨 그런 멋을 내려고 그래!"

나는 그때,

'지금은 안 되겠구나. 내가 나중에 어른 돼서 알바를 하든지 직장을 잡든지 선생님이 되든지 해서 내 손으로 직접 벌어 빼야지. 어휴! 이 점 좀 날라가라!'

나는 거울을 보고 점을 손으로 짜려고 해도 절대 안 된다. 내 피부만 아플 뿐이다.

'아빠는 내가 해 달라는 거 거의 다 해 주니까 아빠 해 주겠지?'

기대에 부풀어 아빠한테 물었다.

"아빠, 나 이 점 빼 줘, 이번 겨울 방학 때."

"안 돼! 그 정도 점은 보이지도 않는다."

또 안 된다는 답변을 받았다. 오빠는 얼굴에 있는 점 다 빼 줬으면서 나는 안 된다고 하는 엄마, 아빠가 진짜 미웠고, 내가 왠지 입양아 같은 생각이 들었다. 하지만 어떡하나? 지금 당장에 돈이 없는데……. 한숨밖에 안 나왔다.

다른 점은 괜찮은데 얼굴에 있는 이 점만은 너무 싫다. 내가 죽기 전에는 꼭 이 점을 뺄 것이다. (4학년 여)

요즘은 예쁘다고 하는 사람들 얼굴을 보면 '저 사람은 제 얼굴인가' 하는 의심까지 하게 된다. 그만큼 성형 수술을 흔하게 한다는 말이다. 지나치게 손을 댄 가짜 얼굴을 보면 오히려 정감이 안 가고 그 사람 마음까지 의심하게 되기도 한다. 성형 수술이 잘못되어 아주 흉하게 변해 버린 얼굴 모습이 텔레비전에 나와도, 사람들은 기를 쓰고 성형 수술을 하려 한다. 그 가운데서도 쌍꺼풀 수술은 아주 보편화되어 있는 것 같다. 어른들이 이러니 어린아이들까지도 이렇게 성형을 해 달라고 조르게 된 것이다.

'이것이 아름다운 모습이다' 하는 어떤 틀을 만들어 거기에 꿰맞추려고 하는 짓은 하지 말았으면 싶다. 아이들에게 본디 제 얼굴 모습이 이 세상에 단 하나뿐인 개성 있는 얼굴이며, 가장 예쁜 얼굴이란 걸 깨우쳐 주자.

나는 몸이 뚱뚱해서 걱정이다

나는 살이 쪄서 별로 보기에 좋지 않다. 살이 쪘다는 하나만의 이유로 우리 반에서 인기가 별로 없다. 교장 선생님께서는 늘 태봉이, 선욱이, 길석이, 나, 민애 이렇게 네 사람이 살이 쪄서 아침저녁으로 학교 운동장을 다섯 바퀴씩 뛰어 돌게 하지만 그래도 살은 빠지지 않는다. 더 걱정이다. 전번 가을 때였다. 친척들끼리 모여서 고기를 구워 먹는

데 작은아버지가 나는 살이 쪘다고 고기도 주지 않고 나보고는,

"음료수나 먹어라."

했다. 나는 그래서 아무리 살이 쪘기로서니 다른 사람들은 다들 고기를 먹는데 나 혼자만 음료수나 먹으려고 하니 정말 화가 나서 그냥 작은집에서 뛰쳐나왔다.

나는 우리 집으로 뛰어올라 왔다. 그러나 아버지가 나를 데리러 우리 집까지 올라오셔서 나는 잡혀 갔다. 정말 작은아버지가 미웠다. 그리고 다시 아버지께서 고기를 사 오셔서 구워 먹는데 아버지께서는,

"이 돼지야, 어지가이 먹어라."

하고 형은 또,

"아이고오 돼지야, 니 배에는 거지 들어 있나, 그렇게 많이 먹구로.
그러니까 니가 살이 디룩디룩 찌지."

하였다. 그러니 다른 사람들이 "하하하" 웃었다. 나는 땅으로 꺼지는 기분이었다. 나는 그냥 우리 집으로 왔다. 한없이 한없이 울기만 했다.

또 한 날은 어머니가 회를 사 가지고 오셔서 먹으려고 하는데,

"니는 이거 먹으면 살이 쪄서 안 된다. 먹지 마라."

했다. 그때 나는 형을 패 주고 싶었다. 그리고 형은,

"니는 살이 많이 찌가 막 때리도 괜찮겠다."

하며 나의 배를 주먹으로 때려 버렸다. 그땐 더 참을 수가 없어서 내가 형을 때렸지만 더 맞고 말았다. 또 형은,

"니 파일럿 된다고 했제? 니 그래 살이 쪄가 비행기도 못 뜨겠다."

하며 놀렸다. 나는 정말 걱정이 되었다. 정말 신체 조건이 통과되지 않을 것 같기 때문이다.

지금까지도 나는 살을 빼지 못하여 맛있는 음식을 잘 먹을 수가 없다. 오히려 살은 더 찌고 말았다. 나는 이제 먹는 것만 보면 무섭다. 먹

고는 싫고 먹지 말라고 하고, 먹으면 또 놀리고 해서 무섭다. 나는 왜 이렇게 살이 쪘을까? 더 찌면 어떻게 하나, 나의 이 심정을 아무도 모를 것이다. 나는 어떨 때는 죽고 싶을 때도 있다. 나는 소원이 살 빠지는 것이다. (6학년 남)

살이 찐 아이는 놀림감이 되거나 따돌림을 당하기 쉽다. 쾌활하던 아이도 동무들과 어울리기 싫어하게 된다. 더구나 사춘기에 비만 콤플렉스가 겹치면 우울, 불안, 인격 장애가 나타나 살찌는 것 자체보다 정서 장애가 더 큰 문제가 될 수 있다.

동무들도 놀릴 텐데 식구들조차 하나같이 놀리고 있으니, 죽고 싶어 하는 아이 심정을 이해할 수 있다. 식구들은 맛있는 음식을 먹을 때도 아이 앞에서는 애써 자제하고, 아이가 스스로 음식을 조절할 수 있도록 힘을 주어야 한다. 운동을 하도록 함께 도와주는 일도 필요하다.

놀림

오늘 점심시간, 조용히 줄을 서서 급식실로 잘 내려가고 있었다. 그런데 신정우, 이영현이 괜히 나를 놀리는 거다.

"야, 이 돼지야!"

'돼지'란 말은 너무 자주 들어 봐서 별로 약오르지는 않는다. 그래서 안 들은 것처럼 계단만 자꾸 내려갔다. 그런데 정우와 영현이는 내가 무시해서 기분 나빴는지 다시 나를 놀렸다.

"야! 이 돼지 쓰레기야!"

'쓰레기'라는 말에 발칵해서 정우와 영현이에게 대들었다.

"쓰레기? 니네 그런 말 할 자격 있나? 너네는 뭔데 지랄이고!"

그러자 둘이는 웃으며 도망가 버렸다.

갑자기 돼지 쓰레기라는 소리를 들어서 억울했지만 안 좋은 일은 빨리 잊는 게 좋으니까 그냥 넘어가려고 했다. 하지만 '돼지' '쓰레기'라는 낱말이 자꾸 내 머릿속을 맴돌았다.

그래도 그 일을 잊고 밥을 겨우 다 먹었다.

우리 교실에 들어오니 정우와 영현이는 또 날 기다리고 있었다.

"이 돼지 쓰레기 같은 놈아! 돼지 쓰레기!"

'애네 돌았나? 지네 할 일이나 할 것이지 왜 남 괴롭히고 난린데? 욕 좀 먹어야지 정신 차리나?'

나는 있는 힘껏 정우와 영현이를 잡으려 뛰었다. 하지만 워낙 빨라 잡지를 못했다.

'내가 뭘 어쨌다고 이 난리냐고!'

너무 슬퍼서 더 이상 쫓아가지 않았다. 왜 뚱뚱한 것 때문에 왜 놀림을 당해야 하는지 생각하면 할수록 더 슬퍼져서 눈물이 났다. (5학년 여)

우리는 보통 살이 안 찌고 마른 듯한 몸매를 좋은 것으로 본다. 반대로 뚱뚱한 모습은 아주 잘못된 것으로 여기게 되었다. 참 괴상한 세상이 된 것이다. 이 여자아이를 "이 돼지 쓰레기 같은 놈아! 돼지 쓰레기!"라고 놀리는 두 아이를 보니 참으로 개탄스럽다. 어째서 이런 세상이 되었을까? 어른들은 영원히 아물지 않을 만큼 큰 상처를 받았을 이 아이 마음을 깊이 생각해야 할 것이고, 거기에 큰 책임을 느껴야 할 것이다.

그리고 앞으로 이런 일이 일어나지 않도록, 아름다운 몸매를 가르는 기준을 싹 깔아뭉개야 되겠지.

나의 키

나는 이제 열세 살로 올라간다. 그런데 나의 키는 140센티미터 정도밖에 되지 않는다. 아주 작은 키다. 그래서 아이들은 모두 나를 '땅꼬마'라고 놀린다. 내가 가장 싫어하는 소리가 이 '땅꼬마'라고 하는 소리다. 그래서 나는 어른이 되었을 때는 키가 다른 사람들과 비슷하였으면 하는 바람이 너무 크다. 그래야 결혼도 쉽게 할 수 있기 때문이다. 키 작은 나에게 누가 시집을 오겠는가!

나는 집에 오면,

"엄마! 엄마 때문에 나는 키가 작다."

하고 말한다. 그러면 엄마는,

"찌랄하네. 지가 아무거나 안 무가 카지(먹어서 그렇지)."

한다. 어른들은,

"준석아, 니는 키 언제 클래?"

하며 웃으신다. 그럴 때는 정말 그런 사람들을 확 때려눕히고 싶다.

왜 나는 키가 안 클까? 나는 원래 키가 안 크는 성질일까? 걱정이 크다. 친척들이,

"야야, 니는 니 동생보다 키가 작아지겠다."

이러면 마음속으로,

'내사 크거나 말거나 니가 키아 줄래!'

이런 생각이 막 든다.

나는 먹으면 키가 큰다는 건 다 먹었다. 콩나물도 먹고 고기도 먹었다.

이번 설날에 나와 같은 나이인 친척 병준이가 나보고 키를 재어 보자고 놀렸다. 나는 정말 울고 싶을 정도로 속이 상했다.

나는 키가 큰 사람을 보면 정말 부럽다. 큰 사람의 다리를 내 다리로

바꾸었으면 하는 불가능한 일도 마구 생각한다. 엄마는 나를 왜 이렇게 낳았을까? 나는 커서 결혼을 할 수 있을지 고민이다. (5학년 남)

동무나 어른들이 키가 작다고 아이를 자꾸 꼬집는다. 그러니 반항심이 생긴다. 그러다가 자기를 감추게 되면 소심한 성격으로 바뀔 수도 있다.

이런 아이에게는 힘을 북돋아 주어야 한다. 키가 작아도 큰일을 한 사람 이야기나 책을 권해 주면서, 외모보다 사람다움과 자기 능력을 갖추는 것이 더 중요하다는 사실을 깨우쳐 주어야 한다. 이렇게 힘을 얻으면 오히려 훌륭한 어른으로 자랄 수 있을 것이다.

나는 너무 말랐다

요즘 사람들이 나보고 "너무 말랐다" 하며 꼭 흉을 보는 느낌이다. 나는 그럴 때마다 이상하게도 갑자기 화가 난다. 나는,

"왜 사람들이 날 놀리지? 이상해, 정말로!"

이렇게 속이 타오를 때가 있다. 물론 나는 말랐다. 하지만 예의 없게, 그것도 내 앞에서 "니 너무 말랐다" 그러면 정말 화가 난다.

요즘 나는 집에 오자마자 여러 가지 음식을 마구마구 다 먹는다. 그래도 살이 찌지도 않는다. 배도 나오지 않는다. 0.001킬로그램 찔까 말까 한다. 1킬로그램 찌는 것이 나의 소원이다. 다른 사람들은 1킬로그램이라도 빼려고 야단인데 나는 그 반대다.

가끔 우리 친척들은 이런 얘기를 한다.

"우리 가족들은 키는 이따만큼 큰데 정말 말랐지?"

그럴 땐 조금 안심이 되기도 한다.

그리고 걱정거리 하나 더! 내 얼굴이 길다고 친구들이 대고마고 "오이!"라고 한다. 그런 소릴 들으면 울음이 막 나오고 얼굴이 시뻘게진다. 나는

'나는 왜 태어났을까? 나는 없어도 되는 존재인가?'

하고 한숨을 쉴 때도 많다. 나는 엄마한테,

"엄마, 내 얼굴은 왜 길어?"

하면 엄마는,

"아니, 니가 살이 없어서 그런 거야."

이렇게 말한다.

엄마는 몸에 좋은 음식을 마구 주는데, 나는 그 일들도 부담이 간다. 나는 생각을 해 본 결과, 성형 수술을 해야겠다는 생각을 한다. 종종 엄마한테 그 이야기를 하면,

"야, 니가 성형 수술을 왜 해?"

하며 어리둥절한 모습을 나에게 보인다.

전번 주에 나는 아빠 어릴 적 사진을 한번 보았다. 꼭 내 모습처럼 나와서 정말 웃겼다. 그래도 내가 계속 이 상태일까 봐 걱정이 되기도 한다. 나는 그럴 때마다,

'나이가 멈췄으면 좋겠다.'

하는 생각이 든다.

나는 친구들이 이제부터 나를 흉보지 않았으면 좋겠다. 그래도 친구들이 날 흉본다면 이렇게 말할 것이다.

"니가 그렇게 잘났으면 연예인이나 되어 봐라! 얼마나 인기 있나 한번 살펴보자! 자기 일만 잘하면 될 것을 왜 남 일까지 참견인데?"

이렇게 당당하게 말할 자신이 있다. 왜냐하면 나는 각오를 단단히 했기 때문이다. 내가 그렇게 잘나진 않았겠지만 날 흉보는 것에 대해

서는 더 이상 가만히 있을 수가 없다. 나는 단점만 있는 것이 아니라 여러 가지 장점도 있을 것이기 때문이다. (4학년 여)

아이 자신은 괜찮은데 자꾸만 다른 사람들이 말랐다고 하니까 그만 그렇게 스스로 인정을 하게 된다. 또 얼굴이 좀 길게 생겼다고 오이라며 놀리니 '나는 왜 태어났을까? 나는 없어도 되는 존재인가?' 싶어 한숨을 쉰다고 한다. 아이들은 이렇게 자기 또래한테 놀림을 받으면 더욱 속상해한다.

그래도 자기에게 단점만 있는 것이 아니라 여러 가지 장점도 있을 테니까 당당하게 살아가겠다는 각오를 내보인다. 어른들은 모든 아이들이 이 아이처럼 있는 그대로 자기 모습을 사랑하며 당당하게 살아갈 수 있도록 도와줘야 할 것이다.

언제쯤 이 버릇 고쳐질까

버릇은 오랫동안 되풀이되어 몸에 익어 버린 행동이다. 이미 굳어 버린 버릇은 쉽게 고쳐지지 않으니, 어릴 때부터 바른 버릇을 몸에 익히도록 해야 한다. 더구나 사람 성격은 어느 정도 타고난 것이라 고치려 한다고 해서 쉽게 고쳐지는 게 아니다. 아이의 좋은 점을 살려 주어 조금씩 환경에 적응하게 해서 좋지 않은 성격을 스스로 깨우치도록 해야 한다.

성격이나 버릇이 문제가 될 때, 강압이나 금지로 아이 마음에 상처를 주어서 나쁜 쪽으로 굳히는 일이 없도록 해야 한다. 무엇보다 아이 스스로 깨우쳐서 고치는 것이 중요하다.

나의 부끄럼

나는 선생님께서 발표할 사람 손을 들라고 하면 못 듭니다. 알고 있는데도 못 듭니다. 그리고 선생님께서 질문을 하면 자리에서 일어나 가만히 서서 고개를 숙입니다.

또 친척 오빠한테서 전화가 와도 전화를 받지 않습니다. 전화를 받으라고 하면,

"싫다."

합니다.

나는 사람들이 와도 인사만 겨우 하고 방 안에 가만히 있습니다. 그리고 나는 사람들이 많은 곳에서는 말을 잘 못 합니다. 왜냐하면 몸이 덜덜 떨리기 때문입니다.

집에서 언니와 노래를 부르고 있었는데 어떤 아저씨가 들어와서, 노래를 멈추고 언니 뒤에 가서 숨었습니다. 또 텔레비전에 가수가 노래도 부르고 춤도 추는데 언니가 따라하자고 하면서 춤을 추었습니다. 그 다음은 내 차례인데 부끄러워 숨었습니다.

숙제를 해 왔을 때 친구들이 보여 달라고 해도 나는 안 보여 줍니다. 부끄러워서 안 보여 줍니다.

말을 시키면 잘 안 합니다. 그래서 선생님께서 말을 좀 해라고 합니다. 자꾸 시키면 더 떨려서 땀이 다 납니다.

나는 왜 이런지 모르겠습니다. 부끄럼을 좀 안 탔으면 좋겠습니다. 앞으로 계속 이러면 어떻게 하까 걱정입니다. (6학년 여)

생각해 보니 나도 발표력을 길러 준다고 아이들에게 스트레스를 많이

주었다. 아이가 발표하기 어려워할 때 강한 정신을 길러 준다고 강압으로 시키기도 했다.

"좀 더 크게 말해 봐!"

"더 크게!"

"더!"

뒤에 깨달은 것이지만 발표력이 나아지게 하기는커녕 오히려 주눅이 들게 했다. 먼저 아이가 쉽게 대답할 수 있는 질문을 해서 자신감을 얻도록 해야 한다.

이 아이처럼 소심한 아이는 다그치지 말고 진득하게 기다리며 응원을 보내 주는 마음이 필요하다. 이 아이만이 가지고 있는 좋은 점을 살려 주고 조금씩 자신감을 심어 주면서 말이다.

나는 돈을 많이 쓴다

나는 돈을 많이 쓴다. 돈이 생기면 다 사 먹는다. 만 원, 이만 원이 있어도 하루 만에 다 사 먹어 버린다. 그리고 저금도 안 한다. 돈이 없으면 언니나 오빠, 그리고 친구들한테 막 빌려서 사 먹는다. 그래서 아빠는 나에게 돈을 잘 주지 않는다.

요즘에는 우리 할머니가 장사를 하신다. 아빠가,

"너거들 할매 집에서 먹고 싶은 거 있으면 다 먹고 적어 놔라."

그래서 돈이 없으면 할머니 집에 과자를 두 봉지나 세 봉지를 사서 먹는다. 그러다 아빠한테,

"미선이 너 너무 많이 사 먹는 거 아이가? 이래 많이 먹으면 어떡해!"

꾸지람을 들었다. 또 적어 놓고 먹으면 꾸지람하기 때문에 나 혼자 외

상 장부를 만들어서 거기에다 적어 놓고 먹었다. 그래서 용돈 타면 주고 그랬다. 나는 돈이 모이는 날이 없다. 돈이 필요해도 아빠한테 달라고 못 해서 할머니한테 이야기해서 돈을 타 가기도 한다.

나는 용돈 타는 날 다음 날까지 돈이 남아 돌아가지를 않는다. 할머니 집 외상값을 주고 나면 남는 게 천 원 이천 원 정도 남는다. 그것을 또 친구들한테 빌린 걸 주고 나면 없다.

요번 설날 때도 세뱃돈을 받았다. 약 오만 원 정도를 받았다. 애정이한테 빌린 것 주고, 민예한테 주고, 언니한테 주고, 미선이한테 주고 나니깐 오천 원밖에 남지를 않았다. 돈을 모으려고 애를 쓰면 백 원 이백 원 모아지기는 한다. 그래도 과자 사 먹을 정도 되면 또 다 꺼내어서 사 먹어 버린다.

나는 언제쯤 이 버릇이 고쳐질까? 이러다가 나중에 커서 돈을 못 모아서 거지가 되지는 않을까 걱정도 된다. 나는 아무리 참으려고 해도 자꾸만 돈이 써진다. 어떻게 하면 될까? (5학년 여)

이 아이는 자기 힘으로는 자제할 수 없을 만큼 돈을 쓰는 모양이다. 자라면서 문제가 풀릴 것이라 본다. 그러나 하고 싶은 일도 때에 따라서는 자제할 수 있는 힘을 어릴 때부터 길러 주어야 한다. 요즘 부모들은 어지간하면 아이가 원하는 것을 다 해 주는데, 꼭 필요한 것만 골라 갖는 마음 자세를 가르쳐야겠다.

식탐이 많은 아이라면, 집에서 먹을거리를 만들어 주어 어느 정도 먹고 싶은 욕구를 채워 줄 필요가 있다. 다른 일에 마음을 돌리게 도와주는 것도 좋은 방법이겠지.

한 가지 덧붙이자면, 아이들이 외상 거래를 하게 두어서는 안 된다.

나는 너무 느려 터졌다

나는 걱정거리가 별로 없다. 그 대신 한 가지가 있는데 걱정이 너무 크다. 내 걱정은 바로 몸이 너무 느려 터졌다는 것이다.

밥을 먹어도 느리고, 숙제하는 것도 느리고, 걷는 것도 느리고, 공부하는 것도 느리고, 글씨 쓰는 것도 느리고, 일기 쓰는 것도 느리고, 타자 치는 것도 느리고, 이해하는 것도 느리고, 연필 깎는 것도 느리고, 종이 가져오는 것도 느리고, 미술 시간에 만드는 것도 느리고, 그리는 것도 느리고, 말도 느린 편이고, 물건 찾는 것도 느리고, 자 대어 줄 긋는 것도 느리고, 지우개로 글자 지우는 것도 느리고, 뭘 외우는 것도 느리고, 정리하는 것도 느리고, 아침에 일어나는 것도 느리고, 청소하는 것도 느리고, 계단 내려가는 것도 느리고, 달리는 것도 느리고, 전화 받는 것도 느리고, 화장실 가는 것도 느리고, 머리 빗는 것도 느리고, 샤워하는 것도 느리고, 목욕하는 것도 느리고, 생각하는 것도 느리고, 게임하는 것도 느리다.

그래서 선생님께선 나보고 '곰티'라고 부르시고, 엄마는 '느림보', 아빠는 '굼벵이'라고 부른다. 그중 나는 '곰티'라는 별명이 가장 낫다.

선생님께서는 내가 아무리 빨리 설쳐도 느리다고 하신다. 그리고 엄마는 나보고 다 좋은데 너무 느려서 탈이라고 한다. 아빠는 내가 느려도 괜찮다고 하고, 엄마가 내가 느리다고 혼내려고 할 때도 괜찮다며 혼을 못 내게 한다. 그러니 아빠는 나의 수호 아빠이고 또 천사이기도 하다. 나는 이런 우리 아빠가 너무너무 좋다. 하지만 아빠는 일주일에 한 번 내려와서 하루 아니면 이틀밖에 안 자고 간다.

어릴 때는 아빠가 오면 엄마보다 더 빨리 가서 먼저 안겼다가 엄마가 아빠를 안으려고 하면 두 팔을 뻗어서 엄마를 밀어 놓고 다시 안기기도 했다. 그리고 아빠가 갈 때는 현관문도 다 잠그고 지켰다. 그런 일이 일어나지 않게 하기 위해 엄마는 아빠 가는 날은 나를 다른 때보다 더 일찍 재우기도 했다고 한다. 하지만 나는 잠자는 속도도 너무 느려서 골치 아팠다고 한다.

나는 날마다 이렇게 너무 느려 터져서 걱정 또 걱정이다. (4학년 여)

아이는 다른 사람들이 말하는 대로 자기가 너무 느려서 걱정이라고 생각하는데, 모두들 그 아이를 보는 시각을 바꾸었으면 싶다. 그냥 그 아이 특성이라고 봐 주면 어떨까? 느린 것은 단점일 수 있지만 오히려 장점이 되는 경우도 참 많을 것이다. 무슨 일이든지 신중하게 해서 실수도 잘 안하지 않겠는가. 아이가 느린 것을 걱정하기보다 느린 것의 장점을 살려 나갈 수 있도록 깨우쳐 주었으면 싶다.

너무 내 생각만 하는 나

나는 정말 내 생각만 하는 것 같다. 한마디로는 협동심이 부족하다고도 할 수 있다. 또 한마디로는 이기적이라고도 할 수 있다. 나는 내 마음에 들지 않으면 무조건 반대를 한다. 그리고 내가 하고 싶은 것을 하지 않으면 무조건 화부터 낸다. 그걸 고치려고 해도 생각처럼 잘되지 않는다. 성격이라고도 할 수 있지만 아주 나쁜 버릇이라고도 할 수 있다.

예를 들면 모둠끼리 체육 시간에 춤을 만들어야 하는데 모둠장이 계속 춤을 만들 때, 나는 그 춤이 싫으면 다른 애들은 찬성을 해도 나는 끝까지 반대를 하며 무조건 째려본다. 또 예를 들면 동생들과 노는데 내가 제일 나이가 많다고 그냥 내 멋대로 하고 내가 하고 싶은 것을 하면 좋아한다. 내가 하고 싶은 것을 안 하면 삐지고 화를 내고, 또 모르는 문제가 있으면 상냥하게 물어야 하는데 나는 그냥 "야, 이 문제 뭔데?" 한다. 선생님도 내가 기분 나쁜 것을 상대방에게 화풀이하면 상대방은 기분이 더 안 좋다는 충고를 했는데도 잘 안 고쳐진다.

나쁜 버릇을 그만하고 고칠래도 계속 화나는 일만 생기니 더더욱 고치기가 힘들어지고 있다. 그래도 조금씩은 고치려고 노력한다. (4학년 남)

아이 스스로 자기가 자기 생각만 하는 이기주의자라고 인정하고 있다. 그 나쁜 버릇을 고치려고 해도 잘 안 되지만 조금씩 고치려고 노력한다고 한다. 나쁜 버릇이 성격으로 아주 굳어져 버리면 더욱 고치기가 어려울 것이다. 그러니까 이때 부모가 알아차리고 자주 충고를 해서 고칠 수 있도록 도와주었으면 싶다.

머리카락 잡아당기는 습관

학교에서는 머리카락을 잡아당기지 않지만, 집에서는 공부할 때도 책을 읽을 때에도 머리카락을 당긴다. 머리카락을 잡아당기면 나는 이상하게도 집중이 더 잘된다. 그래서 일부러 머리카락을 잡아당길 때가 많다.

그런데 머리카락을 잡아당기면 하얀 머리 밑이 나와서 이상하게도 재미가 있다. 그래서 중독이 되는 것 같다. 그리고 머리 밑이 더 이상 안 나오면 이상하다는 생각이 들고, 머리 밑이 나올 때까지 머리카락을 잡아당긴다.

며칠 전에는 집에서 수학 시험 공부를 하고 있었다. 어김없이 그날도 그냥 머리카락을 한번 잡아당겼다. 그런데 하필이면 그때 엄마가 날 봐서,

"김가을! 머리 잡아땡기지 마라!"

하고 화를 버럭버럭 냈다. 나는 놀라서 다시 공부를 했다. 그런데 책상 위에 허연색 머리 밑이 수두룩하게 여러 군데 떨어져 있었다. 나는 그걸 한군데에 모아서 쓰레기통에 버렸다. 버리면서 속으로,

'머리 좀 그만 뜯어야 하는데⋯⋯.'

하고 생각했다.

공부를 다 하고 역사책을 읽고 있었다. 그런데 나도 모르게 손이 머리카락으로 가서 머리카락을 잡아당겼다. 나는 갑자기,

'아! 이러면 안 되는데!'

하고 생각이 들어 머리카락을 뜯은 손을 보았다. 오른손에 시뻘건 피가 묻어 있었다. 나는 조용하면서 놀란 목소리로,

"으악!"

했다. 엄마는 내 소리를 듣고 나에게 와,

"으이구, 잘한다 잘해!"

했다. 안 그래도 기분이 나쁜데 엄마 말을 들으니 더욱 기분이 나빴다.

피가 났는데도 또 손이 머리카락으로 갔다. 그래서 어쩔 수 없이 또 머리카락을 뜯게 되었다. 그때 나는,

"엄마야!"

하고 소리쳤다. 엄마가 지나가다 그 모습을 보았다. 엄마는 화를 내며

"가을아, 손 치워라! 엄마가 하지 마라고 했잖아!"

하며 내 손을 탁 때렸다. 기분이 무척 우울했다. 나는 아픈 손을 쥐며 역사책을 읽었다.

아직도 내 버릇은 그대로이다. 빨리 좀 고쳐졌으면 좋겠다. 또 엄마가 잔소리는 하더라도 때리지는 않았으면 좋겠다. (4학년 여)

수업 시간에 보면 여자아이들 가운데 머리카락을 손으로 매만진다든지, 배배 꼰다든지, 입김으로 '후' 분다든지 하는 아이들이 많다. 아주 습관이 되어 버린 아이들도 더러 있다. 이 아이도 머리카락 당기는 습관을 가지고 있다. 머리에서 피까지 날 정도로 하니 걱정은 걱정이다.

아이는 스스로 나쁜 습관을 고치려고 해도 이제는 잘 안 된다고 한다. 그러니까 옆에서 누가 이 습관을 고치도록 자꾸 충고를 해 주어야 한다. 어머니가 가장 가깝게 있을 때가 많으니까 더 적극 깨우쳐 주어야겠고, 함께 지내는 다른 사람들에게도 충고를 해 달라고 일러두면 더욱 좋을 것이다. 단, 충고는 아이가 기분 나빠 하지 않게 해야 한다.

손톱 물어뜯는 버릇

나한테는 나쁜 버릇이 있다. 그것은 바로 손톱을 물어뜯는 버릇이다. 난 초등학교를 들어왔을 때부터 손톱을 물어뜯게 되었다. 엄마는 계속 물어뜯지 말라고 해도 난 나도 모르게 손톱을 자꾸자꾸 물어뜯는다.

학원 선생님도 내가 손톱 물어뜯는 걸 보면 매번 꾸중을 하신다.

"손톱에 똥 발라 놔야 그 버릇 없어지겠나?"

난 그 말을 듣기 전에는 내 버릇이 그렇게 심한지 몰랐다. 그 말을 듣고 '내 버릇이 그렇게 심한가?' 생각했다.

엄마가 손톱 깎아 줄 테니 손톱을 보여 달라고 했다.

"아이구! 또 손톱 물어뜯었네? 손톱이 엉망이네, 엉망!"

그렇다. 내 손톱은 물어뜯어서 울퉁불퉁한 표가 난다.

"전 안 하려고 해도 그전에 나도 모르게 물어뜯게 돼요."

"습관이 되면 그런 거야. 요즈음 신종플루 때문에 손톱 물어뜯는 습관은 아주 안 좋은데……."

난 엄마한테 말했다.

"안 하려고 노력해 볼게요."

하지만 이러고도 자주 그런다.

이제는 손톱 물어뜯는 버릇을 확 뜯어고치고 싶다. 어른이 되어서도 계속 물어뜯을까 걱정이다. 속담에 세 살 버릇이 여든 간다는 말이 있으니 더더욱 걱정이다.

난 내 손톱 때문에 걱정이 많다. (4학년 남)

이 아이처럼 손톱 물어뜯는 버릇을 가지고 있는 아이들이 더러 있다. 아주 작은 버릇인데 이 때문에 아이 스스로 스트레스를 받고 있다. 머리카락을 당긴다든지, 손톱을 물어뜯는다든지 하는 것은 어떤 욕구가 충족되지 않거나 정서가 안정되지 않았을 때 많이 하는 행동이기도 하다. 이것이 잦아지면 그만 버릇으로 굳어지고, 나아가서는 안 하면 오히려 불안하게 되는 것이다.

다시 말하지만, 스스로 고칠 수 있도록 옆에서 자꾸 깨우쳐 주어야 할 것이다.

동무들이 놀리지 않았으면

약점이 없는 사람은 없다. 몸의 일부가 다른 사람과 달라서, 몸에 걸친 옷이 누추해서, 사는 형편이나 능력이 뒤떨어져서, 자기 행위가 떳떳지 못해서…….

약점이 있다고 생각하는 아이들은 수치심이나 두려움으로 몸과 마음을 움츠리게 된다. 심하면 스스로를 낮추어 자학하고, 감수성이 예민한 아이는 비애감도 가질 수 있다. 이렇게 해서 자기 발전을 가로막게 된다.

더욱 큰 문제는 아이들 사이에서 상대 약점을 들추어 업신여기는 일이 흔하다는 데 있다.

"공부도 못하는 주제에…….."

"땅콩만 한 게 어디 까불어!"

"아버지도 없는 게…….."

싸우다가 안 되겠으면 이런 말로 상대를 누르려고 하는데, 못난 짓이라는 것을 가르쳐야 한다.

가슴이 답답해요

나는 답답해서 활동하기가 어렵습니다. 그래서 집안 식구들도 나에게 누워 있으라고 하면서 따돌림을 하는 것 같아요. 하지만 웬만하면 쉬운 일은 하고 있어요. 설거지, 방 청소, 잔빨래 등은 내가 해요.

그리고 나는 키가 크지 않아 식구들이나 친구들에게 놀림을 받아요. 마을에서는,

"니 고만한 키에 벌써 6학년이가?"

하고 반 친구들은,

"니 키 와 그래 안 크노? 콩나물 좀 먹어라."

하고 놀려요. 하지만 우리 집에는 돈이 없어 잘 먹지도 못해요.

내가 키가 안 크는 것은 가슴이 답답해 그렇대요. 컴퓨터 검사를 받는 것도 돈이 없어서 하지 못해요. 내가 청소를 할 때 아프지 않은 것처럼 하지만 사실은 참고 억지로 해요. 아파서 내가 학교에 나가지 못하거나 조퇴를 맡은 때, 체육 시간이 되면 선생님이나 친구들에게 너무 미안해요. 나 때문에 방해가 되는 것 같아서요.

아버지는 내가 아파서 숙제를 좀 늦게 하면,

"너거 선생은 뭐 그래 숙제를 많이 내 주노."

하십니다. 그때 엄마는,

"재순이 선생 좋드만은."

하십니다.

선생님, 반 친구들 있는 앞에서 내가 가슴 답답하다는 말 하지 마세요. 친구들이,

"재순이 자는 선생님한테 잘 보일라고 아프다 한데이."

하는 이야기도 해요.

저희 집에는 어머니가 배추를 팔아 돈을 좀 벌었는데 빚을 갚아야 하기 때문에 내가 건강 진단을 또 못 받고 있습니다. (6학년 여)

부모 말로는 건강 진단을 받아도 별 이상이 없다고 하는데, 아이는 자꾸 가슴이 답답하다니 걱정이다. 아픈 동무는 위로해 주고 도와주어야 하는데, 놀리고 업신여기는 아이들이 많다. 남의 약점을 찾아내어 놀리고 깔아 뭉개는 짓은 나쁜 버릇이라고 깨우쳐 주어야 한다.

우리 아버지의 눈은 빨갛다

나는 이때까지 비밀이 있었다. 솔직히 털어놓겠다.

우리 아버지의 눈은 빨갛다. 처음에는 괜찮았는데 어렸을 때 그만 눈을 다치셨다고 한다. 우리 아버지의 눈이 빨갛다는 것을 김덕수는 모르고 있었다. 순영이도 모르고 있었다. 그런데 김석희가 순영이에게 말을 했다. 순영이가 나보고 셋방살이하고 우리 아버지의 눈이 이상하다고 했다. 나는 순영이가 그런 비밀로 매일 나를 괴롭혀도 말을 못 했다. 막 퍼뜨릴까 걱정이 되어서다. 선생님이나 아버지에게 캐 줄려고 (말해 주려고) 해도 순영이가 복수를 한다고 막 퍼뜨리면 어떻게 하나 겁이 나서 못 했다. 또 이 사실을 모르고 있던 김덕수도 김석희가 말을 해서 알고 나를 막 놀렸다. 나는 오빠를 생각하며 울었다. 오빠는 중학교도 못 마치고 직장에 갔다.

나는 이 세 아이가 소문을 퍼뜨릴까 걱정이고 놀릴까 봐도 걱정이다. 나는 실컷 울고 싶은 마음밖에 없다. 나의 이 슬픔은 아무도 모를 것이다. (5학년 여)

장애를 가진 사람을 놀리는 아이들을 볼 때마다 모두 어른 탓이라는 생각이 든다. 장애를 가진 사람도 보통 사람과 같이 생활할 권리와 자격이 있다는 사실을 깨우쳐 주어 더불어 살아가도록 도와야 하는데, 아직도 우리 현실은 그렇지 못하다. 나보다 약한 자를 짓밟고 나보다 강한 자 앞에서는 비열해지는 못난 어른들이 많기 때문이다. 먼저 우리 아이가 이런 식으로 남을 괴롭히지 않는지 살펴볼 일이다. 그리고 약한 동무 손을 잡아 주는 따뜻한 마음을 길러 주어야 한다.

이런 일을 당한 아이에게는 당당한 태도를 가르쳐야 할 것이다. 어려운 일을 당했어도 꿋꿋이 이겨 내 온 아버지를 자랑스럽게 여기도록 말이다.

나는 종교의 자유가 없다

아이가 믿는 종교와 어른이 믿는 종교가 다를 때, 어른이 일방으로 아이 종교를 업신여기는 경우가 많다. 자기와 다른 것은 조금도 인정하지 않는 어른들 관습과 편견 때문이다. 삶에 대해 진지하면서도 자유롭게 생각하려고 하는 아이들 요구와 권리를 어른들이 막고 있는 것이다.

교회

우리 집은 불교를 숭상한다. 하지만 언니와 나, 동생은 예수를 신으로 믿는다. 그렇지만 아빠와 엄마는 교회에 발걸음조차도 하지 못하게 한다. 찬송가 부르는 것은 말할 것도 없고 교회란 말도 못하게 한다. 이렇듯 큰집과 우리 집은 불교 집안이다. 큰방에만 해도 염주가 두 개나 걸려 있다. 그렇지만 나는 눈치 보며 교회를 다니기가 싫었다. 아무도 없고 내 마음이 흔들릴 때 나는 찬송가를 조용히 부르곤 한다.

일요일만 되면 교회 가는 아이들을 보면 부럽다. 하지만 나로서는 어쩔 수 없는 일이다. 동생이 교회에 가서 늦게 와 아빠와 엄마가 알아챈 이후에는 그렇다. 6학년 초쯤 되어 난 결심했다. 내가 진정 예수를 신으로 믿는다면 교회에 다니겠다고 말이다. 그래서 가까운 교회에 다닌다. 난 새벽 4시 예배종을 칠 때면 잠에서 깨어 종소리를 듣는다. 그리고 조용히 찬송가도 부른다. 또 기도도 조용히 드린다.

"예수님, 내일도 저를 바른 길로 인도해 주시옵소서, 아멘!"

내가 일요일에 자꾸만 8시 40분, 같은 시간에 나가기 때문에 엄마는 벌써 알아챈 것 같다. 나는 아무 종교나 믿을 자유를 가지고 이 땅에 태어났지만 지금 나는 종교 결정 자유가 없다. 내가 믿는 종교는 나의 자유다. 내가 배우기를 그렇게 배웠다.

나는 교회에서 찬송가 부르는 것을 매우 좋아한다. 교회에 가면 마음이 안정되어서인지 편안하다. 예배가 끝난 후에도 난 수희랑 남아 찬송가를 부르고 피아노도 친다. 또 나는 혁이 삼촌 연설도 좋아한다. 혁이 삼촌의 원래 이름은 이정석 선생님이다. 지금도 나의 신은 예수 그리스도이시다. 그런데 아빠 엄마는 자꾸 교회에 못 가게 한다. 이 일을 어떻게 하면 좋을까? 나는 어떻게 해야 할지 고민이다. (6학년 여)

종교를 믿는 것은 자유라고 하지만 한집에서 종교가 다르면 갈등이 일어나게 된다. 배척하지만 말고 서로 종교를 인정해 주는 수밖에 없다. 아이도 종교를 선택할 자유가 있다는 사실을 어른들은 인정해야 한다. 아이의 이런 요구와 관심을 살펴 주는 것도 아이를 지켜 주는 길이 된다.

06

어른이 무심코 저지르는 잘못

부모는 아이들이 세상을 살아가는 마음가짐을 길러 주는
선생이라 할 수 있다. 아이들은 부모가 살아가는 모습을
눈여겨보면서 나름대로 자기 생각을 세운다.
그런데도 아이들이 아무것도 모른다고 생각하고
어처구니없는 짓을 하는 부모들이 많다. 아이들 글을 보면서
자기가 살아가는 마음자리를 되돌아보았으면 한다.

어른이 무심코 저지르는
잘못

모범 운전사

차를 타고 집에 오는데
어떤 할머니께서
손을 들며
"세워 주소!"
운전사 아저씨는
못 본 체 지나간다.
할머니께서는
할머니라서
차비를 안 내서
그냥 지나치나 보다.
옷에는 친절 봉사
모범 운전사
주렁주렁 달려 있다.

(6학년 남)

우리 집 앞에 있는 횡단보도는 차가 적게 다닌다. 그래서인지 신호를 지키지 않는 사람들이 너무 많다. 신호를 기다리려면 꽤 지루한데, 그거 하나라도 지키려고 서 있으면 바보가 되는 기분이다. 중, 고등학교 아이들도 거리낌 없이 지나다닌다. 빨간 신호를 빤히 보면서 어떻게 그렇게 뻔뻔스럽고 당당할까 싶다. 어른들 행동을 그대로 아이들이 보고 배운 것일 게다.

적당하게 타협하고 살짝 옆길로 가는 행동을 삶의 방편으로 삼는 어른들이 아이들에게 줄 수 있는 게 무엇일까? 사회 모습은 접어 두고, 여기에서는 아이들에게 그릇된 교육을 하는 부모 모습을 살펴보겠다.

우리한텐 하지 말라 해 놓고

부모는 아이들이 세상을 살아가는 마음가짐을 길러 주는 선생이라 할 수 있다. 아이들은 부모가 살아가는 모습을 눈여겨보면서 나름대로 자기 생각을 세운다. 그런데도 아이들이 아무것도 모른다고 생각하고 어처구니없는 짓을 하는 부모들이 많다. 아이들 글을 보면서 자기가 살아가는 마음자리를 되돌아보았으면 한다.

지하철 표

이모 집에 가기 위해 지하철을 타러 갔다. 계단을 따라 아래로 내려
가자 엄마는 표를 끊으러 갔다. 그래서 나는,

"엄마, 두 장 끊어야 된데이!"

했다. 그런데도 엄마는 내 말을 듣는 둥 마는 둥 엄마 것 한 장만 달랑
끊어 왔다. 나는 엄마를 따라가면서,

"엄마, 나는 어떡하라고 엄마 거만 끊는데, 응?"

하니 엄마는 나를 구석으로 데려가서는,

"야! 니는 저기 구멍으로 들어가면 되잖아. 알았지? 니는 생각 좀 해
봐라. 돈을 아껴야 할 거 아니가, 응?"

그랬다. 그래서 나는 한숨을 푹 쉬면서,

"엄마, 엄마가 어떻게 그렇게 생각하는데? 그렇게 나쁘게 돈을 아껴
서 뭐할 건데? 빨리 돈 도! 내가 끊어 갈게. 이렇게 몰래 들어가면 그
거 나쁜 거다, 아나?"

하니 엄마는,

"와 이래 말이 많노, 내가 하라면 하는 거지! 어서 따라온나!"

하며 뭐라 했다. 엄마는 내 손을 잡고 출입구로 들어갔다. 나는 안 따
라가려고 하는데도 엄마는 빤히 보면서,

"야! 사람들 다 알겠다, 빨리 온나! 이 가시나가 와 이래 말을 안 듣
노!"

했다. 그래서 나는 엄마에게,

"엄마, 이런 데로 가다 걸리면 어떡하라고! 이거는 나쁜 행동이잖
아!"

하니 엄마는,

"가시나야, 니가 내 앞에 오그려가 가면 누가 아노."

했다. 나는 여전히 못마땅한 표정으로,

"엄마, 왜 내가 돈을 안 내고 이런 데로 몰래 들어가야 하는데, 응?"

하니 엄마는,

"와 그러기는! 돈 아껴야지! 어떡(얼른) 들어가라!"

하며 내 머리를 눌렀다.

나는 입을 삐쭉삐쭉거리면서도 머리가 아파서 앉았다. 엄마는 표를 넣더니 발로 나를 밀면서 한 손을 잡아서 막 끌고 갔다. 나는 안 가려고 힘을 주고 있었다. 그러나 막무가내로 끌고 가는 바람에 따라갔다. 나는 그만 죄지은 사람이 되고 말았다. 엄마는 나를 보면서,

"야! 니는 돈 아까운 줄 좀 알아라!"

하며 뭐라 쳤다. 그래도 나는,

"엄마, 돈 내고 오자, 응?"

하니 내 손목을 더 꼭 잡고 끌고 갔다. 나는 너무 싫었다.

"엄마, 엄마는 나쁜 사람이다."

하며 자꾸 질질 끌려갔다. 나는 그러는 엄마가 싫어졌다.

'아낄 걸 아껴야지.' (5학년 여)

사람에게는 떳떳지 못한 행동은 하지 못하게 하는 양심이라는 게 있다. 어른 자신은 삶의 질곡에 빠져 어쩔 수 없이 타협하더라도, 아이에게 그런 모습을 보여서는 안 된다. 자기 삶을 바로 볼 수 있게 가르쳐야 한다. 그런데 오히려 어른이 잘못된 자기 삶의 방식을 아이에게 강요하고 있다.

엄마의 무단횡단

어른들은 맨날 빨간불 때 건너지 말고 차 조심하라고 한다. 그렇지 않으면 교통사고가 난다고 말이다.

엄마가 볼일이 있어 나를 데리고 지하철을 타고 ○○까지 갔다. 그런데 약속 시간이 거의 다 되어서 엄마와 나는 뛰어갔다. 계속 뛰다 보니 숨이 찼다. 그런데 저 앞에 파란불이 켜진 횡단보도가 있었다. 나는 '잘됐다' 생각하고는 엄마보다 먼저 횡단보도 앞에 뛰어가서 헉헉거리며 가쁜 숨을 내쉬었다. 한 30초 지났을까 엄마가 나에게 왔다. 그때는 빨간불이었다. 그래서 나는 파란불이 켜질 때까지 편하게 쪼그려 앉아 쉬고 있었다. 엄마는 약간 고민하는 듯하다가 나보고,

"일어나라! 빨리 가자!"

하는 것이다. 나는 신호등을 보았다. 아직 빨간불이었다. 그래서 나는 엄마를 물끄러미 쳐다보며,

"아직 빨간불인데?"

그러자 엄마는,

"시간 늦었다!"

하고는 내 손을 낚아챘다. 그리고 횡단보도를 건너뛰었다. 그런데 끌려가면서 '이래도 되는가?' 하고 생각했다.

건너고 한 10초 지나니 바로 파란불이 켜졌다.

'속담에 나는 바담 풍 해도 너는 바람 풍 해라 카더니 엄마가 딱 그 짝이네!'

나는 엄마에게 엄마가 잘못한 일이라고 말하고 싶었지만, 또 그래 봐야 잔소리만 들을까 봐 그냥 말하지 않았다.

엄마의 볼일이 모두 끝나고 집으로 돌아올 때 나는 엄마에게,

"왜 무단횡단했어?"

하고 물었다. 그런데 엄마는,

"그럴 땐 융통성 있게 행동해야지."

했다. 난 어이가 없었다. 그런데 엄마는 표정 하나 바꾸지 않고 그대로 지하철역으로 들어갔다.

나는 집으로 오면서 엄마가 듣지 못하게 작은 목소리로 중얼거렸다.

"그러다 사고 나면 어떡하려고……. 규칙은 왜 있는데?"

나는 엄마가 앞으로 무단횡단을 하지 않았으면 좋겠다. 나도 엄마한테 물들어 갈지 모른다고 생각하니까 더욱 끔찍하다. (4학년 남)

아이는 교통 규칙을 지키려고 하는데 어머니가 어긴다. 그래서 아이가 어머니에게 "왜 무단횡단했어?"하니까 어머니는 "그럴 땐 융통성 있게 행동해야지" 하고 대답한다. 이때 아이는 '시간이 바쁘면 교통 규칙을 어기는 것을 융통성이라고 하나 보다' 하고 학습하게 된다. 처음엔 나쁜 것이라고 생각하지만 자꾸 그렇게 하다 보면 보편 행위로 생각하게 되고, 더 나아가 당연하게 받아들이게 되는 것이다. 어른들이 모범을 보이면 아이들이 저절로 따르게 된다는 것 잊지 말길 바란다.

아빠도 그러면서

아침에 아빠가 물을 달라고 했다.

전번에 내가 물통에 있는 물을 입을 대어서 먹은 적이 있다. 그때 아빠가 나에게,

"윤희야, 물, 우유 등을 마실 때는 컵에 따라서 먹어야 한다, 알았

지?"

하고 말했다. 그런데 오늘 물을 달라고 하시더니 컵에 따라서 먹지 않고 그냥 입을 대고 먹는 것이다. 그래서 내가,

"아, 맞다! 아빠가 그렇게 먹지 말라면서요!"

"어른은 괜찮아. 다 컸으니깐……."

"에이, 어른이라고 그러는 게 어디 있어요? 세상에 그런 규칙은 없어요."

그러니까 아빠는 또 약간 화가 난 것 같았다. 내가 여러 가지 말을 하자,

"이게 어디서 아빠한테 이래라 저래라 하고 있어!"

하며 머리를 콩 때렸다. 나는 맘속으로,

'참 나! 지는 어떤데! 세상에 그런 법칙은 없다, 이 짜식아! 진짜 내가 없어야 정신 차리겠나!'

하고 생각했다. 나는 아빠가 날 때려도 할 말은 하고 싶었다.

"아빠! 아빠가 나보고 그렇게 먹지 말라고 했으면 아빠도 그렇게 안 먹는 게 당연하잖아요. 그런데 왜 나보고 화내요? 아빠가 하지 말라고 했는데 한 거니깐 아빠가 잘못이죠!"

"이 새끼가 이제 아빠를 어린애로 보네! 너 이리 와 봐!"

"잠깐만요. 내가 잘못한 것도 없는데 왜요? 아빠가 물통 통째로 먹어서 말한 거잖아요. 왜 아빠가 우리를 무시해요?"

내가 울자 아빤 마지못해서,

"아이구! 아휴! 아빠가 잘못했다, 잘못했어."

하고 말했다.

아빠가 미안하다고 해서 기분이 풀렸지만 아직은 아빠에 대해서 조금 안 좋은 감정이 남아 있다.

이제는 하지 말라고 해 놓고선 엄마, 아빠는 하는 일이 없었으면 좋겠다. (4학년 여)

아버지가 바르지 않은 행동을 하다가 딸아이한테 아주 혼나는 모습이다. 아이라고 깔보다가는 이렇게 혼이 나게 된다. 아버지는 딸아이한테 당하고 보니 화가 나서 강제로 누르는데, 아이는 겉으로는 눌리는 것 같지만 속으로는 '참 나! 지는 어떤데! 세상에 그런 법칙은 없다, 이 짜식아! 진짜 내가 없어야 정신 차리겠나!' 하고 반항을 한다.

아버지는 아이에게 이길 수가 없으니까 끝내는 잘못했다고 사과한다. 그럴 거면 바로 잘못했다고 하는 게 더욱 좋았을 것이다. 아이에게는 "공공질서를 잘 지켜라, 바른 생활습관을 길러라" 하면서 부모 자신은 안 지키는 일이 없어야겠다.

버스에서 생긴 일

지난 일요일 엄마와 같이 친척 집에 가기 위해 버스를 탔다. 그런데 버스에는 사람들이 너무 많아 엄마와 내가 앉을 자리가 없었다. 몇 정거장 가다 보니 몇 사람 내려서 자리가 났다.

"향아, 저기 자리 비었네. 얼른 앉아라!"

엄마가 잡아끌어서 나도 한 자리를 맡아 앉았다. 오늘따라 사람들이 많이 내리고 탔다.

몇 정거장 가니까 차 문이 열리자마자, 머리가 허옇고 얼굴이 쪼글쪼글하고 허리가 조금 굽은 할머니 한 분이 탔다. 그런데 사람들은 할머니를 못 봤는지 못 본 체하는지 할머니께 자리를 양보하지 않는 것이었다. 어떤 아저씨는 신문지로 얼굴을 턱 가리고는 자는 척하고, 또 어떤 사람은 핸드폰으로 통화하는 것처럼 흉내를 내는 사람도 있었다. 모두 창문 밖을 보고 있었다. 내가 봐도 사람들은 예의가 없어 보인다. '예의라는 것은 남 볼 때만 하는 척하는 건가' 이런 생각도 막 들었다.

나는 엄마에게 말했다.

"엄마, 나는 엄마 무릎에 앉고 내 자리는 저 할머니한테 양보하자, 응?"

그러니까 엄마는 눈을 째려보면서 작은 소리로,

"가시나야, 무릎에 앉기는! 엄마 요새 일하로 다닌다꼬 다리 아파 죽겠구만! 마, 그대로 앉아 있어라!"

하며 뭐라 했다. 나는 그만 삐지고 말았다. '사람들이 날 흉보면 어쩌나' 이런 생각이 자꾸 들었다. 그래서 내가 일어서려는데 엄마가 나를 막 꼬집았다. 잘못했으면 소리를 지를 뻔했다. 나는 화가 나서 앞사람의 의자 다리를 툭툭 찼다.

그러나 끝내 자리를 양보하지 못하고 할머니가 먼저 내렸다. 나는 다른 사람들도 예의가 너무 없다고 생각했다. 엄마는 참 알 수가 없다. '우리 엄마가 그럴 수 있나' 하는 생각이 들었다. 참 부끄러운 하루였다. (5학년 여)

어른은 아이를 가르칠 게 아니라 아이에게 배워야 한다는 사실을 다시 한번 깨닫는다.

엄마의 잘못된 태도

우리 엄마의 잘못된 습관은 바로 무조건 엄마 생각만 하는 습관이다.

오랜만에 가족끼리 ○○○○○에 갔는데, 그때 아빠가 코르덴 바지를 입고 있었다. 엄마는 웃으면서 촌스럽다고 그런다. 그런데 아빠는 그 옷을 좋아한다. 아빠는 엄마에게,

"뭐가 촌스럽노, 편하기만 하구만."

이렇게 말을 했다. 엄마는 자꾸만 촌스럽다고 창피하다고 그랬다. 난 아빠 기분이 안 좋을까 봐,

"왜 그래. 아빠가 좋아해서 입을 수 있는 걸 엄마가 그러면 아빠 기분이 안 좋잖아. 사람마다 취향이 똑같진 않잖아?"

이렇게 말했다.

오늘 엄마 아빠가 싸웠다. 어제 아빠가 조금 늦게 들어왔는데 그것으로 엄마는 화가 많이 났다. 아빠는 어제 무슨 일이 있어서 늦었다고 하는데도 엄마는 그냥 화만 냈다. 일이 있어서 그런 걸 가지고 화만 낼 일이 아니다.

전번에 할머니 댁에 갈 일이 있었는데, 엄마는 장사 때문에 가지 못한다고 했다. 아빠는 가야 한다고 계속 말했는데도 엄마는 장사 때문에 못 간다고 했다. 난 좀 아닌 것 같다. 엄마 하나 때문에 아빠가 혼나고, 우리는 할머니 댁에 못 가게 생겼다. 우리는 장사 때문에 명절에도 못 가서 오늘 가야 하는데 엄마 때문에 못 간다. 하루쯤은 쉴 수도 있는 걸 엄마는 계속 못 간다고 하고, 우리도 정말 얼마나 안 갔으면 할머니 얼굴도 기억도 안 날 판이다.

이렇게 엄마는 엄마 생각만 한다. 엄마 편한 대로 생각한다. 엄마가 잘못한 일도 우리보고 화만 낸다. 나중에 엄마가 잘못한 것이 밝혀졌

는데도 당당하다.

　나도 엄마를 닮아서 너무 내 생각만 하는 것 같다. 우리 엄마랑 나랑 무조건 남의 기분은 생각하지 않고 그냥 내 생각만 하는 것 같다. 조금 이상하면 무조건 엄마가 유리한 쪽으로 만들고, 또 엄마 생각으로 무조건 화내고, 우기고 따지고 봐서 부부 싸움 할 때도 무조건 엄마가 이긴다. 엄마는 싸우면 무조건 화내고 큰소리치고 그런다. 분명히 엄마가 잘못했는데도 엄마는 나와 같이 상대방이 잘못했다고 생각하는 것 같다.

　엄마의 잘못된 태도는 무조건 우기거나 자기 생각만 하는 것이다. 나도 닮아서 걱정이다. 아무리 생각해도 그건 잘못된 것 같다. (4학년 여)

아이는 어머니가 자기 편한 대로만 하고 남 기분은 생각하지 않는다고 한다. 무슨 일이든 어머니 유리한 쪽으로 만들어 버린다고도 한다. 그리고 그런 어머니 모습을 자기도 닮아서 걱정이라고 한다. 아이가 어머니 처지를 헤아리지 못해서 나쁘게만 보고 말했는지는 모르겠지만, 이 정도 되면 어머니는 자신을 돌아보아야 할 것이다. 이렇게 뚜렷이 비치는 자기 모습을 발견 못 하면 그건 큰 병이라고 봐야 할 것이다.

　그래도 이 아이는 그런 자기 모습을 깨닫고 있어서 다행이다.

싸 움

　고모 집에서 그 옆집에 사는 민이랑 싸움을 했다. 민이는 나랑 같은 열두 살이다. 민이네 집에서 내가 인형을 가지고 노는데 서로 예쁜 인형을 하려고 하다가 다투었다. 머리를 깔쥐뜯고 꼬집고 하면서 싸웠

다. 나는 얼굴에 꼬집힌 자국을 가지고 그대로 집에 왔다. 엄마가,

"연아, 니 얼굴 와 그런데?"

하며 내 얼굴을 만졌다.

"민이랑 싸웠다."

"야, 니는 맞고 있었나!"

"엄마, 내가 맞고 있었겠나."

"연아, 니가 가한테 가서 니도 얼굴을 꼬잡고 온나. 가는 뭐 그렇노."

"됐다. 나도 가 머리 깔쥐뜯고 왔는데."

"그거하고 같나, 가시나야! 빨리 온나!"

엄마는 나를 끌고 1층으로 내려가더니,

"니도 가서 확 꼬집고 온나!"

했다. 내가,

"됐다. 나도 가 때렸다니깐! 그리고 이러면 안 되지. 그래도 가는 내가 심심하면 놀아 줬는데!"

해도 엄마는,

"니 말 안 듣나! 이게 다 니 좋으라고 하는 거다."

했다.

엄마가 자꾸 나를 미는 바람에 민이네 집으로 들어가고 말았다. 엄마는 작은 말로,

"연아, 꼬집어라! 빨리!"

이랬다. 나는 나를 보고 있는 엄마 때문에 민이를 꼬집고 오려고 했다. 그러나 싫었다. 내 친구 민이를 꼬집는다는 게 말이 안 되었다. 그런데 엄마가,

"연아, 니 안 때리면 내한테 마 죽는데이!"

해서 너무도 무서웠다. 자꾸 꼬라보는 바람에 나는 민이를 한 번 꼬집고 나왔다. 살짝 꼬집었다. 민이는,

"야!"

하고 소리만 한 번 지르고는 아무 말을 하지 않았다.

엄마는 싸움을 말리지는 못하고 계속 하라는 것이다. 나는 민이에게 미안했다. 엄마는 엄마인지 나쁜 사람인지 구분이 가지 않았다. 자꾸만 민이한테 미안했다. (5학년 여)

어머니가 하는 행동을 보니 세 살 먹은 아이보다 못하다.

"됐다. 나도 가 때렸다니깐! 그리고 이러면 안 되지. 그래도 가는 내가 심심하면 놀아 줬는데!"

아이의 이런 고운 마음을 지켜 주지도 못하는 어른이다.

장애인

오늘 11시쯤에 병원에 갔다. 접수를 하고 진찰을 했다. 엄마는 약을 기다리고 있었다. 나는 너무나 심심해서 엄마에게,

"엄마, 내 밖에 좀 나갔다 올게."

하니 입술을 꼭 깨물며,

"나가지 마라, 좀 있으면 갈 거니까."

했다. 나는 입을 쭉 내밀며 의자에 앉았다.

조금 기다리니 엄마 차례가 되었다. 엄마는 약을 받고 지갑에서 돈을 꺼내어 주었다. 그리고는 병원 밖으로 나왔다.

"엄마, 이제 어데 가는데?"

엄마는 아무 말이 없었다.

계단을 내려오니 휠체어를 타고 있는 한 남자가 내 눈에 들어왔다. 그 장애인도 나를 보고는 반가운 얼굴로,

"날 병원 안까지만 데려다 줄래? 부탁한다."

하고 말했다. 그래서 나는 엄마 눈치를 보면서 장애인 뒤로 가서 휠체어를 밀려고 잡는 순간 엄마가,

"영희야! 빨리 가자, 뭐 하노!"

했다. 그래서 나는 웃으면서,

"엄마, 왜? 도와주면 좋잖아. 그리고 아직 시간 많다 아이가. 이거 하나 도와주는 게 몇 시간 걸리나."

했다. 그런데도 엄마는 내 손을 잡고 계단 한쪽 편으로 가더니 작은 말로,

"야! 니 미쳤나! 저런 사람들 가까이에 가면 병 오른다! 시간 없다, 빨리 가자!"

하며 신경질을 내었다. 나는 엄마를 이상한 눈으로 보았다.

"이거 도운다고 무슨 병 오르나. 엄마는 말이 되는 소리를 해야지. 장애인도 우리하고 똑같은 사람인데 와 그카는데? 엄마, 진짜 이상하네?"

나는 다시 휠체어를 타고 있는 장애인에게 가서 휠체어를 밀기 시작했다. 그 장애인은 나에게 미안한지 아무 말 하지 않고 있었다. 조금 올라가니 미는 것이 너무 힘이 들었다.

'내가 밀어도 힘이 드는데 혼자 올라갈라 하면 얼마나 힘들까?'

다시 휠체어를 밀려고 하니 엄마는,

"야가, 시간 없구만 뭐 하노! 빨리 손 놔!"

화를 벌컥 내며 내 손을 탁 때렸다.

나는 휠체어에서 손을 뗐다. 엄마는 휠체어를 원래 자리에 두고서는 내 손을 꼭 잡고는 막 다른 곳으로 데려갔다. 나는 엄마에게 끌려가면서,

"엄마, 이거 하나 도우는 게 몇 시간 걸린다고! 엄마는 왜 그렇게 남을 안 도우는데? 그 장애인 혼자 올라갈라 카마 얼마나 힘들겠노. 엄마하고 입장을 바꾸어 생각해 봐라, 응?"

하며 화를 내었다. 엄마는,

"야! 아까 내가 안 카드나, 시간 없다고! 그리고 상관없는 사람한테 신경 쓰지 말고 우리 갈 길이나 가자!"

했다.

장애인을 보니 눈에 눈물이 그렁그렁거리고 있었다. 나는 정말 도와주고 싶었는데…….

"우리 엄마는 말도 안 된다. 악마라도 우리 엄마 같은 악마는 없다. 만약 엄마가 그랬다면 어떻겠노. 자신과 입장을 바꾸어서 생각하면 얼마든지 도와줄 수 있는 일인데 그거 하나 도와주기 싫어서……."

이러며 내가 입을 삐죽삐죽거리니까,

"야, 와 그런 사람 도와주노. 니 아니라도 도와주는 사람 많다. 그리고 저런 사람 곁에 가면 안 된다."

"엄마는 바보다. 저런 사람을 도와줘야지."

나는 버스를 타고 오면서 그 장애인이 오르막길을 못 올라가서 끙끙거리는 모습이 떠오르니까 엄마가 더 미워졌다. 나는 마음이 불안했다. 그리고 눈물이 날라 그랬다. (5학년 여)

장애인 환자를 도와주는 아이를 칭찬하기는커녕, 어머니는 무슨 병이라

도 옳을까 싶어 돕지 못하게 한다. 휠체어를 타고 있는 사람 마음이 얼마나 아플 것인지 아이는 잘 알고 있다. 눈물이 나려고 했다니, 얼마나 기특한 가. 이런 고운 마음을 지켜 주어야 한다. 이렇게 이웃과 더불어 살아가려 는 마음을 가져야 우리 나라도 통일할 수 있고 온 세상을 평화의 동산으로 만들 수 있을 것이다.

왜 나한테 덮어씌워요

아이가 자기 잘못을 알고 있더라도 지나치게 꾸중하면 반성하기는커녕 오히려 반발심만 생긴다. 더구나 잘못도 없는 아이에게 누명을 씌워 꾸중 한다면, 자존심이 상하다 못해 할 말을 잃을 것이다. 아이들이 억울함을 호소해도 윽박질러 눌러 버리는 어른이 많은데, 그런다고 아이들이 눌려 만 있을까? 마음속에서는 반항이 불같이 일어날 것이다. 그 마음을 언젠가 다른 곳에 쏟아 낼 수도 있다.

어른이 잘못한 것이라면 아이들 앞이라 해도 깨끗이 인정해야 한다. 그 것이 진정한 어른 모습이다.

미운 엄마

일주일 전이다. 어머니가 저녁을 하러 밖으로 나갔다. 나도 어머니 일을 도우려고 밖으로 나갔다. 그런데 부엌 문 앞에 딱 서는데 갑자기 '쨍그랑' 하고 소리가 났다. 들어가 보니 엄마가 할머니가 제일 아끼 는 밥그릇을 깨고 말았다. 곧이어 할머니가 달려와서 깨어진 누런 밥 그릇을 보고,

"아고, 이거 누가 깼노. 내가 제일 좋아하는 건데."

하고 놀라셨다. 그런데 엄마는 시치미를 딱 떼고,

"어무예, 공주가 내 도와주다 모르고 깼어예."

하는 것이다. 거기다가 어머니는,

"그래? 니 인제 우얄래. 이거 할매가 아끼는 건데. 어휴!"

하는 것이다. 할머니는 그냥 부엌에서 나갔다. 인상은 아주 좋지 않았다.

"엄마, 왜 카는데."

"미안하다. 거기서 엄마가 그랬다 카마 잔소리 더 듣잖아."

"그래도 그렇지, 나는 뭐가 되노."

그러고 나는 부엌에서 나왔다. 그런데 부엌 문을 나서자마자 또 '쨍 그랑' 하고 소리가 났다.

"어휴우."

하며 뒤돌아보니 컵을 또 깼다. 정말 미칠 것 같았다. 곧이어 할머니가 또 왔다.

"또 이거는 누가 깼노?"

"어무예, 공주가 미끄러져 가지고 모르고 컵 깼어예."

"뭐라꼬? 가시나가 털팔이같이 계속 깨 물래, 어."

내가,

"할머니……."

하고 말을 이어서 하려고 하니 엄마가,

"어무예, 내가 주의시킬께예."

"그래, 공주 니는 우예 그카노. 조심 좀 해라."

하고는 핑 가 버리시는 것이다. 나는 할머니와 엄마가 말할 때 정말 답답하고 미칠 것 같았다.

"엄마, 진짜 그칼래."

"미안하다. 인제는 니보고 안 카꾸마."

"쯧!"

나는 정말 엄마가 미웠다. (5학년 여)

어머니는 시어머니에게 꾸중을 들을까 봐, 힘없는 아이에게 잘못을 덮어씌웠다. 어머니가 미안하다고 말했지만, 아이는 자기 처지가 미치도록 답답했을 것이다.

아빠 구두

지난 일요일 오후, 아빠가 나를 부르며,

"수영아, 구두 닦아라!"

하며 골목으로 나가셨다. 나는 걸레랑 못 쓰는 손수건을 들고 구두를 닦았다. 다 닦고 나서는 아빠를 찾았다. 아빠는 구두를 보시더니,

"합격!"

하며 구두를 손수건으로 털었다. 아빠는,

"비닐봉지 가지고 와 봐라."

하며 구두를 잡았다. 나는,

"비닐봉지가 어디에 있노?"

하며 부엌으로 들어갔다. 나는 또 아빠에게 손짓하며,

"아빠, 아빠, 아빠, 비닐봉지 아랫방에 있다."

하며 요쿠르트를 마셨다. 아랫방에 들어가니 비닐봉지가 있었다.

나는 비닐봉지를 가지고 밖으로 나갔다.

"봐라, 여기 있잖아."

하며 손을 내밀었다. 아빠는 비닐을 들고,

"이거 불어 봐라."

해서 나는 빨래 널듯이 탁 탁 털어 아빠에게 건네 주었다. 아빠는 구두를 비닐 속에 넣어 꼭 꼭 묶어서 뒤에 있는 못 쓰는 냉장고 속에 넣어 두었다.

얼마 뒤, 아빠는 잔치에 가려고,

"수영아, 구두 가져온나."

했다. 나는 가서 비닐봉지를 가지고 왔다. 아빠는 비닐봉지를 풀어 구두를 보고는,

"하이고, 곰팡이 피네!"

하며 놀랐다. 나는,

"어디? 어디? 어디?"

하며 아빠 곁으로 가 보니 회색과 까만색 곰팡이가 피었다. 나는 입을 딱 벌리며,

"헤헤이, 이거 왜 이러지?"

하며 눈이 휘둥그레졌다. 아빠는,

"하이고오, 그럼 그렇지. 니까짓 게 뭘 구두를 닦는다고! 들어가서
    공부나 해라!"

했다. 나는 눈물이 쏟아질 것 같았다. 나는 소매 끝으로 눈물을 닦았다. 완전히 나를 무시하는 것 같았다. 아무리 잘못을 해도 '니까짓 거'라니! 그리고 내 어디 잘못한 거가!

몇 분이 지나고 나는 대꾸했다.

"아빠가 비닐봉지에 넣어서 습기가 차서 핀 거잖아!"

그러니 아빠는,

"어데 대꾸하노, 딸아야! 공부도 못하는 기!"

했다. 나는,

"아빠는 내가 공부 못하는지 잘하는지 우예 아는데? 알기나 하나!"

딱 잘라 말하고는 방으로 들어왔다.

아빠는 대충 구두를 닦아 신고 잔치에 갔다. (4학년 여)

구두를 잘 닦아 놓고도 그만 잘못을 덮어썼으니 아이는 섭섭하고 억울했을 것이다. 거기다가 잘못을 덮어씌운 사실이 들통나니까 아버지는 "공부도 못하는 기" 하는 엉뚱한 말로 아이를 눌렀다. 아주 비열한 방법으로 아이 앞에서 위기를 모면하려고 한 것이다.

엄마가 전화기 밟아 놓고

저녁에 엄마는 방 청소를 한다고 전화기를 방문 앞에 두었다. 엄마는 전화기를 있던 곳에 두지 않고 그냥 걸레를 씻으러 갔다. 나는 '전화기 옆에 더 닦으려는가?' 생각했다.

엄마는 걸레를 다 씻고 들어오다가 그만 전화기를 쿡 밟았다. 그러니 전화기에서 '삐리리리 삐리리리' 하는 이상한 소리가 났다. 엄마는 걸레를 놓고,

"이거 와 이러노! 니는 와 전화기를 여 놔두노! 니 때문에 전화기 고장났잖아! 니 이제 이거 어떡할 건데!"

했다.

"허 참! 엄마가 밟아서 그렇잖아!"

"니는 사람이 들어오면 밟는다는 생각은 안 하나? 니 아이큐가 좀

떨어지나? 니 이제 이거 어떡할래!"

앉아 있으니 오빠가 왔다. 오빠는,

"누가 전화기 고장냈는데, 엄마?"

하고 물었다. 그런데 엄마는,

"야가 전화기 여기 놔둬 가지고 밟아가 고장났다 아니가. 야는 덜렁
거리기만 한다. 이거 어떡하노. 니는 전화기 뿌쉬는 데 선수다."

했다. 오빠는 나갔다. 나는 엄마에게,

"엄마가 밟아 놓고 와 나한테 카는데!"

하며 대들었다. 그래도 엄마는,

"니가 전화기 고장내었다 아니가! 니 전화기 뿌쉰 적이 몇 번이고!
니는 뭐 뿌쉬는 데는 선수야 선수!"

하며 자꾸 나한테 그랬다. 자살할 지경이었다.

아빠가 오셔서,

"내 전화기 써야 되는데 전화기가 와 이러노?"

했다. 그러니 엄마가 또 먼저 말했다.

"야가 요 방문에 두고 밟아 가지고 고장났다 아니가. 야는 골칫덩어
리야."

나는 어떻게 말해야 될지도 모르겠고 숨이 막힐 것 같았다. 그런데
아빠는,

"니는 뭐 그래 물건을 잘 망가뜨리노. 누구 닮아가 미친 아처럼 그러
노."

하며 또 밖으로 나갔다. 엄마는,

"니는 와 그렇노. 너거 아빠 봐라. 또 조금 있으면 화 막 내고 난리
다, 아나."

하고 말했다. 나는 한숨을 '푸우우 푸우우' 쉬며,

"엄마는 왜 그러는데! 엄마가 분명히 그래 놓고 왜 내가 그랬다고 하는데!"

하니 엄마는 끝까지,

"야! 니가 그랬지 어떻게 내가 그랬는데! 니는 와 그러노?"

하며 몰아붙였다. 도대체 엄마하고는 이야기가 통하지 않았다.

나는 속이 터질 것 같아서 밖으로 나갔다. 밖으로 나가도 속은 답답했다. 나는 엄마 딸이 아닌지도 모르겠다.

다시 큰방으로 들어오니 오빠가,

"니는 빙시제?"

했다. 나는 너무 열이 올랐다.

"엄마가 전화기 밟아가 뿌셨다니깐."

하니 오빠는 또,

"거짓말하고 있네."

했다. 오빠도 내 말을 믿어 주지 않았다. 나는 눈물이 났다.

울면서 잠을 잤다. 계속 엄마가 꿈에 나타나 잠도 자기 싫었다.

(4학년 여)

세상에, 어머니라는 사람이 이럴 수 있을까. 처음에는 전화기를 잘못 둔 일만 아이한테 덮어씌우고 어머니 자신이 밟은 것은 인정하고 있다. 그런데 차츰 시간이 지나면서 전화기 밟은 것까지 아이한테 덮어씌웠다. 빤히 아는 일로 이렇게 생사람을 잡을 수 있을까?

어른 체면이 중요한가, 아이 자존심이 중요한가? 어른 체면에 손상을 입더라도 아이에게 잘못을 덮어씌우는 일은 하지 말아야 한다. 그런 부모를 아이는 믿지 않는다. 그런 부모를 보고 자란 아이는, 약한 사람에게 잘못을 덮어씌워 자기 죄를 감출 수 있다는 것을 배우게 된다.

엄마가 의자에 머리 박아 놓고

문제집을 풀고 있는데 엄마가 갑자기 밥 먹으라고 불렀다. 그래서 의자를 쭉 밀어내고 일어서서 그냥 주방으로 밥 먹으러 갔다.

밥 먹고 TV를 보고 있는데 엄마는 청소를 했다. 우선 거실을 닦고, 부엌을 닦고, 언니 방을 닦고, 큰방을 닦고 내 방을 닦았다. 엄마는 무릎을 꿇고 허리를 굽혀 닦았다. 그런데 방바닥을 닦기만 한다고 앞을 보지 못하고 아까 내가 빼어 놓은 의자에 머리를 쾅 박은 모양이다. 나는 처음에는 그것도 모르고 TV를 보고 있는데 화난 목소리로 나를 불렀다. 깜짝 놀라 뛰어가 보니 엄마는 왼손으로 박은 머리 부분을 어루만지고 오른손은 걸레를 쥐고 있었다. 나는,

"엄마!"

하고 입만 벌리고 있으니까 다짜고짜로,

"야! 남미정! 이리 와 봐! 누가 의자 빼 놓으랬어? 어엉? 의자에 앉았으면 퍼뜩퍼뜩 제자리에 집어넣어야지. 으이!"

나는 그만 화가 나고 말았다. 그래서,

"의자 빼 놓지 말라고 엄마가 언제 그랬노?"

"또 바래이! 또 말대꾸하재!"

"엄마, 솔직히 말해 봐라. 엄마가 의자 빼 놓지 말라고 한 적도 없고, 엄마가 앞도 안 보고 밑만 보다가 박았으면서 왜 내보고 난린데?"

"뭐, 가시나야! 니가 의자 빼 놨으면서! '의자 빼 놨으니깐 미안합니다. 죄송합니다' 하고 의자 집어넣어야지!"

나는 기가 막혔다. 그래서 그냥 내 방에서 나가니까 엄마가,

"이 가씨나 봐라요! 어른이 말하면 대답을 해야지!"

이렇게 말해서 나는 또 기가 막혔다. 그래서 내가 엄마에게,

"아까는 대답하니까 말대꾸라고 하고 대답 안 하니까 대답하라고 신경질이고 내가 진짜 어느 장단에 춤춰야 될지 모르겠다."

"으이구, 됐다 마 가씨나야!"

엄마도 할 말이 없으니까 끝낸 것 같다.

'엄마, 다음에는 엄마가 잘못한 건 잘못했다고 사과하면 나도 괜찮냐고 물어봐 주잖아. 괜히 엄마나 내가 맘 상할 일이 뭐 있어요. 엄마, 그렇게 해요! 약속!' (4학년 여)

종로에서 뺨 맞고 한강에서 화풀이한다는 속담이 있는데 이 글에 그 말이 제격인 듯싶다. 어머니 자신이 잘못해 의자에 받혀 놓고 신경질이 나니까 아이한테 왜 의자를 빼 놓았냐고 화풀이한다. 아이가 바로 맞는 말로 받아쳐서 할 말이 없으니까 "또 바래이! 또 말대꾸하재!" "이 가씨나 봐라요! 어른이 말하면 대답을 해야지!" 하는 식으로 어른 권위를 앞세워 아이에게 이기려고 한다.

'엄마가 잘못을 사과하면 괜히 서로 마음 상할 일이 뭐가 있냐'는 아이의 속생각을, 어른들은 잘 기억해 두기 바란다.

내가 안 그랬거든!

아빠가 내 방에 들어오면서 나의 하나뿐인 예쁜 충전기를 발로 밟아 부숴지고 말았다.

"아빠! 아빠가 충전기 밟았지? 어떡할 거야! 충전기 하나뿐인데!"

하고 소리를 꽥 지르자 엄마는 내 맘도 모르고,

"아이고! 왜 소리를 꽥꽥 지르고 난린데? 귀청 터지겠다."

하고 말했다.

난 아빠 방으로 갔다.

"아빠, 아빠가 부췄지?"

아빠의 얼굴을 보니 많이 붉어지고 당황한 모습이었다.

"아, 아니. 안 그랬어."

"아빠가 안 그랬는데 왜 말 더듬고 당황해? 그러니깐 더 수상해."

그러자 아빠는 당당한 모습으로,

"아이고, 이제 아빠가 조금만 당황해도 덮어씌워? 니가 거기 놔뒀으니깐 부숴졌지. 그러니깐 거기 놔둔 니 탓이거든요."

"지금 아빠가 덮어씌우잖아. 난 가만히 놔뒀거든요! 거짓말하지 말고 용서나 비세요."

그러자 아빠가 손바닥으로 내 등을 쳤다. 난,

'아이고, 한번 때려 보셔! 난 잘못 없거든요! 맨날맨날 내 잘못밖에 없냐? 끝까지 해 보자. 내가 사과를 받고 말 테다!'

이러고 또 말했다.

"아빠가 그랬잖아."

그랬지만 아빤 아니라고 했다. 그래서 더 큰 소리로 말했다.

"그럼 충전기가 스스로 부숴지겠어요? 말도 안 돼!"

그러자 아빠는 약간 화가 난 것 같았다.

아빠가 아니면 부술 사람이 없다. 동생은 칼과 가위도 안 쓰고 내 방에 들어오지도 않았고, 엄마는 충전기를 소중히 다루기 때문에 그런 일을 저지르지 않는다. 그런데도 아빠는 끝까지 아니라고 했다. 내가 끝까지 아빠가 그랬다고 하자 결국에 아빠가 그랬다고 했다. 한 40분

겨루어서 이겼지만 생각하면 내가 좀 심했던 것 같기도 하다.

그런데 끝까지 나를 덮어씌웠기 때문에 맘은 별로 좋지 않다. 그냥
"내가 그랬어. 미안해."

하면 어떻나? (4학년 여)

아이가 아끼는 물건을 함부로 다뤄 놓고 잡아떼다가, 당돌할 만큼 똑똑
한 딸아이한테 혼나는 아버지 모습이다. 아이도 아버지에게 그렇게 대드
는 것은 심한 언행이라는 것을 알고 있지만 아버지가 자꾸 아니라고 하니
까 화가 나서 그랬단다. 아이 말대로 그냥 "내가 그랬어. 미안해" 하면 어
떻나? 어른들은 그렇게 아이에게 굽어드는 것을 '어른'으로서 자존심이
아주 짓밟히는 행동이라 여겨 억지로 버티는 경우가 많다. 아이를 하나의
온전한 인격체로 보지 않는 데서 비롯된 잘못된 사고방식이다.

내가 스스로를 자랑스러워하는 점 가운데 하나는 바로 아이들에게 잘못
을 저질렀을 때 잘못했다고 아이들 앞에서 솔직히 인정하는 것이다. 누구
나 실수도 하고 뜻하지 않게 잘못을 저지르기도 하는데 그걸 알고도 스스
로 인정하지 않으려고 한다면 누가 그 사람을 믿겠나.

어른들은 아이들 앞에 부디 솔직해지자.

제발 담배 좀 피우지 마세요

미국은 유아 돌연사의 40퍼센트, 스웨덴은 75퍼센트가 담배 때문이라
고 한다. 아버지가 피우는 담배 때문에 죽는 아기가 적지 않다는 얘기다.
아이들이 있는 곳에서 담배를 피우는 것은 살인 행위와 같다.

숨 막힐 것 같다

오후에 학교에서 오니 아빠가 방에 누워서 TV를 보고 있었고 동생은 우유를 먹고 있었다. 나도 가방을 내려놓고 TV를 보았다. 그러다 아빠는 호주머니에서 담배를 꺼내 라이타를 찾으며,

"민지야, 문갑 밑에 라이타 좀 도."

했다. 나는 아무 말 없이 라이타를 아빠에게 주었다. 아빠는 담배에 불을 붙여서 피웠다. 담배 연기가 방에 꽉 찼다. 나는,

"헤에 헤에, 아빠!"

소리를 지르니,

"야, 이게 얼마나 맛있는데."

하며 담배 연기를 일부러 온 방에 퍼뜨렸다. 어린 내 동생은 우유를 먹고 있다가 우유병을 집어던지고는 "에이취! 에이취!" 기침을 하였다. 자꾸 기침을 하다가 얼굴이 벌게지더니 '꽉' 하면서 우유를 올렸다. 옷을 다 버려서 찐득찐득했다. 내가,

"진아, 와 이러노? 응? 어디 아프나?"

해도 자꾸 기침을 했다.

엄마가 방에 들어와서는,

"와 이래 담배를 피아 쌓노! 아 봐라! 이래 매우니깐 올리지! 헤헤이, 어떡할 기라!"

하며 손을 흔들었다. 내 동생 진이는,

"엄마아, 엄마아 ……."

하며 자꾸 울었다.

엄마는 동생 옷을 갈아입혔다. 동생은 그래도 기침을 하며 울었다. 그러다 갑자기 '꽉' 하더니 흰 우유를 자꾸 올렸다. 엄마는 아빠를 보

며,

　　"아이씨이, 와 이래 말을 안 듣노! 필라마 밖에 나가 피소, 응! 으이
　　구우, 또 올릴라 칸다!"

하며 동생 턱 밑에 손수건을 갖다 대었다. 또 우유 덩어리가 조금 나왔
다. 나도 기침을 했다. 그리고,

　　"헤에 헤에, 아빠! 숨 막힐 거 같다, 헤에 헤에!"

하며 손으로 목을 잡았다. 아빠는,

　　"뭐가? 맛만 좋구만도 뭐 그러노."

하며 자꾸 피웠다.

　　동생은 엄마에게 매달려서 울었다. 우유를 주어도 집어던지고 자꾸
보채었다. 엄마는 아빠 담배를 빼앗아 쓰레기통에 넣었다. 아빠는 이
빨을 꼭 물며 다시 담배를 꺼내 피웠다. 엄마는,

　　"중독이야, 중독!"

소리를 질렀다. 그래도 아빠는 맛있다고 담배 연기를 내뿜었다.

　　아빠가 이렇게 담배를 피우는 것을 보니 그때 일이 생각난다. 담배
를 하루에 수도 없이 피워서 가슴이 아파 병원에 가니 어디엔가 혹이
났다고 했다. 그래서 한동안 일도 못 하고 입원을 했다. 나는 그때 일
만 생각하면 끔찍하다.

　　"아빠, 담배 피지 마라, 응?"

해도 아빠는,

　　"뭘, 담배가 얼마나 맛있는데."

하며 더 피웠다. 나는 마음속으로,

　　'아빠, 제발 담배 좀 피우지 마세요!'

하며 아빠를 보았다. 그리고,

　　"아빠, 피우지 마라."

하니까 아빠는 담배를 껐다. 담배를 끄니 연기가 솔솔 나왔다. 아빠는 그 연기를 마시고는 "헤액 헤액!" 기침을 했다. 담배 때문에 암에 걸린 다는데, 나는 걱정이 된다. 아빠가 제발 담배를 끊었으면 좋겠다.

(5학년 여)

동생이 젖병을 빨다가 토해도, 아버지는 아무렇지 않게 담배를 피운다. 아이는 아버지 건강을 걱정하는데, 아버지는 아이들 건강이나 목숨을 하찮게 여기는 무지한 사람 같다.

07

아이들의 자존심

진정한 자존심은 남을 지배하지도 않고 남 앞에 굴복하지도 않고,
자기 자리에서 자기를 있는 그대로 보는 힘에서 나온다.
어른들이 아이들에게 깨우쳐 주어야 할 것이 바로 이것이다.
그런데 오히려 이 자존심을 지키려고 방어하면 대든다고 생각하고
힘으로 누르는 어른들 때문에 아이들은 상처를 받는다.

아이들의 자존심

죽어라는 말

우리 집 식구는 내 보고
고마 도랑 구석에 쳐박혀
죽었뿌라 마 한다.
선생님도 내 잘못만 말한다.
나는 버림받고는 살고 싶지 않다.
고무줄 할 때도
칠면조 할 때도
모두 내만 따돌린다.
아, 저 하늘의 구름이 나였다면
온 천지를 돌아다닐 텐데
여기 가도 죽어라
저기 가도 죽어라
눈치만 보고 산다.

(4학년 여)

자존심은 '남에게 굽히지 않고 제 몸이나 품위를 스스로 높게 가지는 마음'이다. 자존심이 중요한 까닭은 그 안에 떳떳하게 자기라고 내세울 만한 뿌리가 있기 때문이다. 그래서 자존심이 짓밟히면 참기 어려울 만큼 격한 마음이 일어나게 되고 사람에 따라서는 자존심을 지키기 위해 목숨 걸고 싸우기도 한다.

　그런데 이 자존심을 어른들이나 가지고 있는 것으로 생각하거나, 아이들에게 자존심이 있다 해도 별것 아니라고 여기는 어른들이 많다. 아이를 독립된 인격체로 보지 않고 어른 멋대로 해도 되는 소유물쯤으로 생각하기 때문이다. 진정한 자존심은 남을 지배하지도 않고 남 앞에 굴복하지도 않고, 자기 자리에서 자기를 있는 그대로 보는 힘에서 나온다. 어른들이 아이들에게 깨우쳐 주어야 할 것이 바로 이것이다. 그런데 오히려 이 자존심을 지키려고 방어하면 대든다고 생각하고 힘으로 누르는 어른들 때문에 아이들은 상처를 받는다.

　아이들 글을 보면서 아이들 자존심이 어떻게 짓밟히고 있는지, 어른들은 어떻게 해야 할지 깊이 생각해 보았으면 한다.

어리다고 업신여기지 마세요

　어떤 사실에 대한 의견이나 말과 행동을 인정받지 못하고 업신여김을 당하면, 그 슬픔이 얼마나 클 것인가. 더구나 그 사람이 나를 가장 믿어 주어야 할 어머니 아버지라면 더할 것이다.

부모에게 업신여김을 당한 아이는 겉으로는 죽은 듯이 가만히 있어도 속으로는 온갖 생각을 다 한다. 아이를 눌러서 다스렸다고 생각할지 모르겠지만, 온갖 반감의 불씨를 심어 놓고 문을 닫아 버린 것이나 마찬가지다. 잘못하면, 어른에게 바로 나타내지 못한 감정을 다른 자리에서 나쁜 형태로 나타낼 수도 있다.

힘을 북돋우어 주는 말은 어려운 일도 거뜬히 이루어 내게 하지만, 업신여기는 말은 아이를 좌절의 늪에 빠지게 한다.

아버지가 엄마 없는 약점을

우리 반은 책을 다 배우고 책거리를 했다. 책거리하기 전날 준비물을 정했다. 그중 나는 우리 할아버지 장례식 때 쓰고 남은 접시를 가져가기로 했다.

집에 와서 아빠한테 준비물 얘기를 하니 아빠는 버럭 성질을 내며, 가져오다가 아빠 친구 집에 놔뒀다고 하면서 다시 가지러 가기를 귀찮아하셨다.

억지로 아빠 차를 타고 친구 집에 가는 도중에 아빠는 내가 이 세상에서 가장 싫어하는 나의 약점을 들추어 내며 꾸중을 했다.

"니는 엄마도 없는 게 이런 거는 왜 가져간다 카노? 다른 아들은(아이들은) 엄마가 있으니까 챙겨 주지. 니는 일일이 어떻게 아빠가 챙겨 주노."

"엄마 없다고 준비물도 못 챙겨 가는 사람은 없다. 그리고 아빠가 차 안 태워 주면 내가 어떻게 거기까지 걸어가는데? 또 접시가 많이 남아 있으니까 가져간다고 했지."

나는 혼날지도 모르지만 아빠가 너무너무 미워 말대꾸를 마구 해 댔다. 아빠는 나한테 그렇게 말해서 미안한지 뒤로는 말을 하지 않았다.

드디어 아빠 친구 식당에 도착했다. 가니 아빠 친구의 딸인 지애 언니가 있었다. 아빠는 지애 언니한테 내 준비물을 얘기했다. 지애 언니는 고맙게도 여러 가지 준비물을 많이 챙겨 주었다. 그런데 거기서 아빠는 쓸데없이 아저씨, 아줌마, 언니에게 다 떠벌렸다.

"이거는 지 엄마도 없는 게 하이튼 희한한 준비물을 지가 다 챙겨 간데이. 그래가 맨날 내 귀찮게 한다 아이가."

지애 언니는 눈치가 있어서 이렇게 말했다.

"아저씨, 왜 그러세요? 아이, 진짜, 아저씨도, 참!"

나는 너무너무 화가 났다. 참을 수 없을 정도였다. 터져 나오는 울음을 참았다.

시간이 늦어 아빠와 난 집으로 왔다. 집에 와서도 아빠에 대한 분이 없어지지 않았다. 지금도 나는 그 일을 잊을 수가 없다. (6학년 여)

어머니 그리워하는 마음, 어머니 없는 설움을 속으로만 삭이고 있을 아이다. 더구나 아이는 어머니가 없는 것을 약점으로 생각하고 있는데, 아버지가 친구 딸 앞에서 그 약점을 들추어 냈으니…….

어머니가 없는데도 스스로 준비물을 챙기는 딸이 기특해서 그랬겠지만, 조심스럽게 말해야 한다. 어른들은 예사롭게 생각할지 몰라도 아이들은 그렇지 않다.

진짜? 진짜? 진짜?

학교에서 공부를 하고 있는데,

"6학년 정영수, 교무실로 내려와요."

하는 방송이 들렸다. 왜 부를까 걱정을 해 가며 교무실로 갔다. 전화가
왔다고 했다. 받아 보니 엄마였다. 무슨 일인데 학교까지 전화했노?
알고 보니 까닭은 차 열쇠 못 봤냐는 것이다.

"차 열쇠라니? 잃어 먹었나? 나는 못 봤다."

이렇게 대답을 했는데 몇 번을 "진짜?" 하면서 되묻는 것이다. 나를
의심하는 것 같았다. 나는 화가 나서,

"아니에요! 끊어요!"

하고는 먼저 끊었다.

교실에 와서 생각해 보니 내가 어제 차에서 늦게 내려 열쇠를 숨겼
다고 생각하는 것 같았다.

'그래도 그렇지 내가 왜 숨기겠노.'

화가 났다. 그 생각을 하니까 억울해서 눈물이 다 나오려고 했다. 그
래도 '그럴 수도 있지' 생각하고 넘겼다.

집으로 돌아왔다. 그런데 아빠는 가장 먼저,

"영수야, 차 키이 못 봤나? 내가 니를 의심하는 게 아니고 어디 치워
놨을까 봐 그런다. 오늘 진짜 차 키이 없어 가지고 고생했다."

하고 물어보시는 것이다. 그래서 또 못 봤다고 했다. 그런데 이번에도
자꾸,

"진짜? 진짜? 진짜?"

하면서 되물으시는 것이다. 나를 의심하는 게 틀림없었다. 억울해서
뭐라 말이 안 나왔다. 엄마에게 답답하고 억울한 것을 이야기하려고

갔는데 엄마도 자꾸 묻는 것이다. 정말로 눈물이 나왔다. 이때까지 나쁜 짓도 안 했고, 의심받을 까닭이라고는 차에서 늦게 나온 것뿐이다.

큰방에 텔레비전을 보러 갔는데 아빠가 자꾸 나만 쳐다봤다. 그래서 아니라고 몇 번을 되풀이해서 말했다. 그래도 믿지 않는 것 같았다. 그때 형이 왔다. 형에게도 전화가 왔다고 했다. 형은 내 마음을 알았다. 그래서 찾으러 갈라고 하는데 아빠가 다 찾아봤다면서 가지 말라고 했다. 그래도 가서 찾아봤다. 바닥, 문, 의자 할 것 없이 찾아보고 마지막으로 의자 뒤쪽을 찾아봤다. 뭔가 걸리는 것 같으면 장갑 같은 것이었다. 백 원짜리 동전도 찾았다. 새끼손가락을 억지로 넣어 보니 뭐가 걸리는데 아닌 것 같았다. 그런데 형이 꺼내 보라고 해서 보니 차 열쇠였다.

"이거 내가 찾았데이!"

"내가 꺼내 봐라 그랬잖아!"

서로 아빠에게 칭찬을 들으려고 했다.

집에 들어와서 아빠에게 찾았다고 했다. 그런데 칭찬은커녕,

"가지고 있다가 넣어서 찾았다고 그런 것 아니야?"

하고 의심하는 것이었다. 나는 정말 아빠가 그럴 줄은 몰랐다. 섭섭하고 억울해서 눈물이 자꾸자꾸 나왔다. 그러니까 형이 봤다고 하면서 아빠 나쁘다고 했다. 아빠는 나를 달래려고 마지못해 미안하다고 했다. 그러면서도,

"내가 찾았을 때는 왜 없었지?"

하면서 나를 쳐다보는데 자꾸 의심하는 것 같았다.

아빠는 아직도 나를 의심하는 것 같아 정말 섭섭하다. (6학년 남)

아이는 의심을 풀어 보려고 열쇠를 찾았다. 이제야 의심도 풀리고 잘 찾았다고 칭찬해 줄 것이라 기대했는데, 부모는 끝까지 의심을 풀지 않고 있다. 마지못해 미안하다고는 했지만, 아이가 그걸 모를 리 없다. 이렇게 되면 아이도 부모를 믿지 않게 될 것이다.

알라는 어른 말하는 데 끼어들지 마!

며칠 전에 있었던 일이다. 저녁밥을 먹고 있을 때다. 아버지, 어머니, 할머니 온 식구가 모여 저녁밥을 먹었다. 밥을 먹고 있다가 아버지께서 말을 꺼내셨다.

"아랫마(아랫마을)에 성운이 아부지가 조합장 후보로 나온다 카데."

하셨다. 엄마가,

"정태 아부지는 이제 안 나오는강?"

"정태 아부지 올해는 안 나온다 카데. 정태 아부지는 조합장 오래 했다 아이가."

가만히 있던 내 동생 영훈이가,

"성운 아지야 아빠가 조합장 나와예?"

하고 아버지께 물었다. 그러니 아버지는,

"그래 나온다 안 카나!"

아버지는 괜히 신경질을 내셨다. 나는 입을 꾹 다물고 있다 보니까 성운이 아저씨 아버지가 누군지 생각이 나지 않았다. 성운이 아저씨 아버지가 용산 아저씨인가? 강운식 아저씨였던가? 오락가락해서 아버지께 물어봤다.

"아빠, 성운이 아지야 아빠가 누군데요?"

하니 아버지는,

"니는 성운이 아지야 아빠도 모르나, 영훈이도 아는데!"

하면서 짜증을 내는 거였다. 아버지는 눈동자를 위로 올리고 자주 나를 보셨다.

'별로 짜증낼 일도 아닌데 짜증은 와 내노.'

하면서도 내가 잘못했다는 생각도 들었다. 했던 이야기를 자꾸 물으니까 짜증도 났을 것이다. 오히려 내가 더 잘못했다는 생각도 들었다.

'내가 괜히 물어봤나? 내가 안 물어봤으면 짜증도 안 냈을 건데.'

하며 아버지를 위하는 마음도 조금 생겼다. 그런데 자꾸 생각하면 할수록 기분이 나빠 왔다.

'에이, 말하기 싫으마 말을 하지 말든지.'

나는 '짜증내면 안 되는데, 안 되는데' 하면서도 짜증이 났다. 내가 짜증을 내서 그런지 방 안이 썰렁해진 것 같았다. 아무 말도 없고 조용했다. 그저 숟가락이 그릇에 부딪혀서 딸그락거리는 소리밖에 없었다.

'아빠, 짜증은 와 내는데예?'

하고 말을 하려고 했는데 분위기를 보니까 도저히 못 하겠다. 나는 그저 고개를 숙이고 밥 먹으며 눈만 힐끔힐끔 올려보면서 분위기를 살폈다. 그러고 있는데 아버지께서,

"성운이 아빠가 내한테 선거 운동 좀 해 돌라 카던데."

하고 말하셨다. 그런데 그런 선거 운동을 해도 되는지 안 되는지 궁금했다. 내가 알기로는 뭐랄까 법으로 딱 정해져 있는 선거 운동은 괜찮겠지만 그렇지 않은 것은 안 된다고 알고 있다. 아버지께 또 물어보려고 하니까 또 꾸중 들을까 봐 말 안 하려고 했다. 그러나 분위기가 아까만큼은 차갑지 않게 보여 그만 한마디 해 버렸다.

"아빠예, 그런데 그런 선거 운동은 해도 되는 겁니까?"

아버지는 눈을 감았다가 다시 뜨고는,

"알라(아기)는 어른 말하는 데 끼어들지 마!"

너무 굵은 목소리로 말했다. 그렇다고 부드러운 목소리도 아니었다. 나는 아버지가 무슨 뜻으로 말했는지 잘 알 수가 없었다. 괜히 나를 무시하는 것처럼 들렸다.

다시 고개를 밑으로 내렸다. 기가 푹 죽었다.

'아빠도 나이 먹어 봐야 얼만큼 먹었다고. 나도 이제 열네 살인데 언제까지 알라로만 생각할 거고.'

중얼중얼거렸다. 생각할수록 내 몸에 전기가 통하는 것 같았다. 욕을 하고 막 대들고 싶었지만 아버지이기 때문에 나는 아무 말도 못 하고 가만히 있었다. 그냥 아랫방에 내려가려고 그랬는데 이렇게 나가 버리면 아버지가 어떻게 생각하실지 몰라서 가만히 있었다. 용암이 들끓는 것처럼 속이 타올랐다.

나는 밥을 몇 술쯤 남기고 숟가락을 판 위에 내려놓았다. 아버지가 나를 다시 한번 흘끗 보시더니 가만히 있었다. 어머니가,

"밥 쪼매만 더 묵지."

"됐어요!"

짜증나는 소리를 하며 아랫방으로 내려와 버렸다. (6학년 남)

아이들은 별것 아닌 일에도 호기심이 많다. 하물며 자기 마을에 조합장 후보로 나오는 사람이 누군지 궁금해하는 것은 당연하다. 이럴 때 아버지는 친절하게 대답을 해 주어야 한다. 이번에 나오는 사람은 어떤 사람인지, 조합장에 나올 만한 사람인지 아닌지도. 아버지 나름대로 이야기해 주면 아이도 저 나름대로 자기 판단이 서게 된다. 다른 일에서도 자기 생각을 키워 나갈 수 있겠지.

엄마, 도와드릴까요?

저녁에 엄마가 힘들게 빨래를 하고 있었다. 저렇게 힘든 것을 매일 하니 정말 힘이 많이 들 것이다. 그래서 조금이라도 도와주고 싶었다. 나는 어렸을 때부터 유치원에서 빨래하는 방법을 배워 두었기 때문에 할 수 있다.

"엄마, 제가 도와드릴까요?"

"아이가 하기는 힘든다."

"전 할 수 있어요."

"지금 시간이 늦었으니까 아이는 자는 게 도와주는 거다."

그래서 나는 그냥 방으로 들어왔다. 지금은 오후 7시인데 별로 늦지는 않은 것 같아서 방에서 나가 보았다. 엄마는 힘들게 빨래를 다 하고 이제는 어제 빨래한 것 중 마른 빨래를 개고 있어 도와주고 싶었다. 빨래 개는 것은 빠는 것보다 훨씬 쉽기 때문에 할 수 있다.

"엄마, 이거는 쉬우니까 도와드릴게요."

"니가 개면 잘못 갤 수도 있어서 이 엄마가 갤 테니까 갖다 놓기만 해라."

"네. 하지만 도와주고 싶어요."

그래도 엄마는 어린이는 못한다고 업신여긴다. 나는 다시,

"엄마, 저 진짜 할 수 있어요."

"안 돼! 숙제해야지!"

나는 또 할 수 없이 숙제를 했다.

나는 벌써 11살인데 엄마는 업신여긴다. (4학년 남)

아이는 기껏 생각해서 도와주려고 애를 쓰는데 어머니는 번거롭다고 아이 성의를 무시해 버린다. 아이가 아름다운 마음을 몇 배로 키워 갈 수 있는 기회를 막았고, 자존감을 잃게 만들고 말았다.

"그래, 우리 ○○가 엄마도 도와줄 줄 알고 다 키웠네!" 하면서 아이 엉덩이라도 툭툭 쳐 주고 같이 앉아서 빨래를 개어 보아라. 빨래 개는 방법도 가르쳐 주고 이런저런 이야기를 나누는 그 자체가 감동 아닌가. 어디에도 견줄 수 없는 좋은 교육이다.

엄마가 내 자존심 상하게 한 날

지난봄에 있었던 일이다. 큰아빠 집에 놀러 갔다. 큰아빠 집에는 사촌 언니들이 있었다. 그리고 작은아빠의 딸인 보름이 언니도 있었다. 그러니까 보름이 언니의 아빠와 엄마는 이혼을 해서 큰아빠 집에 살고 있다.

우리 가족이 큰아빠 집에 오자, 부산에서 온 둘째 큰아빠가,

"그래, 왔나?"

했다. 조금 무뚝뚝했지만 그럭저럭 괜찮았다. 마침 보름이 언니가 텔레비전을 보고 있어서 나도 같이 보았다.

엄마는 저녁밥 먹을 때가 되자,

"보름아, 밥 먹자."

했다. 나는 속으로,

'왜 엄마는 내 이름은 안 부르지? 까먹었나?'

하고 생각했다.

거실에 가 밥을 먹었다. 아빠는 보름이 언니에게,

"보름아, 너거 엄마랑 요즘에는 계속 만나나?"

했다. 보름이 언니는 고개를 끄덕였다.

　나는 상추에 검은 게 묻어 있어 이거 털어도 되는지 물어보려고 했다. 그래서,

　"엄마, 나 이거……"

　내가 '이거'라고 하려는데 엄마는 보름이 언니에게,

　"보름아, 니 와 염색했노?"

했다. 보름이 언니는 쑥스러운지,

　"아, 그냥요."

했다. 나는 그 틈을 타서 엄마에게,

　"엄마, 이거 털어도 돼요?"

하고 물었다. 엄마는 잠시 나를 보더니,

　"엄마는 지금 보름이 언니랑 얘기하고 있잖아!"

했다. 보름이 언니는 작은 목소리로,

　"다 끝났는데……"

했다. 나는 속으로,

　'보름이 언니만 좋아하고 나는 안 보이나? 그래도 엄마 딸인데……'

　난 금방이라도 울음이 터질 것 같았다.

　밥을 다 먹고 다시 보름이 언니와 방에 들어와 책을 읽었다. 부산 큰엄마는,

　"아이고, 우리 보름이 책 잘 읽네!"

했다. 부산 큰엄마는 나에게 눈길 한번도 안 주었다. 그리고 속으로

　'전부 내가 안 보이나? 그리고 책 읽자는 거는 내가 시작한 일이고 아까 전만 해도 언니는 휴대폰으로 문자했는데……. 그리고 보름이 언니가 무슨 어린앤가? 아님 내가 투명인간인가?'

생각하며 화장실로 뛰어가 문을 잠그고 엉엉 울었다.

울음을 그치고 밖으로 나가려고 했는데 엄마와 아빠의 목소리가 들렸다.

"보름아, 마트 가서 막걸리 한 병 사 와라!"

했다. 그 말을 들은 부산 큰엄마는,

"미리는 어디 갔는데?"

했다. 엄마는 퉁명스럽게,

"미리는 어디 있겠지. 놔두세요."

했다. 나는 기분이 무척 나빴다. 그리고 죽고 싶었다. 그래서 30분 동안 화장실에서 숨죽이며 울었다. 그리고 옷자락을 꽉 움켜잡았다. 눈물이 내 바지에 툭툭툭 떨어졌다.

나는 세수를 하고 밖으로 나갔다. 엄마는 내가 어디에 있었는지 물어보지도 않고 나에게

"집에 갈 준비 하자!"

했다. 속이 더욱 상했다.

나는 집에 와서 잘 때 내 큰 곰 인형을 안고 엉엉 울었다. 그다음부터 나는 큰아빠 집(친가)에 가기를 싫어한다. 아! 설날 때 또 가야 한다니!

(4학년 여)

아이들은 이렇게 조금만 자기에게 관심을 안 보이면 아주 나쁜 쪽으로 생각하기도 한다. 그런데 이 아이 어머니는 "엄마는 지금 보름이 언니랑 얘기하고 있잖아!" 하고 냉정하게 말해 버린다. 그리고 자꾸 보름이에게만 관심을 기울인다. 그러니 처음에 아주 조금 갈라졌던 금이 갈수록 더 벌어지게 된다.

아이는 늘 부모가 자신을 사랑하고 있는지 확인하고 싶어 하는데, 어른

은 이미 사랑하고 있으니까 별 관심을 안 보여도 다 알 거라고 여긴다. 그래서 대수롭잖게 생각하고 아이들을 대하는데도 아이는 더 날카롭게 받아들이는 것이다.

부모는 아이가 사랑을 확인받고 싶어 손짓할 때 언제나 받아 주어서 믿을 수 있도록 해 주어야 한다. 이 글 같은 상황에서는 보름이에게 특별히 신경을 더 써 주는 까닭을 솔직히 이야기해 주는 것도 오해를 없애는 한 방법이라 할 수 있을 것이다.

넌 쓰레기다!

4월 어느 날 나는 할 일을 다 하지 않고 놀아서 엄마, 아빠한테 혼이 났다. 엄마는 오늘 한 것을 차례차례 검사하고 있는데, 허락을 받지 않고 마음대로 컴퓨터 게임을 한 게 들켰다.

엄마는 바로 몽둥이를 들고 내 머리를 툭툭 건드리면서,

"니 머리에 뭐 들었노?"

했다. 난 사실 손이나 어떤 도구로 머리를 툭툭 건드릴 때 자존심이 매우 상한다.

그때 아빠가 밖에서,

"니 당장 나와라."

했다. 나는 나가면 맞을 것을 뻔히 알기 때문에 나가지 않았다. 그러자 아빠가 들어와서 나를 때리면서,

"니 같은 짐승 새끼는 이 세상에 필요 없어!"

했다. 나는 가슴이 너무 아팠다.

아빠는 계속 내 자존심 건드리는 말만 했다.

"니 같은 놈이 밖에 나가면 사기꾼 되는 거야. 알기나 알어!"

하기도 하고,

"이게 디질라고 작정했나!"

하며 소리 지르기도 했다.

나는 사실 엄마, 아빠가 때리는 것보다 말 한마디 한마디에 더 상처를 받는다. 모두 다 나를 욕하고 업신여기는 말이기 때문이다. 그 말을 들을 때마다 마음 한구석에 돌덩이가 차오르는 것 같다. 마음은 계속 울컥거리고, 내 생각 같아서는 당장 집을 나가고 싶고, 심지어는 죽고 싶기도 했다. 그러나 죽은 내 모습을 생각해 보니 죽을 수도 없었다.

아빠는 계속 때리면서,

"이 새끼야, 가훈은 '향기로운 사람이 되자'인데 넌 이제 아예 쓰레기다, 쓰레기!"

또 이랬다.

"내가 요절낼라 카다가 참는다!"

나는 그러는 아빠가 너무 원망스러웠다.

아빠가 밖으로 나가고 이젠 엄마가 다시 시작했다.

"니가 그러고도 그카고 있나?"

했다. 그리고,

"니 왜 그카는데?"

했다. 그러면서도 엄마의 말은 내 가슴을 콕콕 찔렀다.

"니 정말 실망이다."

정말 엄마가 나한테 실망한 눈치가 가득했다.

한 시간 뒤 엄마는 나에게,

"다음부터 그러지 마라."

하고 말했다.

아빠는 2일이 지나자 보통 아빠가 되었다. (4학년 남)

어머니 아버지가 같이 어떻게 이렇게까지 아이를 철저하게 짓밟을까 싶다. 아이가 아무리 나쁜 짓을 했다고 해도 이건 정말 아니다. 어떻게 사랑하는 내 자식에게 이런 말을 할 수 있을까? 이런 언어 폭력은 신체 폭력보다 더 크게 더 오래 남아서 아이를 구렁텅이로 빠지게 할 수도 있다는 것을 알아야 한다.

모든 부모들은 자기가 이렇게 아이 인격을 짓밟고 아이를 쓸모없는 존재로 취급하는 일은 없는지 자주 되돌아보기 바란다.

우리 주장, 꺾지 마세요

대체로 교사들은 발표를 잘 하지 않는 아이에게 몇 번 발표를 시켜서 안 되면, 타고난 제 성격이라 여기고 포기한다. 그렇게 해서 소외를 당하는 아이들이 많다. 억지로 발표를 시키는 것이 문제일 때도 있다. 아이가 더 주눅이 들어 여러 사람 앞에서는 아예 말을 못 하게 될 수도 있기 때문이다.

이런 아이에게는 쉬운 질문으로 대답을 이끌어 내어 자신감을 키워 주는 것이 좋다. 그 밖에 놀이를 같이 한다든지, 손톱을 깎아 준다든지, 손발을 씻어 준다든지 하면서 아이와 스스럼없이 이야기를 나누다 보면 아이가 마음의 문을 열어 여러 사람 앞에서 발표하는 것도 나아진다. 그리고 적극적인 아이나 활발한 아이와 놀게 하기보다는 성격이 비슷한 아이나 자기보다 어린 아이와 놀게 하면 오히려 자신감을 갖게 된다.

나는 수업 시간에 아이들이 발표할 때, 틀린 말이라도 당당하게 했으면 칭찬해 준다. 또한 정답에서 조금 벗어나도 나름대로 자기 논리가 서 있으면 맞았다고 인정해 준다. 아이들의 창조성은 자기 생각을 또렷이 말하는 것과 크게 관계 있다고 보기 때문이다. 남 생각을 따라가기만 해서는 새로운 것을 창조해 낼 수 없다.

자기 주장을 또렷이 하는 아이에게 핀잔을 주면서 아이 주장을 생가지 꺾듯 하는 어른들이 참으로 많다. 아이 생각은 무조건 틀리거나 모자라다고 보거나, 다른 의견을 주장하는 아이를 이상한 아이로, 자기 주장이 강한 아이를 고집 센 아이로 보기 때문이다.

가족회의 하다가

우리 선생님이 숙제로 내어 주신 가족회의를 하고 있을 때였다. 우리가 회의한 주제는 '반찬을 골고루 먹자' 이런 거였다.

우리 엄마는 이런 말을 했다.

"시금치를 안 먹으니까 시금치를 많이 해 줄 테니까 많이 먹었으면 한다. 알았제?"

나는 가만히 듣고 있었는데 맨날맨날 먹으면 건강해지겠지만 질리지 않을까 하는 생각이 났다. 그래서 엄마에게 내 생각을 말했다.

"엄마, 그런데 나는 그렇게 생각하지 않는데? 나는 엄마가 우리 가족의 건강을 위해 그러는 것은 알고 있어. 그리고 시금치가 비타민도 많이 들어 있고 몸도 튼튼히 한다는 것도 알고 있고……. 하지만 일주일에 두 번씩만 먹었으면 좋을 것 같아. 맨날 먹으면 물릴 것이라 생각하는데 엄마는 어떻게 생각해?"

"……."

나는 엄마가 제발 잔소리를 안 했으면 싶었다. 하지만 그렇게 아무 소리 안 하고 넘어갈 우리 엄마가 아니다.

"가시나야, 엄마가 하자 카마 하는 기지 뭐 말이 많노! 그리고 일주일에 두 번씩 처무가 영양이 있겠나, 어! 뭐가 되겠노! 가시나 니는 처무나 마나다! 처무면 뭐하노! 주디가 다 주께 뿌고(지껄여 버리고), 웅! 가시나야, 엄마가 하라 카마 하는 기다. 알겠나!"

엄마는 이렇게 나를 완전히 밟아 버렸다. 그래도 나는 참지 않았다.

"엄마, 나는 내가 할 이야기를 했다고 생각한다."

"가시나 지랄하고 자빠졌네! 엄마가 하라 카마 하는 거다!"

나는 화도 나고 기가 막혀서 말을 아예 안 하기로 했다. 그리고 우리 집에는 가족회의가 될 수가 없다는 것을 알았다. 정말 우리 엄마는 내 생각을 키워 주지 않을 것 같다. 엄마 멋대로다. (5학년 여)

아이가 내비친 의견을 어머니는 싹둑 잘라 버렸다. 생각만이 아니라 창조의 싹을 아주 밟아 버린 것이다. 아이는 기가 막혀서 어머니와는 아예 이야기를 하지 않기로 했다고 한다.

"그렇기도 하겠구나. 그렇지만 일주일에 두 번 먹는 것으로는 영양이 알맞지 않다고 생각하는데?"

"그러면 엄마, 일주일에 세 번 정도 먹었으면 좋겠어요."

이런 식으로 아이 의견을 받아들일 건 받아들이며 풀어 나가야 한다. 좀 더 현명한 어머니라면, 두 번을 먹어야 하는 까닭을 잘 이야기해 달라고 하면서 아이 생각을 더욱 키워 줄 것이다.

컴퓨터

저녁에 아버지께서 컴퓨터 연습을 하시다가 잘 모르는 게 있어서 나에게 물으셨다. 그래서 아버지께 자세히 가르쳐 드렸다. 그런데 아버지께서는 엉뚱한 걸 누르시고 이게 맞냐고 물으셨다. 나는 그렇게가

아니라고 했다. 하지만 아버지께서는,

"이렇게 하면 더 빠르게 된다 아이가!"

하며 계속 우기셨다. 나도 계속 그렇게가 아니라고 주장을 했다.

"아버지대로 하면 안 되는데요."

그러자 아버지께서는,

"차라리 잘 모르겠으면 잘 모르겠다고 해라, 임마."

나는 분해서 고개를 푹 숙이고 입이 오리 주둥이처럼 튀어나와서,

"예!"

하고 대답해 버렸다. 그렇지만 나는 분해서 아버지께서 뭐라 해도 가만히 있었다.

아버지께서는 또 나에게,

"그런데 아버지한테 자꾸 대들 거가?"

하셨다. 나는,

"아니요. 다음부터는 안 대들게요."

했다. 아버지께서는,

"그럼 공부해라."

나는 공부를 하면서도 억울해 공부가 잘되지를 않았다. 맞는 걸 맞다고 사실대로 말한 것뿐인데 혼난 게 분하고 신경질이 난다. 아버지께서는 모르셔서 나한테 물었는데 왜 내가 말한 게 틀렸다고 하는지 모르겠다. (4학년 남)

이런 경우, 아이가 자기를 감추고 마음을 닫아 버리기 쉽다. 자기 생각을 키울 수도, 큰일을 할 수도 없다. 부모가 답을 잘 알고 있는 문제라도 아이에게 바로 가르쳐 주거나 "그것도 모르니?" 해 버리지 말고, "그러니?"

"어떻게 하면 될까?" "글쎄?" 하면서 아이 입에서 답이 나오도록 이끌어 주어야 한다. 하물며 몰라서 아이에게 물어봐 놓고 아이가 맞게 가르쳐 주어도 틀리다고 우기니, 억지도 이런 억지가 없다.

"그래? 그렇게 하는 거구나! 야, 그거 참 신기하네!"

이런 말 한마디만 해 주어도 아이는 힘이 나서 아버지에게 더 많은 것을 가르쳐 주려고 할 것이다. 아이 능력을 인정해 주면 아이는 자기를 발전시킬 큰 힘을 얻는다.

엄마의 태도

엄마랑 수요시장에 가 빵이랑 옷 등 여러 가지를 샀다. 그리고 집에 돌아와서 사 온 것을 꺼내고 있을 때 내가 이렇게 말했다.

"엄마, 빵집에서 좀 심하게 말한 거 아니가?"

빵집은 장사가 참 잘되고 있었다. 잘 팔리는 것은 바로 꽈배기다. 그런데 엄마는 주인이 바로 앞에 있는데도 봉지에 꽈배기 빵을 담으면서,

"꽈배기는 순 밀가루, 설탕 덩어린데."

라고 했다. 그러자 주인의 표정이 약간 일그러졌다. 나는 엄마보고 조용히 말했다.

"엄마, 빨리 사고 나가자."

라고 했다. 그러자 엄마는 오히려,

"왜!"

했다. 엄마는 정말 뭘 못 느낀 모양이다.

엄마는 꽈배기를 사고 밖으로 나갔다. 밖으로 나가자마자 나에게,

"니, 왜 그 카노?"

했다. 그러자 나는 오히려 기다렸다는 듯 이렇게 대답했다.

"엄마! 아까 주인 표정 봤나?"

"뭐가 어쨌는데!"

엄마가 소리치자 나는 엄마와 싸움이 날까 봐 그냥 아무 말도 하지 않았다. 내가 꺾인 것이다.

일은 또 있었다. 엄마는 계속 시장을 두리번두리번거리면서 살 것을 샀다. 엄마는 닭발을 사고 옷가게를 발견했다. 그리고 나보고 이렇게 말했다.

"오랜만에 니 옷 사자."

나는 요번 겨울에 입을 따뜻한 옷이 별로 없어서 어서 가자고 했다. 점원은 우리가 오자마자,

"안녕하세요?"

하고 친절하게 인사했다. 나는 처음부터 빨간색 후드티가 마음에 들었다. 엄마도 그 종류가 마음에 드는지 이 후드티를 들고,

"이거 얼마예요?"

하고 물었다. 그런데 그건 빨간색이 아니라 파란색이었다. 나는 엄마 보고,

"빨간색 사면 안 돼?"

했다. 그러니까 엄마는,

"빨간색은 여자 같다."

했다. 그러자 나는 또,

"그것보다 빨간색이 더 낫다! 요즘에는 남자들도 그런 거 입는데 뭐!"

했다. 그러니까 엄마는,

"고마 대충 입어라!"

하고는 딱 잘라 말했다. 나는 아예 옷을 못 얻어 입을까 봐 그냥 파란색

후드티를 샀다.

또 엄마에게 꺾인 것이다. 엄마는 뭐든지 엄마 맘이다. (4학년 남)

빵집에서 어머니가 보인 말과 행동은 아이 생각에도 못 미친다. 아이가 충고를 해 주어도 오히려 큰소리로 아이를 눌러 버린다. 그리고 옷 살 때도 아이 의견을 조금도 안 받아들인다. 아이 존재를 완전히 무시해 버린 것이다.

내 맘대로 입고 싶은 옷

나는 한 달에 두세 번 정도 옷 입기 문제로 엄마와 다툰다. 엄마, 아빠, 내 동생 예슬이가 옷을 입는 것도 아니고 내가 옷을 입는 건데, 내 옷 내가 알아서 편하게 입으려는데, 엄마가 상관 쓸 일도 아닌데 짜증이 난다.

오늘도 싸웠다. 오늘은 내가 좋아하는 옷과 운동할 때 그리고 뛸 때 편한 옷, 스파이더맨이 그려진 옷을 입었다.

"야, 그 옷은 너무 안 어울린다. 촌스럽다. 벗어라, 다른 거 입자!"

"으응? 싫어. 내가 제일 좋아하는 옷이란 말이야. 싫어!"

"알았다! 니 마음대로 입어라!"

나는 결국 할 수 없이 엄마를 쳐다보지도 않고 무늬 없는 검정색과 회색이 섞인 바지를 입었다. 그런데,

"아, 그건 안 된다. 그거 입으면 오늘 춥다."

나는 기가 막혔다. 이 옷도 안 되고 저 옷도 안 되고 도대체 입을 게 없다. 그래서 나도 한 말 했다.

"아이, 진짜! 그럼 뭐 입어? 이 옷에다 내복, 속옷 다 입고 오리털 파카까지 입는데 안 추워! 나 이거 입을 거야!"

그러자 엄마는 벌컥 화를 더 내었다. 화낸 엄마 얼굴은 마치 귀신 같았다.

"너, 그건 입으면 안 돼! 알았어?"

내 눈에서는 눈물이 흘러내릴 것 같았다. 나는 내가 좋아하고 편한 옷을 툭 떨어트렸다. 그리고 결국 엄마가 입으라는, 내가 보기엔 이상하고 작은 옷을 겨우겨우 찡기게 입었다. 나는 주먹을 쥐었다 폈다 하며 이를 "빠드득" 하고 소리를 계속 냈다. 그러고 눈물을 머금으면서 내 방으로 뛰어와 문을 닫았다. 나는 엄청나게 짜증이 나서 책상을 계속 손으로 때렸다. 손이 아픈 줄도 몰랐다. 또 "이 씨이, 자기가 뭔데!" 하는 반말도 나오고 "흐흐" 하며 화난 소리도 내고 심지어 욕까지 나왔다.

나는 또 바지를 째려보고 그 바지를 마구마구 때렸다. 하지만 나만 아팠다. 내 입에서는 가장 심한 말이 나왔다.

"김미숙 바보!"

조그맣게 소리를 냈다. 나는 그 말을 자꾸 했다.

나는 잘못한 게 아무것도 없다고 생각한다. 모두 다 엄마 잘못이다. 집 나가서 나 혼자 살고 엄마를 죽이고 싶은 마음이다. 이 바지 죽을 때까지 꼭 기억할 것이다. 나한테 눈물까지 흘리게 한 나의 바지 중 최고의 나쁜 바지. 내가 보관해 놓았다가 크면 나 혼자 힘으로 찢어 버릴 거다. 이 바지의 이름은 망할 바지다. (4학년 남)

옷 입는 것만으로도 아이 마음을 이렇게 만들 수 있다는 것을 보여 주는 글이다. 아이 마음을 몰라도 너무 모르고 아이 의견을 조금도 받아들일 줄 모르는 어른들이 참 많다. 왜 그런가? 다시 말하지만 아이를 한 인격체로 보지 않고 덜 자라 모자란 존재로만 생각하기 때문이다.

아이 생각이 맞지 않고 조금은 빗나가더라도 충고 정도 해 주고 아이 의견에 따라 주도록 하자. 그게 아이 자존감을 인정해 주는 것이다. 자기 의지로 한 일은 잘못되더라도 누구에 대한 원망이 없다. 그리고 몸으로 겪으며 하는 큰 공부가 된다. 이때 부모는 아이가 아주 위험한 상황에 빠지지 않도록 슬쩍 울타리만 쳐 주면 될 것이다.

새 운동화

며칠 전에 있었던 일이다. 언니의 신발이 다 떨어져 엄마가 시장에 가서 예쁜 새 운동화를 사 왔다. 언니의 예쁜 새 운동화를 보니 나도 새 운동화를 갖고 싶었다. 나도 엄마보고,

"나도 신발 사 주지?"

"안 된다. 니 신발은 아직까지 살 때 멀었다. 좀 더 신어라."

나는 눈물이 나올 것만 같았다. 나는 한 번 더 떼를 썼다.

"엄마, 나도 신발 사 도."

그러니 엄마는,

"내 요번에 엄마가 양보한다. 신발 사러 가자."

신발집에 가니 작고 큰 예쁜 종류의 신발들이 많았다. 엄마는 그중에 신발 하나를 집어 들더니,

"이게 예쁘네."

하며 신으라고 했다. 나는 첫눈에 마음에 들지 않았다. 엄마는 계속 예쁘고 세련된 신발이라고 신으라고 했다. 그렇지만 나는 이상하고 옛날

신발 같았다. 또 색깔도 이쁘지 않았다. 그래서 나는 엄마보고,

"엄마, 나는 굽 높고 찍찍이로 되어 있는 걸로 다시 바꿔 도."

했다. 그러자 엄마는,

"지금 시간 없다. 다음 주에 바꾸자."

했다.

"엄마, 지금 바꾸자. 내가 고를 거란 말이야. 굽도 높고 색깔도 예쁜 걸로……."

"안 된다니까. 이게 더 예뻐."

"이거는 촌스럽단 말이야."

"가시나, 예쁘고 세련돼 보이는구만."

"이걸 어떻게 신고 가라고? 안 된다."

"그러면 신발 신지 마라! 그냥 헌 신발이나 신어라!"

"엄마!"

나는 너무 속이 상해서 울어 버렸다. 그리고는 엄마가 주는 신발을 두고 그냥 집에 와 버렸다.

작은방에 와서도 울었다. 엄마가 와서,

"니 와 우노? 엄마가 골라 준 게 좋은데 와 니는 우노!"

"아니다. 나는 내가 고른 것이 좋다. 엄마가 신을 것도 아니면서 와 억지로 좋다고 카노! 내가 좋아하는 거 사 도!"

"안 된다. 니 엄마 말 안 들을래? 니 빨리 파리채 가지고 온나!"

"안 해!"

내가 원하는 신발을 갖고 싶어 해도 엄마가 안 된다고 해서 못 바꿨다. 그래서 나는 엄마가 좋아하는 신발을 신고 다닌다. 나는 주장을 해봐도 아무 소용이 없다.

'엄마는 왜 내 맘을 몰라줄까?' (4학년 여)

아이가 신을 신발을 어머니가 억지로 골라 신겼다. 아이 흥미나 개성, 아름다움을 판가름하는 기준, 자기 주장에 대한 자신감 들이 짓밟힌 것이나 다름없다. 아이가 신발을 골랐으면, 어머니 마음에 들지 않더라도 인정해 주어야 한다. 조금 신다가 아이 마음에 들지 않는다고 해도 그것은 아이 책임이다. 스스로 책임을 질 줄 아는 의식도 길러 주어야 한다.

요즘 아이들은 개성이 강하다. 제멋대로 머리를 물들이고, 상식에 맞지 않는 옷을 입고 다닌다. 그러나 문제는 아이들의 이런 개성을 못마땅하게 생각하는 어른에게 있다. 나도 그런 어른 가운데 한 사람이지만 말이다.

너무 막지는 말되 다만 '개성'이 무엇인지 바르게 알도록 깨우쳐 줄 필요는 있다. 예를 들면, 떨어진 옷을 멋으로 입고 다니는 문제를 지적할 수 있다. 그것이 자기에게 어울리는지 생각지도 않고 무조건 따라 입는 것은 진정한 개성이 아니라 유행병이지 않겠냐고 말이다.

좋다, 싫다, 옳으면 어떻게 옳다, 그르면 어떻게 그르다고 자기 의견을 또렷이 주장할 기회를 아이들에게 주어야 한다. 사소한 일상에서 아이들은 보고 듣고 판단하는 능력을 배운다. 아이의 잘못된 생각은 아이 의견을 충분히 받아들이고 난 다음에 고쳐 주어도 늦지 않다.

세상을 보는 눈과 자신을 세워 가는 힘이 자랄 수 있게, 이야기를 들어주고 되묻기도 하면서 끝까지 친절하게 대답해 주어야 한다. 아이 생각, 아이 주장을 가로질러 어른이 먼저 말하거나 함부로 꺾지 말아야 한다.

나와 남은 달라요

둘 이상 사물의 질이나 양, 어떤 상황의 차이나 우열, 공통점 같은 것을 서로 대어 보는 것을 견준다고 한다. 실험실 연구에서는 모든 조건을 같게 하거나 여러 조건을 달리해서 어떤 것들의 차이나 우열을 알아보는 방법을 쓰기도 한다. 그러나 사람들은 서로 견주기 힘들다. 이 세상 어느 누구도 조건이 같은 사람은 없기 때문이다. 그런데도 사람들은 제멋대로 정한 잣대로 사람을 견준다.

부모가 자기 아이와 다른 아이를 견줄 경우, 처음부터 나쁜 뜻은 아닐 것이다. 내 아이가 다른 아이보다 능력이 앞서기를, 노력해 주기를 바라는 마음에서 해 보는 것이다. 그런데 이 마음 또한 부모 욕심에서 나오는 것이라서 아이들 자존심을 상하게 한다. 다른 아이와 견줄 때 꼭 자기 아이의 모자라는 점, 나쁜 점을 들춰 내어 무시하기 때문이다. 아이들이 가장 싫어하는 꾸중이 바로 다른 사람과 견주며 하는 꾸중이다.

니는 준기 본 좀 봐라

학교 갔다 와서 숙제를 다 하고 놀았다. 혼자 노니 심심해서 한발뛰기도 하고, 공기도 해 보고, 줄넘기도 하고 놀고 있었다. 그런데 엄마가,

"은영아, 준기 한(한번) 봐라. 저거 엄마가 하라 소리 안 해도 착착 다 하잖아. 보니까 저거 엄마한테 숙제 검사도 맡더라. 니는 준기 본 좀 봐라. 내가 니 그래 숙제도 팽개치고 놀고 평범하게 살아라고 낳나."

하며 준기하고 맞댔다. 내가 속으로,

'엄마가 갑자기 왜 그러지? 준기와 날 서로 바꿨으면 하는 것 같아.'

이렇게 생각했다.

나는 엄마에게 무슨 말을 하려다가 성질 건드려서 좋을 게 없다고 생각해서 가만히 있었다. 그래도 준기하고 비교하는 것은 참을 수가

없어서,

　'준기는 지 나이에 학교 들어왔고 나는 한 살 늦게 태어나서 그렇
　지!'

했다. 속에서 뭐가 올라올 것 같았다. 엄마는 내가 속으로 무슨 말을
하는 걸 알았는지,

　"내가 그른 소리 했나! 그런데 왜 중얼중얼거리노!"

했다.

　나는 눈물을 흘렸다. 그러니,

　"준기는 못 따라가겠나? 정식이 붙이 주까? 짜기는 왜 짜노! 정식이
는 지금 공부는 처져도 이제부터 하면 니보다 낫다, 아나! 니 정식이
지금 공부 못한다고 업신여기제? 조금 있으면 니가 배워야 된다, 아
나!"

했다. 나는,

　"시이 시이 시이……"

하며 방으로 들어왔다.

　엄마가 방에 들어가 잤다. 나는 혼자 화가 나서 울었다. 우리 엄마가
아니다고 생각했다. (3학년 여)

"준기는 지 나이에 학교 들어왔고 나는 한 살 늦게 태어나서 그렇지!"

　3학년인 이 아이도 무작정 견준다는 것이 얼마나 불합리한지 안다. 아
이 자존심을 짓밟으면서까지 대놓고 견주는 것은 아주 잘못된 짓이다.

내가 그렇게 잘못했나?

지난여름 때 일이다. 날짜는 언제인지 잘 모르겠지만 그 일은 아직도 생생하다. 엄마에게 엄청 꾸중 듣고, 엄청 자존심 상하고, 속상한 일이기 때문이다.

여름이라 무척 더웠다. 밖에 가만히 앉아 있어도 땀이 주르르 흘러내렸다. 그날은 정말 수영하고 싶다, 찬물에 뛰어들고 싶다, 이런 마음이 절로 났다. 그런데 그날 마침 잘됐다. 학교를 마치고 이제 학원 갈 시간이다. 그때 아이들이 손으로 부채질을 하며,

"아유우, 더워 죽겠다. 우리 수영이나 하러 가자, 엉?"

아이들은 모두 거기에 동감했다. 나도 역시 마찬가지로 그랬다. 하지만 학원 가야 하기 때문에 빨리 어떻게 해야 할지 결정을 하지 못했다.

"어떻게 하지? 가자! 그냥 가자!"

나는 아이들을 따라갔다. 물이 시원한 게 좋았다.

아주 재미있게 놀다가 다시 집에 왔다. 엄마는 화가 무진장 나 있었다. 눈썹과 눈 끝을 위로 싹 올리고 코도 벌렁벌렁거렸다.

"영이 니 지끔 어데 갔다 오노? 엉, 가시나야!"

'엄마가 아나? 어떻게 하노. 아무도 말 안 했는데⋯⋯. 당연히 모를 긴데?'

나는 망설이다가 엄마에게 자신만만하게 말했다.

"나 학원 갔다 오지 어데 갔다 오겠노. 엄마는 말도 안 되는 소리 한데이, 참말로."

"니 진짜가, 엉? 학원에 갔다 온다 카는 거 진짜 맞나, 엉!"

"그래 맞다. 맞다 카이끼네 와 이캐 쌓노. 엄마한테 와 거짓말시키겠노. 엄마는 참⋯⋯."

엄마 표정이 심상치가 않았다. 아무래도 알고 있는 것 같았다.

"내가 엄마한테 와 거짓말시키겠노오."

"이누무 가시나 패 직이아 싸 뿔라 마!"

"엄마는 차암 ……. 내 수영 갔다 왔다 카이."

"그래도 '엄마는 차암' 카는 그 말이 나오나! 나와? 엉! 이노무 가시나 어데 거짓말 살살 시키미 엄마 속이고 앉았노, 어!"

"엄마, 잘못했어요, 네!"

나는 엄마에게 빌었다. 하지만 엄마는 눈썹 하나 까딱하지 않았다.

"요노무 가시나 커가 뭐가 될라꼬 카노! 엉? 아빠 없는 표시를 꼭 내야 속 시원하나 요노무 가시나야, 엉!"

"뭐어 ……."

'뭐 그거 가지고 아빠까지 들먹이고 나오노. 그럴 것까지는 없는 거아이가!'

오히려 내가 잘못이 없다는 생각이 들었다.

"이노무 가시나가 커서 뭐가 될라꼬 카노! 식이는 봐라, 공부도 잘하제 그림도 잘 그리제 못하는 기 없다. 가시나 니같이 학원 안 가고도 갔다 카미 거짓말을 할 줄 아나, 머시마라도 수영하로 가마 즈거엄마한테 꼭 말하고 간다 아이가! 그란데 가시나 니는 뭐꼬? 뭐 될라 카노!"

"엄마, 비교는 왜 하는데!"

"뭐? 그래도 요노무 가시나가 마!"

나는 울며 내 방에 들어왔다.

'재수 없다. 딴 아들은(아이들은) 엄마가 수영 가라고 떠밀어 주는데뭐 저런 엄마가 다 있노. 재수 없다!'

이런 생각이 들었다. 엄마가 정말 미웠다. 엄마랑 말도 안 했다.

다음 날 엄마는 나한테 그랬다.

"다시는 그카지 마래이. 알았나?"

"네에."

시무룩하게 대답했다. (6학년 여)

아이는 자신을 믿는 어머니를 실망시키는 것이 두려워 거짓말을 했을 것이다. 아이가 잘못을 실토했으면, 그다음은 적당하게 잘못을 깨우쳐 주면 그만이다. 그런데 아빠 없는 표시를 낸다는 말로 상처를 주고, 다른 아이와 견주는 말을 해서 반발심만 불러일으켰다.

야이 뚱뚱아, 똥이나 먹어라

아빠가 저녁에 대구에 갔다 왔다. 그리고 저녁밥을 먹었다. 그런데 밥을 먹던 아빠가,

"명석이 글마 덩치 크데. 공부도 잘하게 생겼더라."

했다. 그러고 가만히 있으면 괜찮은데 나보고,

"임마는 살도 안 찌고 얼빵하이 생기가 공부도 못하고."

이렇게 말하며 막 웃었다. 거기다가 또 아빠는 내한테 손가락질을 하며,

"이 자석은 누굴 닮아서 이래 어리하노."

했다. 또 조금 있다가,

"명석이 글마는 텔레비 한번 안 보드라. 밤에 맨날 책만 보드라. 글마는 누굴 닮아서 똑똑한지 모르겠다."

이렇게 말했다.

나는 그때 마음속으로,

'명석이 글마가 그래 똑똑한지 잘 모르면서 성질나게 하네.'

했다. 그리고 나는 밥이 목구멍에 안 넘어가서,

"엄마, 내 밥 다 못 먹겠다."

하고 방으로 왔다.

나는 성질이 나서 볼펜으로 연습장에 낙서를 막 했다. 그리고 거기에다가 명석이 '빙시, 돌대가리, 똥통' 적고 또 아빠도 '야 이 똥통아, 똥이나 먹어라' 하고 막 욕을 적었다. 그리고 적은 걸 그냥 버리고 들어왔다. 나는 적은 대로 빙시, 돌대가리, 똥통, 진짜 이렇게 되었으면 좋겠다. 명석이하고 아빠하고 막 패고 싶다. 그리고 내 마음대로 하고 싶다. (4학년 남)

"명석이 글마 덩치 크데. 공부도 잘하게 생겼더라."

이 말만으로도 벌써부터 기분이 나빠지기 시작한다. 그것도 모자라 화살이 아이에게 돌아왔으니 밥이 넘어가지 않을 만큼 화가 났겠다. 무슨 잘못을 저지른 것도 아니고, 말을 안 들은 것도 아닌데 말이다. 벌건 대낮에 날벼락을 맞은 셈이다.

아이가 낙서로 분풀이하는 것을 보면, 아버지뿐만 아니라 자기와 견준 그 아이도 미워하고 있다. 그만큼 상처를 입은 것이다. 반감이 더욱 깊어지면 자기보다 우월한 사람 누구에게든 앙갚음할 수도 있다.

언니와 비교하는 것

우리 식구들은 모처럼 집에 모여 청소를 할라고 했다. 그래서 나는

내가 할 일이 생길 동안 TV나 보고 있을라고 했는데 엄마는 빨래를 보면서

"어이구! 빨래가 산더미네! 그것도 다 혜주 꺼네! 이혜주 이리 와 봐!"

라고 했다. 나는 엄마한테 갔다. 엄마는 화난 얼굴로 날 쏘아붙였다.

"이혜주! 너 빨래 왜 이렇게 많이 내놨는데!"

"그거 내가 안 입었다."

보니, 정말 내가 입지 않은 옷이었다. 그런데,

"그럼 니가 입지 누가 입는데?"

하는 것이다.

사실은 그 옷은 언니가 입었던 거다. 언니가 밖에 나갈 때 가끔씩 입는다. 근데 그 옷을 입고 그 위에 잠바를 입어서 안 보인 것이다. 그리고 그건 좀 커서 언니한테나 딱 맞는다.

"언니가 입었다고!"

"애 봐라! 어디서 엄마한테 소리질이야! 니 뭐 하는 거고?"

난 갑자기 눈물이 나왔다. 나는 화가 났다. 울면서,

"그 옷 내가 안 입었다고! 왜 맨날 나보고 그러는데? 왜? 어제 그 쓰레기도 내가 버린 게 아니고 내가 쏟지도 않고, 다 아닌데 왜 맨날 나보고 그러냐고!"

"그럼 누가 입었는데? 그걸 어떻게 언니가 했겠노, 저번에 언니한테 충고했는데. 언니는 니처럼 입 아프게 두 번 말 안 시킨다. 조용해라! 울지 마! 하나 둘 셋 할 때까지 안 그치면 맞는다! 하나아 두울 세에엣!"

그래도 난 그냥 계속 울었다.

'난 우리 집에서 살기 싫어! 늦둥이로 태어나서 더욱 억울해! 맨날

내한테만 뭐라 하고! 언니도 엄마도 아빠도 다 미워! 언니는 맨날 나 보고 시키면서 한 번 안 하면 화내고! 난 억울해! 정말 억울해!'

그래도 엄마는 계속 언니랑 비교했다.

"뚝! 안 그치나? 언니랑 조금만 닮아 봐라! 말썽 하나 안 부리잖아! 그리고 언니가 입었다고 해도 좀 맞아야 해! 너 계속 언니한테 대들 래? 언니가 너한테 얼마나 잘하는데! 언니는 얌전하고 입도 무거운 데 넌 촐싹거리고……"

사실 언니의 실제 모습은 그 모습이 아니다. 사실은 내숭 떨고, 이기 적이고, 꼭 자기가 아닌 것처럼 군다. 엄마는 모르면서 자꾸,

"언니는 저렇게 얌전한데 넌 왜 그러니?"

한다. 하지만 언니는 겉모습만 그렇다. 엄마도 속이고, 욕도 쓰고, 또 꼭 나를 악마같이 여긴다. 난 언니가 정말 내가 이 세상에서 제일 싫어 하는 언니다. 가끔씩은 좋다. 엄마는 정말 그것도 모르면서 계속 언니 는 안 그런다고 하며 나하고 비교하고 뒤집어씌운다. 정말 짜증이 난 다. 너무너무 짜증난다. (4학년 여)

어머니는 아이 언니가 하는 그릇된 행동은 잘 모르면서 언니를 칭찬하 고 두둔하기만 한다. 그러면서 아이에게는 하지 않은 행동도 했다고 덮어 씌우고 거기다 견주는 말까지 해서, 언니와 어머니에 대한 증오심과 콤플 렉스를 키우고 있다.

8층 소정이 11층 영민이와 공부 비교

전번에 시험 친 결과가 오늘 나왔다. 그런데 나는 요번 시험을 망

쳤다.

나는 집에 와 힘들게 엄마 앞에 시험지를 보여 주었다.

"엄마, 시험 점수 나왔어요."

그러자 엄마가 말했다.

"니 지금 이걸 잘 쳤다고 주는 거가? 니 엄마 가까이 와서 앉아 봐!"

나는 할 말도 없어 조심해서 엄마에게 갔다. 솔직히 나도 다른 애들처럼 잘해서 엄마, 아빠를 기쁘게 해 주고 싶었는데 아무리 노력해도 공부가 잘해지지가 않는다.

엄마는 나를 앉혀 놓고 이렇게 말했다.

"지은아, 니는 그렇게 공부해도 안 돼? 다른 애들은 시험 한두 개 틀린다는데, 응? 니는 학원을 100개를 다녀도 안 된다 그자? 요번에 소정이랑 영민이는 1개 틀렸다는데……."

나는 엄마에게 말했다.

"걔네들은 2학년이고 3학년이잖아!"

"그럼, 그때 너는 공부 잘했나?"

나는 어쩔 수 없이 가만히 있었다. 그런데 하필이면 지금 아빠가 집에 들어오셨다. 엄마는 아빠가 오자마자 아빠에게 이렇게 말했다.

"여보, 지은이 시험 점수 봐라. 완전 개판이다."

아빠는 나한테 와서 시험지를 보았다. 나는 무서워서 무릎 꿇으며 덜덜 떨면서 가만히 있었다. 아빠는 나를 동생 방으로 데리고 가서 이렇게 말했다.

"요번에 아빠 진짜 실망이다, 어!"

나는 아빠의 큰소리 때문에 깜짝 놀랐다. 나는 아빠에게 무슨 말을 하고 싶었지만 무서워서 말이 안 나왔다.

드디어 시작했다. 아빠는 회초리로 내 무릎을 때렸다. 나는 아프고,

억울하고, 엄마 아빠에게 죄송하기도 해서 눈물이 나왔다.

그런데 나는 뭔가 이상한 느낌이 들었다. 그 이상한 느낌은 엄마가 나를 영민이랑 소정이에게 비교하는 것이다. 사람마다 공부 잘할 수도 있고 못할 수도 있는데……. 나는 엄마가 내 마음을 몰라주어서 싫다.

(4학년 여)

시험은 사람이 가진 능력 가운데 아주 조그만 한 부분의 능력을 알아보는 것일 뿐이다. 그런데도 이렇게 다른 사람과 견주어서 마치 모든 능력이 뒤지는 것처럼 몰아붙인다. 다행히 아이는 다른 사람과 견주는 것이 무엇 때문에 잘못된 것인지 깨닫고 있다. 이렇게 아이들은 어른들이 짓눌러도 스스로의 힘으로 살아가게 되는 것이다.

오히려 어른들이 아이에게 배워야겠다.

이기영과의 비교

지난 10월, 학교에서 성취도 평가를 했다. 그런데 나는 세 개를 틀렸다. 엄마는 나보고 이렇게 말했다.

"니는 공부를 그마이나 해 놓고 세 개나 틀리나!"

그러자 나는 기분이 팍 상했다. 그런데 엄마는 말을 덧붙였다.

"니 친구 이기영은 문제집 몇 권 풀지도 않았는데도 올백 맞는데 니는 뭐고?"

솔직히 그 말은 사실이다. 이기영은 공부방만 하고 나는 학원에서 서너 시간은 한다. 그런데도 나는 늘 이기영보다 못한다. 그래서 어느 정도쯤은 뉘우치고 있었다. 그런데 엄마는,

"이기영은 괴물이나 되나?"

하고 말했다.

엄마는 계속 내 마음을 찔렀다.

"이기영은 축구도 잘하고 컴퓨터도 잘하고 공부도 잘하는데 니는 잘하는 게 뭐고?"

그런데 사실은 나도 잘하는 건 많다. 그러나 이 분위기에서 그렇게 말하면 더 혼날 것 같아 그냥 가만히 있었다.

그런데 엄마는 계속이다. 나도 화가 났다. 그래서 이렇게 말했다.

"엄마, 너무 비교하지 마라!"

그러니까 엄마는,

"그럼 니가 잘하는 게 뭐 있노?"

하고 비웃듯이 말한다. 나는,

"많다!"

하고 소리 꽥 질렀다. 그러자 엄마는,

"어디서 말대꾸고!"

하면서 내 입을 탁탁 때리는 게 아닌가! 그리고는 이젠 아예,

"이기영 본 좀 받아라."

하고 말했다. 차라리 엄마 앞에서 귀를 막고 싶었다. 그래도 엄마는 계속,

"이기영만큼만 해 봐라. 그러면 걱정이 없겠다."

하며 나를 비웃는 것이다.

나는 그만 방에 들어와 버렸다. 속이 확 뒤집어지는 것을 누르는 데는 오랜 시간이 걸렸다. (4학년 남)

이 아이 능력도 뛰어난데 더욱 뛰어난 아이를 기준으로 견주어 자꾸만 스트레스를 주고 있다. 어른들은 그렇게 견주어 말하면 아이가 자극을 받아 더 잘할 줄로만 안다. 그런데 아니다. 오히려 반감을 불러일으켜서 아주 엉뚱한 행동을 할 수도 있음을 알아야 한다.

내 아이가 지닌 다른 좋은 면을 칭찬하고 키워 가야 한다는 것을 상식으로 잘 알고 있으면서도, 꼭 이렇게 반대로 행동하는 경우가 많으니 조심해야 한다. 또 아무리 아이라도 "어디서 말대꾸고!" 하면서 입을 때리는 것은 자존심을 싹 밟아 문대는 행동이다.

아이는 "속이 확 뒤집어지는 것을 누르는 데는 오랜 시간이 걸렸다"고 했는데, 어른들은 이 말을 뼈아프게 받아들였으면 한다.

구세대 같은 어른들, 정말 싫어요

길거리에 나서면 노랗고 빨갛게 머리를 물들인 아이들이 눈에 많이 띈다. 어른 눈으로 보면 괴상한 모습도 많다. 귀고리를 한 남자, 질질 끌리는 바지, 청바지를 찢어 허벅지가 드러난 옷차림, 군함 같은 신발이나 자칫하면 발목이 삐끗할 것 같은 굽 높은 신발이 그렇고, 밸런타인데이나 화이트데이, 빼빼로데이 같은 날을 정해 놓고 과자를 주고받는 일도 그렇다.

가수들 노래에 소리 지르며 열광하는 모습이며, 골프나 야구 바람을 타고 너도나도 골프 선수나 야구 선수가 되겠다거나 컴퓨터 프로 게이머가 되겠다고 하는 것도 어른들에게는 도무지 못마땅하고 거부감이 든다. 도대체 저런 데나 신경 쓰고 다니면서 뭐가 되겠다는 걸까, 삐딱하게 나가는 거 아닐까 하는 생각도 든다.

어른들은 아무래도 초고속으로 변하는 요즘 아이들 생활 방식이나 가치관을 받아들이기 쉽지 않다. 요즘 아이들에게 뒤지는가 싶어 두렵기도 하고, 적대감 같은 것이 일어나기도 할 것이다.

그런데 아이들 세계에서는 이미 그런 일들이 보편화되어 있다. 물론 어른들 말따나 문제가 없는 것은 아니다. 말과 행동이 신중하지 못하고, 책임감이 모자라고, 실리만 쫓고, 감각적인 것에만 치우치고, 어려운 일에 참을성이 모자라고, 생각이 얕고…….

어쨌거나 이런 아이들이 걱정되어 깨우침을 준다는 것이 오히려 아이들 반감을 사서, 기성세대인 어른을 불신하고 증오하게 해서는 안 되겠다는 생각이다.

화이트데이

오늘 아침에 밥을 먹고 엄마에게,

"엄마, 돈 도!"

하니 엄마는,

"무슨 돈? 얼마?"

하고 물었다. 그래서 나는,

"우리 집에 있는 잔돈 도, 잔돈!"

하며 목을 막 비틀었다.

"뭐? 뭐 하게?

"그냥 도!"

엄마는 얼떨결에 나에게 1,000원을 주었다.

'에게게, 요게 뭐야!'

그래도 나는 더 말하지 않고 내 비상금을 꺼내어서 가방에 넣고 학교로 갔다.

학교 수업이 끝나고 가게에서 사탕을 여러 봉지 샀다.

집에 와서 엄마 몰래 포장을 하고 있으니 엄마가 방에 들어와,

"민수야, 이게 뭐고? 무슨 사탕이 이래 많노?"

"으으응, 화이트데이날 줄려고……."

"화이트데이날 니가 와 사노, 응?"

"화이트데이는 남자가 여자한테 주는 날 아이가!"

그러며 얼굴을 찡그리니까 엄마는,

"이거 봐라. 남 한다고 니도 따라하나? 멋만 들어가 뭐하겠노? 니가
우리 집 돈 박살내겠다."

하며 손가락질을 했다. 나는,

"그냥……. 나도 받는다!"

"그런 거 와 주고받노. 그냥 자기 꺼 자기가 사 먹으면 되지, 응!"

하며 손으로 머리를 밀었다. 그래서 내가,

"그냥 사 먹는 거랑 이거는 다르잖아!"

하니 엄마는 손가락으로 내 입을 쑤시는 듯이 건드리며,

"어떻게 달라, 맛은 똑같지! 으이구우, 마 남들 한다 하마 우루루 다
하고 쯔쯔쯔, 니 커서 뭐 될래, 응?"

하며 나를 꼬나보았다. 나는 마음속으로,

'으이구우, 그게 어떻게 같노, 응! 쯔쯔쯔, 저래가 어떻게 신세대 마
음을 알겠노! 늙으면 다 저렇다니까!'

하며 입을 삐죽거리니 엄마는 나를 꼬나보며,

"그런 헛돈 쓰지 말고 저축이나 해라. 헛멋만 들어 가지고, 으응!"

하며 머리를 툭 밀었다. 그래서 내가,

"엄마아아!"

하니 엄마는 입술을 꼭 깨물며,

"으이구우, 아침에 돈 달라 할 때 알아봤다. 친구들은 어떻게 그래 소중하노, 응! 요즘엔 뭔 바람이 들어가 그러는지 모르겠다. 니는 다른 아이들이 이런 거 한다 하마 다 따라하고, 쯔쯔쯔쯔쯔쯔!"

하며 혀를 찼다.

"엄마, 그게 아니고 아이들이 다 하니깐……. 마 됐다. 말해 봐야 통하겠나."

"요즘 아들은(아이들은) 미쳤어! 돈 아까운 줄도 모르고……. 아빠 엄마 뼈 빠지게 돈 벌어 봤자 니는 그런 데나 쓰고 으이구우 미쳤다 미쳤어! 나는 니같이 카는 아가 제일 싫다."

하며 손가락질을 해 댔다.

나는 화가 나서 씩씩거렸다. 그러니까 엄마는,

"으이구우 으이구우!"

하며 나를 꼬라보며 밖으로 나갔다.

나는 구세대 같은 우리 엄마는 싫다. 정말 싫다. (5학년 남)

밸런타인데이나 화이트데이가 어른에게는 낯설지만, 아이들은 그런 일에서 자기만 빠지면 큰일나는 줄 안다. 그런데 어머니는 어른 마음으로만 아이에게 말했다. 아이 말대로 자기 돈으로 사탕을 사 먹는 것하고 친한 동무가 사 주는 것은 다르다. 무조건 막기만 해서는 안 된다. 이런 날이 생기게 된 잘못된 배경을 알려 주고, 바른 뜻을 깨우쳐 주어 과열되지 않게 하면 된다고 본다.

우리 엄마 아빠는 구세대

먹을 것이 없어 ○마트에 갔더니 크리스마스트리랑 트리를 꾸밀 도구들이 한창 나오고 있었다. 나는 아빠한테

"아빠! 우리는 왜 크리스마스트리 안 만들어?"

"뭘! 별 쓰잘데기 없는 거 뭐할라꼬 하노. 됐다! 가자!"

아빠의 표정을 보니 한심하다는 표정 같았다.

"뭐가 쓸데없는데!"

"쓸데가 있나?"

"많지! 추억도 만들고. 그리고 다른 가족은 다 하는 것 우리는 왜 안하는데? 또 할로윈데이도 왜 우리 가족만 안 하냐고? 그리고 1년에한 번 하는 성탄절 좀 좋게 보내야지! 왜 이렇게 무심코 보내는데?"

"명주야, 소용없거든. 시간 낭비하지 말자. 그리고 크리스마스는 소용없잖아."

나는 솔직히 이해가 안 갔다. 내가 늦둥이라서 그런가? 빼빼로데이도, 화이트데이도, 밸런타인데이도, 크리스마스도, 할로윈데이도 우리 가족은 별 필요 없다고, 귀찮다고 반대를 한다. 또한 그리고 아빠는좀 이기적이다. 꼭 부정적으로만 생각한다. 그냥 시간만 낭비한다느니별 소용이 없다느니 하는데 정말 이해가 안 간다. 난 그게 왜 이상하냐면 1년에 아니 365일에 몇 번을 하는 것도 아니고 한 번만 하는 건데그게 귀찮다고 필요 없다고 뭐하냐고 소용이 없다고 한다.

우리 엄마 아빠는 나를 좀 많이 늦게 낳아서 이제는 힘이 드는 것 같다. 난 가끔씩 다른 집이 부럽다. 2층에서는 케이크도 만들고 트리도만들고 행복으로 가득한데 우리 가족만 그냥 쌔앵 지나가서 텅 비고싸늘한 느낌이 든다. 엄마 아빠는 참 구세대다. (4학년 여)

아이들은 남들이 하는 것은 다 해 보고 싶어 한다. 어떤 경우에는 안 하면 이상하게 생각하거나 불안해하기도 한다. 그런 마음을 헤아린다면 아이들 바람에 조금씩 따라 주는 것이 어떻겠나 싶다. 그렇게 할 수 없다면 거절을 해야 하는데, "뭘! 별 쓰잘데기 없는 거 뭐할라꼬 하노. 됐다! 가자!" 하는 식으로 말해서 반감만 사지 말고 잘 이해시켰으면 한다.

어떤 까닭이 있어서 거절은 하지만 아이를 진정으로 사랑하고 있다는 걸 보여 주는 것이 좋겠지.

아빠가 최신 가요 못 듣게 해

주말이라 할머니 댁에 가려고 차를 탔다. 아빠는 라디오를 틀고 출발했다. 라디오를 듣다가 지루해진 나는,

"아빠, 우리 며칠 전 최신 가요 시디에 구운 것 듣자."

그랬더니, 아빠는 라디오에 나오는 트로트를 틀고 "아싸! 후히!" 이렇게 추임새를 넣으며 흥얼거렸다.

"아빠, 최신 가요. 어? 최신 가요 듣자."

"초등학생이 무슨 최신 가요를 들으려고 해? 이놈 짜식이. 아빠가 들으려고 하는 거 그냥 들어."

우리 아빠는 내가 가요 듣는 걸 별로 안 좋아한다. 그래도 아빠가 좀 심하게 이놈의 짜식이라고 혼내는 것은 처음이다. 아빠가 못마땅하게 여겨도 나는 할 말은 했다.

"아빠, 최신 가요 틀어 주면 안 돼?"

"어, 안 돼. 무슨 초등학생이 말이야, 아빠가 하라는 대로 해, 짜식아."

아빠는 이러면서 소리를 더 크게 키우고 노래를 따라 불렀다.

나는 아빠를 설득하기 위해 자꾸 이야기했다.

"어, 아빠. 그러면 최신 가요 조금만 듣자."

그래도 내 말을 안 들어 나는 아예 더 말하지 않았다. 아빠가 너무 미웠다. 내가 최신 가요 조금만 듣자고 해도 무시하니까 내가 없어졌으면 좋겠다. 나는 아빠가 최신 가요 듣는 것을 왜 못마땅하게 여기는지 곰곰이 생각해 보았다. 아빠가 왜 계속 싫어할까? 혹시 시끄러워서?

'이씨. 아빠 이 바보야! 똥꿀레야, 흥! 그냥 노래 하나 틀어 달라는데 왜 안 된다고 그래!'

나는 결국 내 손으로 시디를 넣어서 들었다.

"야, 한혜수! 누가 노래 틀래?"

나는 그냥 조용히 음악만 듣고 있었다. 그러나 아빠는 한 손으로 귀를 막고 창문을 반쯤 연 뒤 차 소리가 시끄럽게 나도록 했다. 그래도 나는 꿋꿋하게 아무 말 없이 들었다.

"씨이, 너 오늘 한번 혼나 볼래, 어?"

그러더니 아빠는 음악 소리가 안 나게 설정했다. 그리고,

"씨이, 한혜수! 너 이 자식이 마!"

하고 소리 질렀다.

아빠는 할머니 댁에 다 갈 동안 아무 말이 없이 조용히 운전만 하였다. 나는 멍하니 창문만 바라보았다. 그리고 할머니 댁에 가도 아빠는 나랑 눈만 마주치면 눈을 감았다.

하루가 지나서야 아빠와 나는 화가 풀렸다. 나는 그때 울고 싶었다.

(4학년 여)

어른이 요즘 아이들이 부르는 노래를 별로 좋아하지 않는 것처럼 아이

들도 어른들이 부르는 노래를 별로 좋아하지 않는다. 텔레비전 프로그램도 마찬가지다. 그래서 아이와 어른이 서로 자기가 좋아하는 노래를 듣고 프로그램을 보려고 다투기도 한다. 이때 대체로 어른들 마음대로 해서 아이들은 불만이나 반감을 가지기 쉽다.

가끔은 어른이 아이 요구를 기꺼이 들어주었으면 한다. 요구를 들어주는 것뿐만 아니라 아예 아이와 같이 즐겨 보면 어떨까? 부모와 자식 사이에 동질감을 느낄 수 있게 해 주는 아주 좋은 기회가 될 것이다.

나도 매니큐어 바르고 싶어!

여름 방학 때 집에 있는 연분홍색 매니큐어를 엄마 몰래 발랐다. 엄마가 왔다. 가슴이 쿵쾅거렸다. 엄마가 밥 먹자고 불렀다.

"영아, 밥 먹자!"

"응."

나는 주방으로 들어갔다. 매니큐어 바른 것이 들킬까 봐 조심조심 밥을 먹었다.

그러니까 엄마는,

"니 어디 아프나? 밥을 제대로 못 묵노."

걱정하는 목소리로 말했다.

"아니다. 배불러서 그런다."

나는 변명했다. 변명을 해서 겨우 밥을 다 먹었는데 엄마가,

"양치 좀 해라."

하고 말했다. 나는 들킬까 봐 양치하기가 싫었지만 입 냄새 난다고 혼낼 것이 번하기 때문에 억지로 양치를 했다. 이때 운이 안 좋게도 엄마가 내 옆에서 같이 양치를 했다. 나는 숨기려고 노력은 했지만 칫솔을

쥘 때 엄마한테 들키고 말았다.

"송미영, 너 매니큐어 발랐지?"

"네."

"왜 발랐어?"

"바르고 싶어서."

"그거 바르면 손톱 숨 못 쉰다고 했어 안 했어?"

"했어요."

"그리고 초등학생이 공부는 안 하고 그런 데 빠져서 돼?"

"안 돼요."

'아 씨 짱나! 바르면 왜 안 되는데!'

"다음부터 한 번만 허락 없이 발라 봐라! 그때는 혼나?"

"네."

"바르고 싶으면 애기손가락 하나만 발라."

"네."

엄마는 인심 썼다는 듯 말했다.

나는 매니큐어가 진짜 바르고 싶다. 엄마는 내 마음을 정말 이해 못하는 것 같다. (4학년 여)

꾸미고 싶어 하는 마음은 아이들도 예외가 아닌 것 같다. 거기다 호기심까지 더해지니 더하겠지. 어른들은 이런 아이들 심리를 잘 이해하지 못하고 지나치게 꾸중하기가 쉬운데 그러지 않았으면 싶다.

먼저, 어린아이들은 있는 그대로 모습이 더 예쁘고 아름답다는 것을 잘이해시켜 주자. 그래도 그렇게 꾸미고 싶어 하면 한번 경험해 보게 하는 것도 나쁘지만은 않을 것 같다. 무슨 일이든지 자꾸 막으려고 하면 더 해 보고 싶어지는 심리가 있지 않은가.

유행 머리

나는 엄마와 텔레비전을 보고 있었다. 그런데 텔레비전에 긴 생머리 여자가 나왔다. 나는 옛날부터 생머리에 긴 머리카락을 하고 싶었다. 하지만 나는 태어날 때부터 할머니를 닮아 곱슬머리다. 그래서 나는 매직을 다른 아이들보다 더 하고 싶었다.

나는 용기를 내어 엄마에게 말했다.

"엄마, 나도 생머리 해 줘."

"뭐? 그냥 곱슬머리 해!"

엄마는 역시나 강하게 반대를 하였다. 엄마가 왠지 미워 보였다.

나는 엄마에게 긴 생머리가 요즘 유행이니까 그렇게 하고 거기에다 갈색 염색을 해 달라고 했다. 하지만 우리 엄마는 아니었다.

"무슨 염색을 해? 검은색도 예쁜데! 그리고 다른 애는 파마해 달라 고 안 하는데 너는 왜 그러니? 얘가 증말!"

엄마는 초스피드로 나에게 불같이 말을 하였다. 하지만 나도 강하게 공격을 하였다.

"엄마는! 엄마도 파마하고 그러잖아!"

내가 이러자 우리 엄마는 눈을 동그랗게 떴다. 나는 그때 엄마가 조금 무서워서 갑자기 내가 작아지는 기분이 들었다. 그래도 그때는 정말 하고 싶어서 다시 엄마에게 말하려고 하였다. 그런데 그때 엄마가 먼저 나에게 말했다.

"엄마랑 나랑 같아? 엄마는 나이가 많고 해서 해도 되지만 너는 어리잖아!"

나는 엄마의 말에 1초 만에 대답을 하였다.

"같은 여자잖아!"

엄마는 정말로 화가 난 듯 호통을 쳤다. 나는 정말 짜증이 나고 서운하였다. 그리고 또 속상한 것도 있었다.

나는 언니의 방으로 자리를 옮겼다. 그리고 속으로 생각했다.

'진짜 짜증나! 나는 왜 내 멋대로 못해! 치이, 불공평해!'

저녁 먹을 때 엄마의 표정을 보니 서운하고 속상한 표정이었다. 엄마는 평소에 먹던 밥 한 그릇도 덜 먹고 기운 없이 방으로 들어갔다. 그런 엄마의 모습을 보니 내가 왠지 미안한 생각이 들었다.

그래도 나는 마음을 바꾸지 않았다. 나는 밤에 엄마와 서먹서먹하게 잠을 잤다. (4학년 여)

유행은 어린아이들에게도 비켜가지 않는다. 오히려 아이들이 더 민감하게 반응한다. 남자아이들도 마찬가지겠지만 여자아이들 몸치장은 더욱 그렇다. 그래서 자주 이렇게 부모와 마찰을 빚기도 한다.

아이는 온갖 까닭을 들이대서 자기가 하고자 하는 것을 관철하려고 한다. 이것을 강제로 막으려고 하면 반드시 반발심을 불러일으켜 좋지 않은 일이 벌어질 수도 있다. 다른 방법이 있을까?

아이 요구를 들어줄 수 있으면 들어주는 게 좋겠지만 아이가 해서는 안 되는 일이라면 잘 이해시켜 못 하도록 할 수밖에. 단순한 이해가 아니라 사랑을 가득 담은 이해여야 한다.

왜 동무들한테까지 뭐라 해요!

아이들은 여러 사람 앞에서 혼나는 것을 싫어한다. 혼자 있을 때 혼나는 것보다 더 큰 굴욕을 느낀다. 그런데도 부모들은 다른 사람 있는 데서 꾸중하는 경우가 많다. 창피를 주어서 아이 기를 꺾어 놓아야 속이 후련해지는가 보다. 아이도 나름대로 체면과 자존심이 있고, 사랑과 의리를 소중히 여긴다는 사실을 모르는 것이다.

다른 사람들 가운데서도 동무 앞에서 혼날 때 상처는 더 크다. 자기가 부모님 손아귀에 있다거나 부모님 사랑을 받지 못한다는 사실을 동무에게 보이고 싶지 않기 때문이다. 더구나 부모님이 동무를 혼낼 때는 미안한 마음까지 겹쳐 훨씬 속상해한다.

집에 동무를 데리고 와서 놀다가 부모에게 혼났을 때 어떤 기분일까? 아이들 글에서 살펴보자.

이제 너거들 집에 가라

광현이와 무천이 그리고 나와 같이 뒷마당에서 샌드백을 치고 있었다. 광현이와 무천이도 번갈아 가며 한 번씩 쳤다. 발로 차고 주먹으로 치기도 했다. 그런데 아빠가 오시더니 꾸중을 하셨다.

"샌드백 이거 매달아 놓지 마라, 집 내려앉겠다!"

그 말씀에 샌드백을 치지 않았다. 매달린 샌드백은 풀 수도 없고 해서 그냥 두었다. 그런데 자꾸 꾸중을 하시는 것이었다.

"아이들하고 놀면서 물건이나 다 부숴 놓고, 창고 유리창도 깨고, 주전자도 오그려 놓고, 거울도 깨뜨려 놓고, 전등도 깨뜨려 놓고, 여기 과자 봉지 좀 봐라. 과자 봉지는 옳게 좀 못 버리나! 빨리 주워라!"

다 사실이어서 그냥 아무 말 없이 과자 봉지를 주웠다. 그런데 또 꾸중하시는 것이었다.

"물건이나 다 부숴 놓고 과자 봉지 버리고……. 집에서 공부나 하지 뭐 할라고 여기 왔노?"

나를 나무라시다가 광현이와 무천이를 꾸중하시는 것이었다. 나도 광현이 집에서 잘못한 일이 있다. 녹음기도 고장내어 놓았고 오락기 조종기도 고장내었다. 또 무천이 집에서는 나무로 된 야구 방망이를 돌에 쳐서 빠꼼빠꼼하게 만들어 놓기도 했고 연필깎기를 고장내기도 했다. 그러니 내가 광현이와 무천이에게 얼마나 미안한 마음이 드는지 몰랐다.

그런데 또 화를 내셨다.

"과자 봉지하고 쓰레기 아무 데나 버리지 마라, 으이!"

사실 과자 봉지와 쓰레기는 우리가 버린 것도 아니었다. 처음에는 반성하고 싶었는데 더럭 화가 났다. 그런데 또,

"이제 너거들 집에 가라!"

하고 가만히 있는 광현이와 무천이를 나무라셨다. 그러니 내 체면이 말이 아니었다. 나는 막 대들고 싶어졌다.

이제 광현이와 무천이는 우리 집에 잘 놀러 오지도 않을 것 같다. 나는 그렇게 뭐라 하는 아빠가 너무나 밉다. (6학년 남)

부모들은 자기가 초대한 손님이 오면 반갑게 맞아들이고 음식을 대접한다. 그런데 아이 동무들이 집에 놀러 오면 이렇게 잔소리하고 꾸중하기 쉽다. 아이들을 어른들과 동등한 인격체로 보지 않기 때문이다.

유리창을 깨고, 주전자를 쭈그려 놓고, 거울이나 전등을 깨뜨린 잘못을 아이는 인정하지만, 동무를 꾸중한 일에는 화가 치민다. 더구나 이 아이도 동무들 집에서 잘못을 했는데 아버지가 동무들을 내쫓았으니 체면이 다 구겨진 것이다. 어른들이라면 어떤 마음이 들까 생각해 보면, 아이 마음을 알 수 있을 것이다. 동무들이 놀러 오지 않을까 봐 걱정할 때, 아이는 외톨이가 된 기분이었을 것이다.

야들아, 시끄럽다 캤잖아!

며칠 전에 있었던 일이다.

동무들이 우리 집에 놀러를 왔다. 장난을 치며 신나게 놀아서 조금 시끄러웠다. 그러니 밖에서 아빠 일을 돕고 있던 엄마가 들어와서 시끄럽다고 주의를 주었지만 우리는 또 시끄럽게 했다. 그러니 또 엄마가 내 방에 들어와서,

"야들아, 시끄럽다 캤잖아!"

하며 화를 벌컥 내면서 말했다.

나와 동무들은 떠들지 않기로 했다. 그런데 놀 거리가 없어서 거실에서 공놀이를 했다. 조그만 고무공을 던지고 받으며 한창 재미있게 공놀이를 하고 있는데 엄마가 와서,

"너거들 좀 조용히 해라 캤제? 와 그래 말을 안 듣노! 기준이 니는 맨날 아이들 끌어 모아가 놀기만 놀고, 너거들은 남 집에 와 가지고는 와 그래 떠드노!"

했다.

나와 동무들은 아무 말을 못 하고 고개만 푹 숙이고 있었다. 반성을 하고 있었던 것이다. 내가 엄마에게 잘못했다고 말하려고 하는 순간에

또 동무들에게,

"너거들은 시간만 나면 노나? 시간 나면 책이나 좀 들다봐라!"

하며 화를 내었다. 나는 엄마에게 눈으로 야단치지 마라고 싸인을 줬다. 그러나 엄마는 본체만체 다시 동무들에게 야단을 쳤다. 나는 다시 내 방으로 가는 척하며 뭐라 하지 마라고 했다. 그래도 엄마는 끝까지 동무들을 심하게 야단을 쳤다. 정말 나는 동무들에게 미안했다.

엄마가 야단을 치고 나가자마자 나는 엄마 따라가서,

"아이 씨이, 내만 욕하면 되지 와 아이들한테까지 뭐라 하노!"

하며 화를 내었다. 아이들에게 미안하다고 말하고 싶었으나 말하기엔 내 체면은 이미 말이 아닌 것 같았다.

나는 엄마가 원망스럽고, 속이 상해서 밖으로 나가 버렸다. (6학년 남)

아이들은 어른들처럼 조용히 놀지 못한다. 끊임없이 움직여야 한다. 아이들은 그러면서 크는 것이다. 그런데 어머니는 잔소리를 늘어놓았다.

아이는 야단치지 말라고 동무들 모르게 어머니에게 눈치를 주었다. 그런데도 어머니는 막무가내로 동무들에게 야단을 친다. 아이 마음이 꽤나 상했을 것이다. 동무가 혼날 때 느끼는 치욕스러움이 자기가 혼날 때보다 더 크기 때문이다.

못마땅할 정도로 시끄러우면, 살짝 아이를 불러서 밖에 나가 놀면 좋겠다고 말하면 될 일이다.

종이를 낭비해서

오늘 은아가 우리 집에 놀러를 왔다. 그런데 둘이라서 그런지 할 놀이가 별로 없어서 고민을 했다.

'뭘 하지? 무슨 재미있는 게임 없나? 책을 읽을까? 아니면 그림이나 그릴까? 그래! 그림이나 그리자!'

"은아야, 우리 그림 그릴래?"

"으음, 그러자!"

나는 은아의 대답이 나오기가 무섭게 새 공책 두 권과 연필 두 자루를 꺼냈다. 우리는 자기가 입고 싶은 옷, 해 보고 싶은 머리를 골라 상상하며 열심히 그려 놓고 서로 웃으면서 잘했다고 하였다. 그러다 보니 어느새 공책을 석 장, 넉 장을 넘겼다. 틀리면 지우개로 지우지 않고 다음 장으로 넘겨서 그렸다. 공책을 넘기다 보면 붕 뜬 곳도 있고 평평하여 쓰기 좋은 부분도 있다. 근데 나는 붕 뜬 곳에는 이상하게 써져서 그쪽은 비워 두고 평평하여 쓰기 좋은 부분만 썼다. 그러니 얼마 그리지 않았는데도 어느새 다 써 버렸다.

"우와! 벌써 다 썼네? 언제 이렇게 다 썼지?"

"유나야! 해 질라 그런다. 내 갈게."

"벌써 그렇게 됐나? 빨리 가 봐라."

은아가 옷을 입고 밖으로 나가려고 했다. 그런데 언제 왔는지 엄마가 왔다. 어디서 같이 왔는지 언니도 같이 왔다.

"유나야!"

엄마는 궁금한 눈으로 나를 쳐다보며 말씀하셨다.

"뭐 하고 놀았노? 또 저지레하고 놀았제, 으이!"

"공책에다가 그림 그리면서 놀았다."

"공책 가져와 봐!"

엄마는 공책을 보더니 얼굴을 찡그렸다. 그리고 이빨로 입술을 꽉 물었다. 언니들도 입을 벌리고 눈을 크게 뜨며 나를 보았다. 나는 그 순간 걱정이 앞섰다.

'내가 너무했나? 엄마가 또 야단치면 하루 동안 마음 졸이면서 있어야 하는데……'

"김유나! 공책이 이게 뭐꼬? 공책은 그냥 나오는 줄 아나? 거기다가 이게 뭐꼬? 이쪽은 왜 안 썼노? 니 저번에 엄마가 캤제? 공책에 이런 낙서 하지 말라고, 으응!"

'치이, 공책 한 권이 얼마 한다고 그렇게 뭐라 카노? 내 나이가 열두 살인데 꼭 이렇게 야단쳐야겠나.'

나는 마음속으로는 이해하지 못했지만 아무 말도 하지 못했다.

엄마는 거기서 멈추지 않았다.

"니 나이가 몇 살이고? 나잇값 좀 해라! 니 나이쯤 되면 옳고 그름을 판단할 줄 알아야지! 다른 아이들 좀 닮아 봐라!"

'엄마는 매일 야단칠 때 보면 다른 아이들하고 비교하는데 그게 얼마나 자존심 상하는지 엄마도 알아야 돼! 그리구 거기서 나이는 왜 나오냐? 나이하고 무슨 상관이 있다고! 나 솔직히 이럴 때는 엄마에게 대들고 싶지만 엄마에게 혼날까 싶어 말 안 해! 알아?'

내 친구 은아는 얼굴이 벌겋게 되어 쩔쩔매고 있다가 엄마의 꾸중이 끝나자 나갔다. 나는 은아에게 너무나 미안하고 창피스러워 어쩔 줄을 몰랐다. 그런데 엄마는,

"은아야, 다음에 또 놀러 와, 응?"

이러는 것이다. 나는 기가 막혀서 말이 안 나왔다.

은아가 가고 엄마는 나를 꼬나보고는 부엌으로 가 버렸다. 나는 눈물이 핑 돌았다. 내 방에 와서 공책을 확 찢어 버렸다. 그리고 뒤로 벌렁 누웠다.

나는 엄마가 우리 엄마가 아니라고 생각했다. (5학년 여)

어머니는 동무가 얼굴이 벌겋게 되어 쩔쩔맬 정도로 아이를 꾸중하고 나서는 "은아야, 다음에 또 놀러 와, 응?" 했다. 그 말이 동무에게 얼마나 잔인한 말인지 아이는 잘 안다. 그래서 아이는 기가 막혀서 말이 안 나왔다고 했다. 너무나 화가 나서 공책을 찢어 버렸다. 우리 엄마가 아니라고 생각했다. 심성이 고운 아이인데, 이 정도로 행동하고 생각했다면 작은 일이라 할 수 없다.

동무들이 보는 앞에서 아이를 나무라면, 아이만이 아니라 동무도 나무라는 것이다. 동무도 그 사실을 다 알고, 아이도 동무의 그런 마음을 다 안다.

부모가 아이 동무를 따뜻이 대해 주는 것은 자기 아이를 사랑하는 것과 같다. 아이 동무들에게 음식을 대접하고, 말을 건네고, 집안 안부도 물으면서 내 자식처럼 사랑을 베풀자. 그렇게 아이 체면을 지켜 주고 동무들과 잘 사귈 수 있게 도와주면, 아이가 그릇된 길로 가지 않게 지켜 주는 힘이 될 것이다.

동무와 관계가 좋으면 다른 사람과 관계도 큰 어려움 없이 꾸려 나갈 수 있다. 나아가 사회생활도 잘할 것이고, 어려움이 닥친다 해도 잘 헤쳐 갈 수 있을 것이다.

친구 욕한 우리 아빠

친구와 같이 놀다가 우리 아빠를 설득하여 친구네 집에서 자기로 하였다. 그다음 날 친구와 헤어져 집으로 왔다.

그런데 내가 집에 왔을 때 아빠는 거실에서 웃으며 텔레비전을 보고 있었다. 그러다 아빠는 갑자기 나를 보고 말했다.

"너 외박했냐? 친구 집에서 재미있었어?"

"으응."

나는 말투가 바뀐 아빠를 보자 두렵고 가슴이 두근거렸다. 아빠는 갑자기 나를 꾸중하기 시작했다.

"가족이 좋아 친구가 좋아, 하면 너는 친구 할 거지?"

나는 그런 아빠의 모습에 왠지 할 말이 없고 다른 아빠가 내 앞에서 꾸중하는 것 같았다. 나는 조금 어색하였다. 하지만 아빠는 나에게 계속 꾸중을 하였다.

그런데 나를 꾸중하던 아빠는 나와 같이 잤던 친구까지 꾸중했다.

"걔는 자기 집은 자기가 자야지 왜 너까지 불러들여?"

아빠가 나 말고 친구를 욕하니까 더 밉고 짜증이 났다. 그런데도 아빠는 끊임없이 내 친구 욕을 했다.

"너 걔랑 많이 놀았는데 뭘 또 자? 그리고 니 친구 은근히 짜증나는 스타일이야! 알아? 너 왜 그러니 정말!"

"아빠, 내 친구 그런 스타일 아니거든요!"

이렇게 말해 놓고 나는 아빠의 강한 말이 다시 되돌아올까 봐 왠지 두려웠다.

아빠는 손가락으로 네 이마를 퉁기며 말했다.

"이 가씨나가 진짜! 아빠 말이 틀렸어? 걔 공부도 못하지? 그런 애랑은 조금만 친해져!"

나는 그 말에 정말로 상처를 받았고 속상하였다. 나는 아빠의 말이 끝나자 터벅터벅 방으로 들어왔다. 그때는 우리 아빠가 정말로 미웠고 원망스러웠다. (4학년 여)

동무 집에서 자고 온 일로 꾸중하는 것까지는 받아들일 준비가 되어 있는 것 같은데, 동무를 좋지 않은 아이라고 단정 지어서 욕되게 하는 말에는 무척 반발한다. "걔 공부도 못하지? 그런 애랑은 조금만 친해야지!" 하고 동무를 비난하는 말 속에는 "그런 아이와 어울리니까 너도 똑같이 못돼 먹은 아이야!" 하는 뜻이 담겨 있다. 이건 아이를 바로 앉혀 놓고 꾸중하지는 못하고 비겁하게 뒤돌려 세워 놓고 비난하는 것이다. 누구라도 그런 말에는 기분이 아주 뒤틀리게 되어 있다. 더구나 아이들은 또래집단 관계가 아주 돈독해서 더욱 그렇다.

내 친구를 욕한 엄마는 나쁘다

2주 전, 토요일. 나는 정성진과 놀았다. 성진이는 나와 가장 친한 친구이다. 나와 마음도 맞고 모습도 비슷해서 자주 논다. 그때 나는 성진이와 컴퓨터 게임도 하고 밖에 나와서 캐치볼을 하기도 했다. 그리고 달리기 경주도 했고 같이 장난을 치기도 했다. 그렇게 놀다 보니 맨날 돌아오던 시각인 5시 30분을 훌쩍 넘기고 말았다. 집에 들어왔을 때는 6시 30분이라 어둑어둑했다.

엄마는 내가 들어오자마자,

"니, 왜 이래 늦게 왔노?"

했다. 나는 태연하게,

"성진이랑 놀다 왔지."

하고 대답했다. 그러자 엄마는,

"성진이? 걔가 누군데?"

해서 나는 엄마보고 이렇게 말했다.

"성진이 모르나? 까만 애."

그러자 엄마는,

"지금까지 걔랑 놀고 왔나?"

해서 나는 그렇다고 했다.

　그런데 엄마는,

　"앞으로 걔랑 놀지 마라."

하고 말하는 것이다. 나는 황당했다. 잘 놀던 친구랑 놀지 말라니 말이다. 나는,

　"왜?"

하고 물었다. 그러니까 엄마는,

　"걔 공부 못하제?"

하는 게 아닌가! 그래서,

　"못하는 건 아니다!"

했다.

　나는 그때부터 엄마가 공부 문제 때문에 같이 못 놀게 한다는 것을 알았다. 엄마는,

　"그게 그거다."

하고 말했다. 그리고는 또,

　"걔는 공부 못하니깐 앞으로 놀지 마라. 다 니를 위한 거다."

라고 했다.

　나는 나를 욕하는 것은 괜찮아도 내 친구를 욕하는 것은 참을 수가 없었다. 그리고 나를 위한 것이 아니라 오히려 엄마를 위한 것 같았다. 나는 엄마에게,

　"걔 공부 못하는 게 나한테 나쁘게 될 건 없잖아!"

하고 큰소리로 말했다. 난 엄마가 정말 미웠다. 꼭 미국의 흑인이 백인들에게 차별당하는 듯한 기분이었다. 나는 엄마보고,

　"엄마가 뭐라 그러든 난 절대 안 그럴 거다."

　엄마는 내가 이기영과 노는 것은 뭐라 하지 않는다. 아무래도 이기

영은 공부를 잘해서 그러는 것 같다. 엄마는 모든 것을 나를 위한 것이라고 말을 돌린다. 나는 엄마 말이 듣기 싫어서 내 방으로 들어왔다. 내 친구를 욕한 엄마는 나쁘다. (4학년 남)

어머니는 모든 것을 공부로 재단하고 공부 잘하는 아이하고만 놀라고 한다. 동무가 공부 못하면 자기 아이도 공부를 못하게 되고 행동까지 나빠질 거라고 생각하는 모양이다. 아이는 "나는 나를 욕하는 것은 괜찮아도 내 친구를 욕하는 것은 참을 수가 없었다. 그리고 나를 위한 것이 아니라 오히려 엄마를 위한 것 같았다"고 했다. 맞는 말이다. 아이보다는 어머니 자신을 위해서다. 아이들은 잘 모를 것 같아도 어른들의 그런 심리까지 훤히 꿰고 있다. "꼭 미국의 흑인이 백인들에게 차별당하는 듯한 기분이었다"고 한 것도 백번 맞는 말이다.

아이는 "내 친구를 욕한 엄마는 나쁘다"고 단정 지어 버린다. 부모가 아이 동무를 어떤 태도로 대해야 하는지 잘 알 수 있다.

08

학교 가기 싫은 아이들

학교에서 몇 주 전쯤에 시험 칠 날짜와 출제 범위를 알려 주면
그날부터 아이들은 꼼짝 못하게 된다. 붙잡혀서 지겹도록
문제집을 풀며 답을 달달 외워야 한다. 이 아이는 집에 들어오기 싫어
동네를 여러 바퀴 돌고 한숨은 백번도 더 쉬었단다.
그래도 끝내는 집에 들어올 수밖에 없었는데,
붙잡혀 새벽 두 시까지 공부를 했단다. 이 아이에겐 모든 곳이 지옥이다.

시험

한 문제 틀려서
짜악 긋는 엑 짝
내 가슴이 쭉
째지는 것 같다.
맞으면 내 가슴이
펄쩍 뛴다.
나는 틀리고
다른 아이가 맞으면
머리에서 뿔이 난다.

(4학년 남)

이제는 학교마저 아이들 삶을 진정으로 생각하는 교육에서 자꾸만 멀어지는 것 같다. 말로는 '전인 교육'이니 어쩌니 해도 사실은 시험 점수 경쟁에 내몰고 있는 판이다. 왜 그토록 점수에 매달리나? 교육 성과를 바로 나타내 보이기 위해서다. 그래야 교육을 잘했다고 말할 테니까. 이제는 선생들까지 경쟁에 내몰려서 더욱 점수를 얻기 위한 교육, 아이의 진정한 삶이 배제된 '보이기 위한' 교육을 하지 않으면 안 되게 되었다. 참교육을 아는지 모르는지, 교육 정책 입안하는 사람이나 현장에서 교육을 하는 선생들을 보면 참 답답할 따름이다. 이 세상 사람 모두가 그렇다고 하더라도 부모는 제정신을 차려야 하는데, 오히려 내 아이가 경쟁에 조금이라도 뒤질세라 더욱 다그치고 있는 형편이다.

　이러니 아이들이 받는 고통은 어떻겠는가? 어른들은 여기 아이들 글 몇 편을 통해서라도 그 상황을 알기를 간절히 바란다. 진정 아이들을 위하는 길이 무엇인지, 아이들이 행복하게 살아가게 하는 길이 무엇인지 조금이라도 깨달았으면 싶다.

시험이 원수 같아요

　이제는 초등학교 아이들까지 전국 단위 시험 성적으로 줄을 세우고 있는 형편이다. 더구나 그 결과를 공개하기까지 하고 있다. 그렇게 해서 어쩌자는 것일까?

내가 30년 넘게 아이들을 가르쳐 온 경험으로 보면, 시험을 위해 단순 지식을 달달 외우는 공부는 그것으로 그만이지 제 삶에 크게 보탬이 되는 것은 없었다. 진정한 교육 효과는 시험을 쳐서 바로 눈앞에 볼 수 있게끔 수치화한 점수로 나타나는 것이 아니다. 먼 훗날 조금씩 조금씩 삶에 배어 나오게 될 뿐이다.

그런데도 이렇게 시험 성적으로 아이에게 고통을 주고 있다.

시험이 밉다

시험 치기 10일 전 일이다. 엄마는 몹시 화가 나 있다. 까닭은 문제를 너무 많이 틀려서다. 오늘도 엄마한테 꿀밤을 맞았다. 그리고 엄마는 나에게,

"니 밤새도록 공부할 줄 알아!"

이렇게 말했다. 너무 힘들지만, 너무너무 힘들지만 꿋꿋이 했다. 학원 시간이 늦었다. 학원 시간이 10분이나 늦어 학원 선생님께 꾸중도 들었다.

"너 왜 늦었어! 너 때문에 공부가 방해됐잖아!"

"네, 이젠 일찍 올게요."

학원에 갔다 집에 오는 길에 난 생각했다.

'아아, 집에 가기 싫다. 학원에서 영어 공부 더 하고 올까?'

하는 생각도 했다. 난 그래서 우리 동네를 다섯 바퀴나 돌고 집으로 왔다. 벌써 한숨을 쉬면 안 되지만 난 한숨을 100번은 더 쉬었다. 눈에 눈물도 맺힌다.

난 새벽 두 시까지 공부를 했다. 난 잘 때 생각했다.

'선생님이 놀면서 배우란 게 어떤 것일까? 나도 즐겁게 공부하고 싶다.'

아침이 와서 학교에 갔다. 아이들은 활짝 웃는 얼굴로 학교에 갔다. 난,

'그 아이들은 힘들지 않구나. 나만 힘들구나!'

생각했다. 어떨 땐 미영이가 부럽고, 어떨 땐 아진이가 부럽고, 늘 활기찬 아이들이 부럽다.

나는 학교를 마치고 20분이나 돌아가야 할 길로 갔다. 까닭은 빨리 가면 또 공부를 해야 하니까. 시험 기간엔 밥 먹는 시간이 나의 자유 시간이다.

집에 들어오자 엄마가,

"왜 이렇게 늦었어? 빨리 앉아, 공부하게!"

"……."

"오늘은 빨리해야 돼! 아빠 오면 공부 못 해!"

"……."

난 눈물이 맺힐 것 같았다. 이때까지 엄마와 행복했던 날들이 기억났기 때문이다. 수영장에서, 놀이동산에서, 동물원에서…….

난 세상에서 시험이 제일 밉다. 시험이란 자신의 능력을 테스트하는 것이다. 그런데 자신의 진짜 능력 말고 이렇게 힘들게 문제집이나 하고 외워서 딴 점수는 자신의 점수가 아닌 것 같다. 시험 때문에 힘들어서 시험이 너무너무 밉다. (4학년 여)

학교에서 몇 주 전쯤에 시험 칠 날짜와 출제 범위를 알려 주면 그날부터 아이들은 꼼짝 못하게 된다. 붙잡혀서 지겹도록 문제집을 풀며 답을 달달

외워야 한다. 이 아이는 "아아, 집에 가기 싫다. 학원에서 영어 공부 더 하고 올까?" 했다. 집을 피해 갈 만한 곳이 겨우 영어 학원인 것이다. 집에 들어오기 싫어 동네를 여러 바퀴 돌고 한숨은 백번도 더 쉬었단다. 그래도 끝내는 집에 들어올 수밖에 없었는데, 붙잡혀 새벽 두 시까지 공부를 했단다. 이 아이에겐 모든 곳이 지옥이다.

아이가 글 끝에 '문제집이나 풀고 외워서 딴 점수는 자기 점수가 아닌 것 같다, 그런 시험이 너무 밉다'고 한 말을 어른들은 뼈아프게 새겨들었으면 싶다.

너거 반에서 꼴찌제?

기말 고사를 칠 때 있었던 일이다. 엄마는 하루 종일 공부해라 공부해라는 말밖에 안 했다. 나는 그 말들을 다 부정적으로 느꼈다. 그래서,

"공부는 조금 있다가 하자. 조금 있다가 하자."

라는 말밖에 안 나온다.

엄마는,

"니 이번 시험 못 치면 마 뒤졌어!"

라고 하였다. 나는 깜짝 놀라 공부를 다시 하였다. 그땐 내가 생각한 것들이 많다.

"공부는 왜 생겨났을까?"

"시험 안 치면 안 되나?"

시험 날이 되자 나는 새벽 4시부터 공부를 했다. 그러자 엄마가 성큼성큼 방에서 나왔다. 그리고,

"니 지금 몇 신데 공부를 하겠다는 거고, 어?"

하고 말했다. 나는 못 들은 척했다.

학교 가서는 시험만 계속 치고 놀 틈이 없었다. 시험지를 받자 머리가 하얗게 변했다. 나는 어쩔 수 없이 아는 대로 답을 적었다. 무사히 시험을 넘겼다.

그런데 집에 오자 엄마는,

"야, 시험 잘 쳤나?"

"쉽제? 쉽다고 소문났더라."

이런 이야기만 했다. 나는 화가 산더미처럼 쌓였다. 그래서,

"엄마는 시험밖에 모르나?"

이렇게 소리치면서 내 방으로 뛰어왔다.

시험 결과가 나오는 날 나는 가슴이 두근두근거렸다. 처음에 첫 시간에 친 국어는 100점, 또 수학 100점인데 사회는 3개, 과학 1개, 예체능 3개 총 합쳐서 일곱 개가 틀렸다. 나는,

"오 마이 갓!"

하며 소리를 질렀다.

집에 오니 엄마가 내 가방을 뒤져보았다. 내 시험지를 보고는 몽둥이를 들고 방으로 왔다.

"야, 니는 일곱 개가 뭐고? 니가 너거 반에서 꼴찌제? 가시나가 니마 디질라고 작정했나?"

그러자 나는,

"엄마는!"

하고 대꾸를 하자 엄마는,

"가시나가 지랄하고 앉았네!"

하며 몽둥이로 나를 때렸다. 계속 때려서 나는 울면서 싹싹 빌었다. 엄마는 이렇게 말했다.

"니 다음 시험에서 두 개 이상 틀리면 디진데이! 알았제?"

시험은 나의 원수와 같다. (4학년 여)

어머니가 "니 이번 시험 못 치면 마 뒤졌어!" 하는 식으로 닦달해 대니까 아이는 자꾸만 불안하다. 어머니가 이렇게 신경을 많이 쓰는데 공부를 제대로 안 해서 점수를 못 받으면 어떡하나, 그 걱정이 늘 짓누르고 있었을 것이다. 그래서 시험 날 새벽 네 시에 일어나 공부를 했다. 초등학교 4학년 아이가!

모두 백 문제에서 일곱 문제밖에 안 틀렸는데 어머니는 그것도 마음에 안 차서 난리다. "야, 니는 일곱 개가 뭐고? 니가 너거 반에서 꼴찌제?" "니 다음 시험에서 두 개 이상 틀리면 디진데이! 알았제?" 하고 아이를 잡는 말을 해 댄다.

그래서 아이는 시험, 공부라는 말은 부정적으로 느껴진다고 했고, "시험은 나의 원수와 같다"고도 했다. 시험 때문에 아이들이 스스로 목숨을 끊는 일이 일어나도 어른들은 제 의지가 약해서 그런 것이지 생각한다.

이런 식으로 시험을 잘 쳐서 어쩌자는 건가?

영어 학원 안 가서 혼난 일

밤에 엄마가 외할머니 댁에 갔다가 집에 왔다. 나는 학교에서 너무 늦게 돌아와 학원 영어 숙제도 안 했고, 영어 학원 가기도 싫어서 안 갔다.

엄마는 오자마자 나보고,

"너 영어 학원 몇 시에 갔어?"

해서 나는 사실대로,

"안 갔다."

하고 대답했다.

"왜 안 갔어?"

"그냥."

그냥 안 갔다고 하자 엄마는 방망이를 들고 왔다. 그러면서 무서운 표정을 지으면서,

"다른 애들은 다 가는데 왜 너만 안 가? 이쪽에 서!"

나는 엄마가 서라고 하는 곳에 가자 방망이로 다리를 '퍄악!' 소리가 나게 석 대를 때렸다. 그리고 한 손으로 내 멱살을 잡고 또 다른 한 손으로는 머리카락을 잡고 현관까지 끌고 가 문을 열고 나를 내던졌다. 그리고 문을 닫을랑 말랑 얼굴만 보이게 해서,

"너 같은 아들 이제 필요 없어!"

하고는 문을 콩 닫았다. 그리고 엄마는 또,

"니가 가고 싶어 하는 피씨방이나 가라!"

하면서 책가방이랑 학원 가방이랑 지갑을 꺼내서 문을 열고 던졌다. 그리고 또 무서운 표정을 지으면서 문을 콩 닫았다.

나는 계속 집 앞에 있었다. 한 30분 정도 있으니까 잠도 엄청 오고 춥기도 엄청 추웠다. 그래서 번호를 누르고 집 안으로 들어가서 옷을 꺼내서 집 밖으로 들고 나왔다. 그러니까 엄마는,

"왜 남의 집에 들어오는데?"

라고 했다. 그리고는 현관문을 잠갔다.

나는 더 짜증이 나서 엄마가 집중이 안 되게 계속 시끄럽게 벨을 누르고 문을 발로 찼다. 그러니까 옆집에 사는 사람들이 나와서 보았다. 그 사람들이 들어가자 엄마는 부끄럽다고 들어오라고 해서 들어갔다. 엄마는 밖에 있을 때는 아무것도 아닌 것처럼 하면서 집에 들어가니 눈을 크게 뜨더니,

"어, 뭐 때문에 그랬어! 왜 그랬어? 빨리 말 안 해?"

하며 소리쳤다. 그리고 엄마는 날 째려보더니,

"이유라도 있으면 봐줄까, 했는데 자꾸 이럴래?"

했다.

엄마는 눈을 잠시 감고 있다 뜨면서,

"너 또 이럴 거야? 다른 집은 다 괜찮은데 왜 우리 집만 이래! 너 이러면 우리 진짜 같이 못 산다!"

라고 했다. 그리고 다시는 이런 일 없도록 하라고 하면서 씻고 자라고 해서 끝이 났다.

엄마가 내 마음을 검은색으로 바뀌게 한 것 같다. 정말 지옥 같았다.

(4학년 남)

영어 학원 안 갔다고 아이를 때리고 밖으로 쫓아 버렸다. 자기 자식한테 그러는 어머니 마음도 안 아플 리는 없겠지. 그래도 날마다 가야 하는 학원인데, 지겹도록 가야 하는 학원인데, 어쩌다 한 번 안 간 것 가지고 그러는 건 지나치다 하지 않을 수 없다. 그렇게 하면 아이가 잘못을 깨닫고 반성할 것 같지만 오히려 반감을 사기 쉽다. 글 마지막에 "엄마가 내 마음을 검은색으로 바뀌게 한 것 같다. 정말 지옥 같았다"고 한 말을 보더라도 그렇다.

차라리 "힘들었구나! 그래, 까짓 거 힘들 때는 한번씩 쉬기도 해야지, 뭐" 하면서 등이라도 어루만져 주면 오히려 더 열심히 해야겠다는 마음이 일어날 것이다.

그보다 이참에 학원 한 군데 줄여 버리는 것은 어떨까? 아이들은 놀면서 배우는 것도 아주 많다.

공부가 힘들어, 학원이 힘들어

1주일 중 4일이 6교시다. 다니는 학원도 많지 않은데 집에 들어오면 해가 져서 깜깜하다. 다섯 시쯤 들어올 때는 해는 없고 산 주변이 주황색, 위는 탁한 하늘색이다. 그리고 곧 어두워진다.

수요일 날은 입시 학원에서 중학교 1학년 문제를 풀었다. 영어 같은 게 막 나왔다.

'아, 이걸 어떻게 하란 말이야? 공집합이 유한집합이 되었던가? 아, 정말 미치겠네!'

중학생 문제가 너무 어려워서 거의 2분의 1이 틀렸다.

터벅터벅 집으로 걸어올 때,

'휴우, 왜 공부를 해야 되지? 좋은 대학 가기 위해서이지만, 곧 6학년이 되기도 하지만 아직은 5학년이라고! 왜 뛰어넘어서 문제를 풀어야 해? 자기 학년의 것을 충실히 해서 잘하면 되는 거 아니야? 중1 문제 너무 어렵잖아! 힘들다고! 공부가 인생의 전부는 아니잖아! 이 세상에 직업이 얼마나 많은데! 공부는 정말 싫어! 왜 공부, 공부, 공부 다 그래? 힘들어 죽겠는데!'

나는 수학에 머리가 없는 사람 같다. 수학을 풀 때 막 땀이 나면서 더워질라 그런다. 내가 생각해 봤는데 수학만 못하는 게 아니다. 다 못한다. 나는 머리가 나쁜 것 같다. 아니다. 그냥 머리가 나쁘다.

국어는 조금 하지만 5학년 들어서 100점은 한 번이다. 수학은 100점을 맞지만 어렵다. 사회는 뭐, 할 만한데 역사에 대해선 잘 모른다. 과학, 할 만하다. 그런데 시험 공부 하는 게 너무 힘들다. 잘 쳐야 한다는 생각에 꼬박 열두 시까지 공부를 해야 한다.

영어도 참 못한다. 한국말이랑 순서가 다른 게 너무나도 어렵다.

요즈음은 학교에서 공부하는 것조차 힘들고 학원 다니는 것은 너무 힘들다. 하지만 대한민국은 공부 아니면 안 되잖아. 공부만 해야 한다는 현실이 너무 힘들다. 거기다가 영어까지 해야 하잖아. 자기 나라 언어만 할 줄 알면 되지. 세종대왕이 얼마나 힘들게 한글을 만드셨는데 영어를 배우고 있다니. 물론 내가 영어를 못해서 그렇다고 생각하지만 사실 아닌가. 차라리 내가 벌레로 태어나서 아무것도 모르고 행복하게 사는 게 낫다. 이렇게 공부만 하는 세상보다 말이다. (5학년 여)

5학년 아이에게 중학교 공부를 시키고 있다. 보통 아이에게 이렇게 이상하게 공부시키는 나라가 또 어디에 있을까? 어른들은 이 아이 호소가 귀에 잘 들리지 않는가 보다. 공부 때문에 해마다 많은 아이들이 목숨을 끊어도 이렇다.

이 아이는 성적도 다른 아이들보다 뛰어난 편이다. 그런데 자꾸만 능력이 모자란다고 생각하고 있다. 점수가 내려가면 어쩌나, 다른 아이들보다 처지면 어쩌나 하는 불안 심리 때문일 것이다.

아이는 끝에 "차라리 내가 벌레로 태어나서 아무것도 모르고 행복하게 사는 게 낫다. 이렇게 공부만 하는 세상보다 말이다"라고까지 말해 놓았다.

동무들이 나를 따돌려요

아이들은 동무와 친하게 지내다가도 금방 다투기도 한다. 그러다가 언제 그랬냐는 듯 다시 친하게 지낸다. 그래서 "아이들은 싸우면서 자란다"는 말도 있는가 보다. 어떨 때는 다툼이 오래가서 꽤나 오랫동안 괴로워하기도 하고, 한 또래 집단이 다른 한 아이를 따돌려 문제를 일으키기도 한다.

어른들은 이런 아이들 관계도 잘 살펴서 바르고 원만하게 생활할 수 있도록 도와주어야 한다.

현주와의 관계

현주와 나는 유치원 때부터 친하게 지내는 관계이다. 처음부터 친하지는 않았지만 같은 반이 계속 되니까 점점 친해졌다. 그리고 올해는 현주와 5년째 같은 반이다.

현주는 나를 많이 부려 먹는다고 친구들이 그러지만 그렇지는 않다. 물론 부려 먹을 때도 있지만 나도 부려 먹는다. 그런데 현주는 나와 성격이 다르다. 현주는 활발하고 여럿이 있는 걸 좋아하는데 나는 그다지 활발하지 않고 혼자 있는 걸 좋아한다. 그래서 그런지 나와 현주는 많이 싸우게 된다.

그런데 올해는 현주와 싸운 적은 없는데 현주가 화난 일이 있었다. 바로 그건 내가 명수와 같은 모둠, 같은 짝꿍이 되고 친해져서이다. 사실 현주가 화날 때마다 내가 더 화가 난다. 왜냐하면 별것도 아닌 거에 화를 내고 그러기 때문이고, 다른 친구까지 못 사귀게 하는 것 때문이다.

하지만 걱정거리가 생겼다. 현주와 싸우지 않으려면 어떻게 할까 고민이다. 현주가 좋아하는 것을 해 주면 되지만 현주가 좋아하는 것이 하나씩 늘어 가면서 나는 점점 더 힘들어진다.

그리고 현주는 노는 것을 좋아해서 토요일마다 가끔씩 만나서 논다. 하지만 나는 현주처럼 많이 노는 건 별로 좋아하지 않아서 현주가 전화로 놀자고 하면 핑계 거리를 대어서 안 논다고 한 적도 있다. 나는 일주일에 한 번씩 정도 노는 것이 좋은데 현주 때문에 세 번씩 놀 때도 있었다. 나는 그래서 엄마 아빠에게 왜 이렇게 성적이 떨어졌냐고 꾸중도 들었다. 나는 현주와 논다고 공부를 안 하게 되면서 점점 성적이 떨어지게 되었다. 나는 굳게 마음먹고 시험 기간에는 아무하고도 놀지 않으려고 하는데 현주 때문에 어려운 점이 있다.

현주가 그런 것을 이해해 주면 좋겠다. 현주와 싸우지 않으려면 어떻게 해야 할까, 걱정이다. (4학년 여)

매우 활발한 성격과 그 반대 성격을 가진 두 아이가 서로 친하다. 쉽지 않은 일이지만 때로는 오히려 저한테 없는 것을 채워 주니까 더 친해지기도 한다. 하지만 이렇게 다른 두 성격이 불협화음을 일으켜 다툼도 자주 일어난다. 친했던 만큼 갈등이 생길 때는 아주 크게 생길 수도 있다.

동무인 현주는 이 아이를 마치 자기 소유인 양 마음대로 하려고 하는 모양이다. 질투심도 참 많아서 다른 동무와 사귀는 것도 마음대로 못 하게 한다. 어른들은 이런 아이들 관계가 발견되면 문제를 원만하게 풀어 갈 수 있도록 조금은 도와줄 필요가 있다. 이 아이는 속에 담아 둔 채 끙끙 앓지만 말고 제 마음을 표현할 수 있도록 해 주고, 현주에게는 상대방 마음도 헤아려 가며 행동할 수 있도록 충고해 주어야겠지.

아이의 동무 관계까지 신경 써 줄 수 있는 부모가 많지는 않을 것이다. 더구나 관계를 악화시키지 않도록 알맞게 조절해 주기는 더욱 어렵겠지만, 그래도 노력했으면 싶다.

나를 왕따시키는 권지연

난 요즘 걱정거리가 생겼다. 까닭은 계속 권지연이 내 앞에서 여러 아이들과 귓속말도 하고 나를 빼고 잘 논다. 그래서 너무 요즘에 슬프고 억울하고 화도 날 때가 있다.

전번에 권지연이 나의 신발을 숨긴 적이 있다. 그때 30분 동안 못 찾았을 때 서진이가 찾아 주었다.

권지연은 자신과 맞지 않으면 욕해서 너무 싫고 스트레스가 만만치 않다. 물론 내 잘못도 있지만 너무 심하게 나를 괴롭히는 것 같다. 전번 주까지는 서진이와도 친하지 않았다. 그런데 서진이가 효빈이, 미리, 지연이한테 안 좋은 일이 있어서 갑자기 나와 친해졌다.

난 솔직히 왜 지연이와 꼭 놀아야 하는지 모르겠다. 다른 친구들과 놀면 되는데 계속 저한테 안 좋은 말을 들으면서 학교생활을 하여야 하는지 모르겠다. 하지만 권지연과 사이가 좋지 않으면 권지연이 여러 아이들에게 나랑 놀지 말라는 투로 말해서 날 왕따시킨다.

전번에도 권지연이 이런 일로 선생님께 충고를 들었을 때 한 3일은 잘해 주었지만 또 시작이다. 솔직히 난 권지연이 정말! 아니 완전 지구 세 배, 네 배만큼 싫다. 내가 화낸 것도 잘못이지만 권지연은 늘 화를 내기 때문에 그만큼 싫은 거다. 조금 심한 말로 권지연이 조금 어리면 오만 가지 다 이야기해서 왕따시키고 싶지만 권지연은 완전 친한 남효빈이 있기 때문에 불가능하다.

아휴우! 그 사건만 생각하면! 아이씨! 내가 아주 힘들어했던 사건은 바로 나와 권지연이가 놀기로 했었다. 그런데 나랑 약속을 했으면서 송서진과 갑자기 놀기로 했다고 했다. 그런데 나중에 너무 화가 나서 꼬깃꼬깃 물었지만 대답을 대충 했다. 난 알고 있었다, 내가 권지연과 놀지 못하게 일부러 만들었던 일이었다. 집에 와서도 너무 분하고 속상했었다.

권지연, 김미리, 남효빈은 거의 매일 밥 먹고 문방구점에 가서 먹을 것을 사 온다. 그리고 내가 달라고 하면 주지 않아서 왕따당하는 기분이 든다. 선생님께 말하고 싶었지만 말하려고 준비하면 잘해 주기 때문에 말할 수가 없었다. 전자편지로 보내려고 해도 손이 움직여지지 않는다.

빨리 이 일이 멈추어서 '왕따' '절교'라는 말이 나오지 않았으면 좋겠다. (4학년 여)

두 아이 관계가 아주 안 좋다. 둘 다 자존심이 참 강하고, 남들에게 지기 싫어하고, 질투심도 많기 때문일 것이다.

또 이 글을 쓴 아이는 다른 아이들하고도 사이가 별로 좋지 않다. 그러니까 '왕따'를 당하고 있다는 말이다. 문제 해결에 도움을 줄까 싶어 두 쪽 아이들을 불러 이야기를 들어 보면 두 쪽 말이 다 맞다. 그러니 서로 옳다면서 팽팽하게 맞서는 것이다. 한발씩 양보를 해서 서로 친하게 지내라고 충고해 주었다. 쉽게 풀리지는 않았지만 어느 사이 다시 친하게 지내게 되었다.

어쨌거나 이런 문제는 어른이 너무 깊이 관여하면 오히려 관계를 악화시킬 수도 있으니까, 아이들 스스로 풀어 가도록 아주 조금씩만 도와주어야 한다. 또 서로 어울리지 않으면 안 되는 즐거운 놀이나 학습 활동을 같이 하게 한다든지, 가끔 이런 문제를 다룬 책을 읽어 준다든지 하는 것도 한 방법이 되지 않을까 싶다.

집단 따돌림은 어제오늘 문제가 아니다. 매스컴에도 자주 오르내릴 만큼 떠들썩한 문제가 되었다. 따돌림을 당하면 아이들과 함께하는 여러 활동에서 소외된다. 조금만 못나 보이거나 잘나 보여도 놀림당하고 손찌검까지 당한다. 이런 아이들은 학교생활을 두려워하거나 불안해하고, 심하면 일상생활을 하기 어려울 만큼 심각한 정서 상태를 보이기도 한다. 초등학교 아이들은 중등학교에 비해 심각하지는 않다. 그러나 앞날에 큰 영향을 줄 수 있으니 깊이 생각해 보아야 할 것이다.

왕따당할까 걱정하는 아이 글을 한 편 더 보자.

왕따 걱정

나는 친구들이 귓속말을 하면 내 흉을 보는 것 같아서 늘 걱정이다.

하루는 내가 귀가 아파서 병원에 가야 했다. 병원 끝나는 시간이 7시다. 그런데 학원에는 가야 하는데 또 학원에 가면 늦어서 학원에도 가지 못하고 바로 병원에 가야 했다. 그러니 당연히 친구들과 같이 놀러 갈 수가 없었다. 하지만 믿는 친구들이어서 이런 것쯤은 이해해 줄 것이라고 믿었다.

다음 날 학교를 마치고 친구들과 집에 같이 가게 되었다. 병원은 이틀마다 가니까 그날은 안 가도 되었다. 그런데 한 친구가,

"영신이 오늘도 우리랑 같이 안 가면 왕따!"

그러는 것이었다. ○○까지 같이 가기는 했지만 걱정이 되었다. 왜냐하면 다음 날 또 병원에 가야 했기 때문이다.

그리고 다음 날 나는 친구들에게,

"미안. 내 오늘 또 병원에 간다. 미안."

그 말을 듣고 아이들은 별로 좋아하지 않는 것 같았다. 그래서 일부러 가는 척하며 아이들 이야기를 들어 보았다.

"야, 영신이 우리랑 같이 안 가면 왕따 아니가?"

그리고 다음 말은 자세히 못 들었지만 내 욕하는 건 분명했다. 그때 참 섭섭했다.

이런 일도 있었다. 우리는 5학년 때까지 왕따가 없었다. 그런데 하루는 수민이가 우리보고 놀자고 그러는 것이었다. 수민이는 ○○에서 잘 안 노는데 웬일인가 했다. 하지만 또다시 민지랑 집에 간다고 놀지 않았다. 우리는 실망했다. 하루 이틀도 아니고 늘 그러니 화가 났다. 그래서 수민이를 왕따시켰다. 그때부터 왕따가 시작되었다.

얼마 후 아이들은 장난 반 진짜 반으로 날보고 왕따라고 했다. 믿고 싶지 않았지만 다시 한 번 더 확인시켜 줬다. 나에게 편지를 한 장 주며 말이다. 그 속에는 내가 영희를 괴롭혀서 그렇다고 했다. 나는 화가 났다. 나만 괴롭힌 것이 아닌데 나만 따돌리니까 말이다.

아이들은 나를 모르는 사람처럼 대했다. 그래서 수영이랑 놀았다. 수영이는 친구들이 나랑 놀지 말라고 했는데도 고맙게도 놀아 줬다.

그러던 어느 날 컴퓨터 시간이었다. 게임을 했다. 다른 컴퓨터에는 없는데 단 한 대의 컴퓨터에 우리 집에 있는 게임이랑 똑같은 것이 있었다. 선생님이 그 게임을 하자 정식이가 구경을 하러 갔다. 그래서 나도 가 보았다. 그리고 선생님이 잘 모르시길래 가르쳐 드렸다. 그러니까 친구들이 귓속말을 했다. 나는 금방 내 욕을 한다는 것을 눈치챌 수 있었다.

선생님께서 아이들보고 돌아가며 그 게임을 하라고 그러자 친구들은,

"우리는 안 해도 돼요. 누구누구 재수 없어서 안 해요."
그랬다. 그 재수 없다는 아이는 바로 나였다. 그때는 아이들이 싫고 미웠다.

지금은 또 같이 지내고 있지만, 그 일이 있은 후 나는 아이들이 무섭다. 왕따시킬까 무섭다. (6학년 남)

이 집단 따돌림 문제를 해결하려면 부모나 식구들 도움이 매우 중요하다. 아이가 따돌림당하고 있다는 사실을 알았을 때, 먼저 그 까닭을 알아보고 아이가 대처할 수 있는 방법을 의논해야 한다. 그리고 자기 양육 방식을 되돌아보아야 한다. 지나치게 보호해 주거나 이기적으로 키우지 않았는지, 공부만 하라고 몰아세우지는 않았는지.

아이가 가해자라는 사실을 알았을 때는, 동무를 따돌리는 것이 심각한 정신 폭력임을 알게 해 주어야 한다. 다음에는 약한 아이를 따돌리거나 괴롭히는 까닭을 알아 내고, 지나치게 자기 중심적이고 의존적으로 키우지 않았는지 반성해야 한다.

집단 따돌림은 가정 밖에서 부모 모르게 일어나고 있어서 눈치채지 못하는 사이에 문제가 커진다. '내 아이는 그럴 리 없다'는 마음을 버리고 상황을 냉정하게 살펴서 해결하려는 자세가 필요하다.

선생님, 제 말도 들어 주세요

아이들과 선생님이 함께하는 시간이 매우 많은 만큼 갈등도 많다. 갈등이 일어날 때는 선생님이 아이들 마음을 상하게 하는 말도 하고 매를 들기도 한다. 아이들에게 공평하게 대한다고 하는데도 불만을 가지는 아이가 있고, 선생님이 그리 심한 말을 하지 않았는데도 상처받는 아이가 있다.

너무한 선생님

"야! 니 바보가? 1분이면 읽기 시간이다. 근데 니 책상에 그거 뭔데? 빨리 책이나 꺼내라!"

짝 박재민이 재수 없게 잘난 척하면서 읽기책을 가리킨다.

"니가 뭔 상관인데? 내가 책을 꺼내든 말든! 진짜 재수 없네!"

"뭐? 좀 챙겨 줬더니만 잘난 척하고 있네. 지가 책 못 꺼내 놨으면서 왜 나한테 화풀인데? 재수 없는 건 내가 아니고 너거든!"

"뭐라고? 이게 좀 봐줬더니만. 머리까지 기어오르네? 좀 닥쳐라!"

나는 짜증이 나서 박재민이를 한 대 때려 줬다. 그런데 박재민의 얼굴이 점점 붉어지는 것이다. 하필이면 이때 선생님이 들어왔다.

"어? 재민아! 누구한테 맞았어? 얼굴이 왜 그렇게 빨개? 응?"

"정가영이요. 저는 책만 꺼내라고 했는데 얼굴 때렸어요."

'박재민! 이 망할 자식! 지는 뭐 잘했다고. 지가 먼저 그딴 식으로 말하니까 내가 그랬지. 그리고 별로 세게 때리지도 않았는데 얼굴은 왜 빨개지고 난리야!'

"정가영, 진짜야? 재민이랑 잠깐 앞에 나와!"

"선생님은 가영이가 이럴 줄 몰랐어. 공부 잘하고 착한 아이인 줄 알았는데 친구 얼굴을 이렇게 만들어?"

"선생님, 그게 아니고요……."

"됐어! 변명 필요 없어! 이번 읽기 시간 끝날 때까지 뒤에서 벌서고 있어! 어떻게 책 좀 꺼내라고 한 짝꿍을 이렇게 만들 수가 있어? 니가 폭력배야? 어디서 때리는 것만 배워 온 거야?"

"선생님, 전 억울해요! 박재민이 먼저……."

"됐다고 했지? 그런 거짓말 만들지 마! 빨리 뒤에 가서 벌서!"

'내가 벌서는 것 때문에 이러는 줄 알아요? 그래요. 나 박재민 얼굴 때렸어요! 근데 박재민이 나한테 말하는 자체가 잘못됐는데 왜 나만 벌서냐고요! 벌서려면 박재민도 같이 서야죠! 선생님이 이래도 돼요? 공정한 판결을 내려야죠! 선생님이 나 된다면 분명히 나보다

더 했을걸요!'

마음속으로는 심하게 외쳤지만 말은 못하고 선생님 꾸중에 눈물이 왈칵 쏟아졌다. 아무리 생각해 봐도 너무 억울해 일기에 이 일을 써 버렸다.

다음 날 선생님이 날 불렀다.

"가영아, 일기 읽어 보니까 가영이가 많이 억울했던 모양이구나. 선생님은 재민이 얼굴이 너무 발개서 내가 흥분해서 그만 가영이를 의심했구나. 재민이가 평소에도 얼굴이 붉어지는 건 전혀 몰랐어. 어제 벌세워서 미안하다. 가영이 이제 화 풀어. 선생님 진심으로 미안해. 알았지? 그럼 자리에 가서 자습해라."

'이제 와서 사과하면 끝이야? 뭐 이래? 나 이렇게 선생님이 싫은 건 처음이다. 진짜 기가 막히네! 그럼 박재민도 벌세워야 하잖아! 진짜 끓는다. 끓어!'(5학년 여)

선생님이 상황도 제대로 모르고 멋대로 판단해서 아이에게 벌을 준 일이다. 무슨 일이든 거기에는 반드시 까닭이 있고, 처음에 일이 어떻게 시작되었는지 그 출발점이 있다. 먼저 그것부터 알아본 다음에 풀어 가야 실수가 적다.

내가 아이들 다툼을 풀어 가는 방법은 서로 싸우게 된 까닭과 제 주장을 글로 쓰라고 해서 서로 바꾸어 읽히는 것이다. 이런 과정을 여러 차례 거치다 보면 저절로 감정이 풀리고, 곧 자기 잘못을 돌아보고 반성도 하게 된다. 그러면 문제는 저절로 풀리게 되는 것이다. 그래도 잘 안 풀릴 때는 또 다른 좋은 방법을 찾으면 되겠지.

집으로 돌아오는 길

오늘 학교를 마치고 교실에서 나왔다. 그런데 복도 저편에 이영범이가 보였다. 그래서 나는 손을 흔들고 재빨리 신으로 갈아 신고 그쪽으로 갔다.

가는 길에 영범이 얼굴을 보니 표정이 별로 좋지 않았다. 그리고 가끔 어떤 물건을 차곤 했다. 보통 때는 그러지 않았는데 말이다. 나는,

'영범이가 선생님한테 혼났나?'

하고 생각했다. 그래서 영범이한테,

"야, 영범이. 니 오늘 쌤한테 혼났나?"

그러자 이영범이,

"그래. 아이 씨이, 존나 짜증나네!"

하면서 신경질을 냈다.

나는 그 사연을 들어 보았다. 그 내용은 이렇다.

한 일주일 전에 이영범이 학원에 늦어서 학교 담을 넘어간 적이 있다. 그것 때문에 오늘 혼이 났는데, 선생님이 애들이 보는데 망신시키는 데 일가견이 있다고 했다. 자로 얼굴을 들리고, 담을 넘는 시늉을 애들이 보는 앞에서 20번이나 해야 했다고 한다. 나는 이야기를 듣고,

'불쌍하긴 한데 자업자득 아닌가?'

하고 생각했다. 그러나 겉으로는,

"쌤이 좀 심하긴 하네."

하며 거짓말을 했다.

그래도 나중에는 같이 게임 이야기를 하면서 즐겁게 오다 각자 집으로 돌아왔다. (4학년 남)

선생님은 제 잘못을 알고 고개를 숙이고 있는 아이 얼굴을 자로 들었다. 거기다 반 동무들 모두가 보는 앞에서 담 넘는 시늉을 스무 번이나 하도록 했다. 그 아이 처지가 되어 보면 마음이 어떨지 짐작할 수 있을 것이다.

글을 쓴 아이는 '불쌍하긴 한데 자업자득 아닌가?' 생각하면서 겉으로만 "쌤이 좀 심하긴 하네" 하고 말했다고 한다. 이 아이 생각도 바르다고만 할 수 없다.

선생님은 담을 넘다가 크게 다칠 수도 있으니 단단히 주의를 주려고 그랬겠지. 그래도 방법이 아주 잘못되었다. 아무리 잘못을 저질렀다 해도 제 인격이 짓밟혔다 싶으면 반성은커녕 반발심이 먼저 끓어오르게 마련이다.

선생님께 질문했을 때

오늘 난 미지가 혼나는 걸 보았다. 그 까닭은 홈페이지에 리본체조 방법을 적은 쪽지는 안 뜨고 이상한 문자가 떠서 못 본 데다가 프린트까지 해 오지 않았기 때문이다. 난 속으로,

'난 리본체조 프린트물 있는데 빌려줘야겠다.'

이렇게 생각했다. 하지만 혹시 빌려 주면 선생님이 혼내실 것 같았다. 그래서 선생님께 물어보았다.

"선생님, 저 리본체조 프린트물 있는데 미지 빌려 줄까요?"

"그걸 내가 아나 니가 알지! 니 멋대로 해라!"

난 순간 놀랐다. 선생님이 하신 말은 당연한 말이셨지만……. 놀란 마음을 참고 그냥 미지에게 빌려 줘야겠다고 생각했다. 그런데 내가 놀란 까닭은 너무 냉정하게 말해서다.

'조금은 이해할 수 있게 말해 줄 줄 알았는데…….'

난 미지를 불러서 프린트물을 빌려 주었다. 미지는 무척이나 미안해

하는 표정이었다. 그래서 난 이제부터는 아무리 안 물어서 혼이 날 것 같아도 당연한 일은 묻지 않기로 했다. 그리고 이제는 선생님께서는 아무리 당연한 이야기라도 우리들이 이해하게 차근차근 말해 주셨으면 좋겠다. 차근차근 말해야 진심이 다가오기 때문이다. (4학년 여)

"그걸 내가 아나, 니가 알지! 니 멋대로 해라!" 이렇게 냉정한 선생님 말을 들은 이 아이는 얼마나 놀랐을까. "난 이제부터는 아무리 안 물어서 혼이 날 것 같아도 당연한 일은 묻지 않기로 했다"면서 말문을 닫아 버리려고 한다.

아이들을 가르치다 보면 목이 아프도록 애써 설명했는데도 엉뚱한 짓하느라 못 듣고 뜬금없는 질문을 한다든지, 묻지 않아도 뻔히 아는 일을 습관처럼 질문을 해 멜 때 더러 짜증이 나기도 한다. 그래도 언제나 차근차근 친절하게 말해 주어야 한다. 그러지 않으면 이렇게 아이에게 상처를 주는 실수를 저지를 수도 있기 때문이다.

09

학대받는 아이들의 성

아이가 음란물을 보는 것을 발견했을 때나 이미 보았다는 것을
알았을 때도 당황하지 말고 자연스럽게 이야기해 주는 게 좋다.
아이들은 성을 여러 가지 방식으로 팔고 사는 어른 사회의 피해자일 뿐이다.
씻을 수 없는 죄를 저지른 것처럼 심하게 야단치지 않았으면 한다.
그러기 전에 건전한 방법으로 호기심을 풀어 주는 예방 교육을 해야 한다.

학대받는
아이들의 성

하양 거리

버스표 파는 가게 앞에
소름 끼치는 여성 잡지
젖이 보일랑 처진 윗옷
바람에 날려
팬티가 날려
유혹하는 다리
버스표 사는 사람도
옆눈으로 힐끔 쳐다보다
그런 것에 이길 수 있다는 듯
하지만 다시 한번 힐끔.
귀순이 언니 뒤에 숨어
안 보려 해도 쏠리는 눈길
옷 파는 사람도 문 앞에 서서
껌을 짝짝 씹으면서
쳐다보고 또 쳐다보고
차 안에 있는 사람도
놀라는 척
여자들은 제각각 부끄러워
남자 얼굴 앞을 가려
재미있게 얘길 하며
웃기만 하는 척
다섯 살 돼 보이는 3명의 아이
눈에 보이는 대로 보며
달려간다.
잡지책 네 권이
하양 사람들 모두 다
유혹한다.

(5학년 여)

식생활이 달라지면서 발육이 빨라진 데다 밀려들어 오는 음란 서적과 영상물, 개방되어 가는 성 문화로 성에 대한 아이들 관심도 하루가 다르게 높아지고 있다. 그런데도 어른들은 아이들 성 발달이나 성 의식이 어느 만큼인지 잘 모르고, 안다고 해도 어렴풋이 알 뿐이다. 게다가 성교육은 몇십 년째 제자리라 할 만큼 모자란다. 그러니 아이들이 은밀한 방식으로 알게 된 뒤틀린 성 지식이 심각한 문제를 낳고 있다.

흔히 어른들은 성 충동과 호기심을 자제하지 못해 문란한 행동을 하는 청소년들에게 책임을 돌리기 쉽다. 그러나 이런 일이 일어나는 까닭은 오래된 성차별과 억압, 여성의 성을 상품으로 만드는 자본주의 성 문화가 사회 곳곳에서부터 아이들 일상에까지 그 뿌리를 내리고 있기 때문이다.

우리 사회는 알게 모르게 어릴 때부터 성에 대해 차별하고 폭력적으로 생각하고 행동하도록 아이들에게 가르치고 있다. 그러니 제대로 된 성 지식을 가르쳐 주어야 할 책임이 어른들에게 있는 것이다.

성에 대한 생각과 행동이 이미 뒤틀린 모습으로 나타나기 시작하면 바로잡아 줄 시기를 놓친 것이나 다름없다. 아주 어릴 때부터 관심을 가지고 성교육을 해야 한다. 아이들이 성에 대해 궁금해하는 것을 풀어 주고 그 나이에 맞는 건강한 성생활이 무엇인지도 가르쳐 주어야 한다.

먼저, 글에서나마 아이들 현실을 조금이라도 알 수 있다면 좋겠다.

우연히 이성의 몸을 봤어요

사춘기가 되면 이성의 몸에 대해 호기심이 생긴다. 아주 어릴 때부터 성에 대한 기초 교육을 받아도, 실제로 이성의 몸을 보게 되면 이상하게 여기거나 신비하게 생각한다. 몸과 마음이 자라고 변하는 만큼, 더 깊이 있는 성 지식을 요구하게 된다.

제대로 된 성교육이 이루어지려면 눈, 코, 입, 귀 같은 기관 모양과 기능을 아는 것처럼, 성기가 어떻게 생겼고 무슨 일을 하는지 알 수 있도록 해 주어야 한다.

여자의 유방

지난가을이었다. 우리 분단 아이들이 모두 사회 숙제로 윤석규 집에 패도를 만들러 갔다. 나와 제일 친한 친구 민석이는 나 때문에 화가 나서 집에 가 버렸다. 우리는 약 30분을 윤석규 집에서 놀다가 숙제를 하기 시작했다. 나는 줄을 그었다. 또 어떤 아이는 글씨를 쓰고 어떤 아이는 그냥 놀았다.

김해연이가 글씨를 쓰기 시작했다. 나는 줄을 다 그었기 때문에 좀 쉬었다. 좀 쉬다가 글씨를 잘 쓰나 못 쓰나 살펴보려고 고개를 들었다. 드는 순간 갑자기 내 눈이 번쩍했다. 그 이유는 김해연이가 엎드려서 글씨를 쓸 때 앞가슴에 있는 유방이 보였다. 나는 정말 놀라서 눈 깜짝할 사이에 돌렸다. 정말 가슴이 두근거렸다. 그래서 나는 김해연이의 뒤쪽에 갔다. 그런데 내가 본 유방이 자꾸 잊혀지지 않고 떠올랐다.

나는 며칠 동안 늘 그 생각뿐이었다. 정말 골치가 아팠다. 내 머릿속에서 그 생각이 왜 없어지지 않는지 얼마 동안은 나도 잘 몰랐다. 아니

지금도 모른다. 내 짐작으로는 김해연이가 우리 반에서 가장 예쁜 여자이기 때문이다. 사실 나도 김해연을 마음속으로 좋아하고 있다. 그렇지만 어쩔 수가 없다.

나는 이 이야기를 누구한테 할까 하다가 마침 이런 기회가 생겨서 정말 잘되었다. 정말 속이 후련하다. 그렇지만 아직 한 가지 걱정거리가 있다. 그것은 바로 내 생각에서 지워 버리는 것이다. 아무리 지우려고 해도 지워지지가 않는다. 정말 그때 보지만 않았더라도 이런 일은 없었을 텐데 골이 터질 것 같다. 정말 미칠 것 같다. 청소년 상담소라도 가서 말을 하고 싶다. 그렇지만 고작 이런 일로 그런 곳에까지 가려니 좀 그렇다. 제발 그 생각이 머릿속에서 지워져 버렸으면 좋겠다. 만약 그 생각이 지워지지 않는다면 별별 생각이 다 날 것 같다. 제발 나의 머릿속에서 그 생각이 지워졌으면 좋겠다. 이런 것을 자꾸 생각하면 양심이 찔려서 못 살 것 같다. 이제 조금만 더 생각하면 정말 죽고 싶은 심정이 될 것 같다. 제발 제발 제발 잊어버려라! 제발 잊어버려라! 제발 잊어버려다오!

가만히 생각해 보니 정말 이상하다. 왜냐하면 나는 어제 공부한 것은 이틀이나 삼 일이 지나면 거의 다 잊어버리는데 이 생각은 벌써 몇 달이 지났는데도, 아니 일 년이 다 되어 가는데도 잊혀지지 않으니 이것 참 신기한 일이다. 정말 미칠 일이다. (6학년 남)

또래 이성에게 호기심이 많을 때인데, 여자아이 유방을 보았으니 아이 딴에는 큰 사건이다. 가만히 훔쳐본 일과 이상한 마음을 품은 일에 대한 죄책감, 그 아이를 좋아하는 감정까지 더해져 아이 마음이 매우 혼란스럽다. 이럴 때 가까운 사람에게 마음 놓고 이야기할 수 있는 분위기가 된다면 얼마나 좋을까. 학교가 그런 공간이 되어야 하는데, 아직도 먼 일이다.

일삼아 훔쳐본 행동이 아니라면 나쁘지 않다는 것, 이성을 좋아하는 감정은 자연스러운 감정이라는 것을 이야기해 주어야 한다. 그리고 자연스럽게 동무로 사귈 수 있도록 하는 것이 좋겠다.

화장실에서

4학년 때의 일이다.

학교를 마치고 집으로 갔는데 명순이가 자기 집에서 같이 숙제하자고 전화가 왔다. 그래서 나는 숙제할 것을 가지고 명순이 집에 갔다. 명순이가,

"언니야, 작은방에 온나. 숙제 같이 하자."

"알았다."

하면서 명순이 방에 들어갔다. 그런데 명순이 방에 들어가니 이상한 그림이 있었다. 남자와 여자가 성폭행을 하는 그림이었다.

"니 저런 거 보나?"

"어, 좋잖아."

"뭐가 좋다고 걸어 놨노."

하도 말이 안 되어 밖에 나갔다. 거실에 서 있으니 오줌이 마려워 불을 켜고 화장실에 들어갔다. 그런데 이게 웬일! 명순이 아빠가 들어 있었다. 벌거벗은 몸이 내 눈에 보였다. 고추가 오뚜기처럼 오똑 섰다. 고추 밑부분에는 홍시처럼 물렁물렁하게 보이는 둥근 것이 있었고 그 위에는 길쭉한 게 오똑 서 있었다.

'정말 남자 고추가 왜 저렇게 생겼노?'

정말 징그러웠다.

'어? 어떻게 하노. 나는 인제 죽었다.'

이런 생각도 들었다. 나에게 사랑을 잘 베푸시는 그 아저씨가 우리 엄마 아빠 다음으로 좋았는데 그 아저씨 보기가 미안했고 부끄러워서 고개를 들 수가 없었다.

거기에만 징그러운 것이 아니었다. 겨드랑이에 시커먼 털이 아주 많았다. 털들이 소풍 가려고 모여 있는 것 같았다.

"아저씨, 죄송해요."

"죄송한 것 알면 빨리 나가라."

"아 예에, 예예예."

나는 겁먹은 듯이 막 나왔다. 나와서 생각해 보니 노크(똑똑똑)를 하지 않은 것이 부끄러웠다. 하지만 남자 어른의 고추는 정말 오늘 처음 보았다. 몸 위에는 근육이 있어서 그런지 통통했고 배꼽이 우리 배꼽보다 훨씬 컸다. 그리고 다리도 근육이 있어 그런지 더 굵어 보였고 더욱더 단단하게 보였다. 발도 도둑발처럼 되게 컸다. 그 아저씨의 모습이 되게 멋있었다. 그걸 보니 나도 남자였으면 하는 생각도 들고, '내가 고추(남자)로 태어나지 뭘하려고 여자로 태어나게 했노' 하는 생각이 들었다. 엄마가 밉기도 했다. 하지만 남자도 다 좋지는 않다는 것은 나도 알고 있다. 남자면 군대도 가야 하고 무거운 것도 남자가 다 들어야 한다. 그렇지만 오늘만큼은 꼭 남자가 되고 싶다. 남자를 우습게 보고 막 때렸는데, 인제는 우리 반 아이들도 씩씩하고 무섭다는 것을 알았다. (5학년 여)

여자아이가 남자 어른의 성기를 본 경험이다. 좀처럼 볼 수 없는 것이기 때문에 이성의 성기에 강한 호기심을 가지고 있는 것은 당연하다. 딸과 어머니, 아들과 아버지같이 같은 성끼리라면 목욕을 하면서 자연스럽게 성기에 대해 이야기해 줄 수 있다. 아이가 궁금해하면 이성의 성기 그림을 보여 주면서 이야기해 주면 더욱 좋겠다.

여자아이에게 열등 의식을 심어 주고 남자아이에게 우월 의식을 부추기는 어른들이 많은데, 어릴 때부터 이런 영향을 받은 여자아이들은 자기 성을 부끄럽거나 하찮게 여길 수 있다. 남자는 남자대로, 여자는 여자대로 자기 몸을 소중하게 여기도록 일깨워 주어야 한다.

어린 여자아이가 "나는 왜 고추가 없어?" 하고 물으면 "나중에 자라면 저절로 알게 돼" "원래부터 여자는 없는 거야" 하지 말고, "남자 성기는 밖으로 나와 있지만 여자는 안으로 들어가 있어. 여자 배 속에는 아기집이 있거든. 그것을 자궁이라고 하는데 아기가 세상에 나올 때까지 키워 주고 지켜 주는 곳이야" 하는 식으로 대답을 해 주는 것이 좋다.

몸에 대해 제대로 알게 해 주는 교육은, 나아가 자기를 존중하고 남을 존중하는 태도까지 길러 준다.

내 몸이 이상해졌어요

양호 선생님들이 생리에 대해 교육할 때 보면 대체로 같은 성끼리 모아 놓고 가르친다. 그러나 실은 여자 생리나 남자 생리에 대해 교육할 때 남녀 아이들 모두 참여시켜야 한다. 자기 몸에서 일어나는 변화와 함께 이성의 생리를 이해할 수 있는 마음가짐을 갖도록 일깨워 주어야, 단순한 호기심이 건강한 성 지식으로 발전할 수 있다.

나의 고추와 여자의 생리

6학년 1학기에 들어왔을 때의 일이다. 고등학교 2학년인 형이 한 명 있는데 그 방 이불 밑 담요에 털이 한두 개 떨어져 있는 것을 우연히 보게 되었다. 그것이 무슨 털일까? 형의 털이었다. 나는 몰래 방에 들어와, '나도 고추에 털이 혹시 났을까' 하고 보았다. 조그마한 게 여러 개 나 있었다. 참 신기하기도 하였다.

화장실에서 형의 고추도 우연히 보게 되었다. 그래서 나는 형 정도 털이 자라려면 시간이 얼마나 걸릴까 하는 생각을 해 보기도 하였다. 나는 이 사실을 아무에게도 알리지 않고 며칠을 지내다 형에게 말했다. 그러니 형은,

"니가 고추에 털이 났다고? 한번 보자."

하는 것이었다. 그래서 나는 형에게 보여 주었다. 형은 보더니만,

"니, 고추에 털도 나고 많이 컸데이."

하는 것이었다. 나는 기분이 나쁘진 않았다.

'여자는 어떻게 날까' 하고 궁금해하기도 하였다. 우리는 비디오로 성 테이프를 보았는데 남자에게는 정자, 여자에게는 난자가 있다고 하였다. 나도 남자라면 정자가 있을까? 참 궁금하기도 하였다.

나는 마을 회관 연쇄점에 과자를 사 먹으러 가다 논에서 오줌을 누던 아주머니의 성기를 보게 되었다. 그것도 좀 가까이에서 보게 된 것이다. 남자는 튀어나왔지만 그 아주머니는 튀어나오지 않았고 안으로 들어가 있었다. 그리고 까맣게 털도 나 있었다. 엉덩이도 보였다. 나는 얼른 고개를 돌리고 연쇄점으로 들어갔다. 과자를 사서 나오니 벌써 가 버리고 없었다.

나는 집으로 돌아와 옷을 찾으려고 옷장을 뒤지다가 엄마, 아빠 옷

장을 열게 되었는데 조그만 비닐 종이에 이상한 게 들어 있었다. 그것은 바로 생리대였다. 처음엔 몰랐지만 TV에서 여자는 한 달에 한 번씩 마술에 걸린다며 생리대 선전을 하였다. 내가 엄마께 생리가 무엇인가를 물었더니 내가 크면 다 알게 된다면서 지금은 물을 필요가 없다고 말씀하셨다. 나는 너무도 궁금하였다.

나는 그걸 잘 몰랐는데 성교육 비디오테이프를 보고 생리가 무엇인가를 알게 되었다. 알고 나니 별게 아니구나 하고 생각이 되기도 하였다. 그래서 나는 호기심을 버리기로 하였다. (6학년 남)

무슨 일이든지 알고 나면 별것 아닌데 감추면 더욱 호기심을 가지게 된다. 형제 간의 행동을 보니 매우 자연스럽다. 형이 뒤틀린 성 의식을 가지고 있지 않다면 자연스럽게 동생에게 건전한 성교육을 해 줄 수 있다. 이런 기초 성 지식은 아이들이 물어 오지 않아도 상식으로 알 수 있도록 유치원부터 교육 과정에 넣어 가르치는 것이 좋겠다.

남자와 마찬가지로 여자에게도 자기 또래(사춘기)가 되면 음모가 난다는 것, 남자 생리와 여자 생리를 바로 알게 해 주어서 남자아이들이 자기자신이나 여자를 어떻게 대해야 하는지 깨닫게 해 주어야 한다.

또한 아이들은 성 지식을 눈으로 직접 확인하고 싶어 한다. 그림으로 보여 주는 것이 좋은 방법이다.

나의 고추에 난 털

저녁에 목욕을 하려고 화장실에 들어갔다. 그런데 나의 몸에 변화가 있었다. 아빠와 같이 목욕을 하는데 아빠는 겨드랑이에 털이 많이 나 있고 다리에도 털이 나 있고 가랑이에도 털이 많이 나 있었다. 나의 꼬추 위에도 털이 나 있었다. 그러나 잘 보이지 않을 정도이다.

아빠보다 키는 10cm 정도 차이가 난다. 아빠는 때를 밀고 나의 때를 밀어 주신다. 아빠의 손이 내 온몸에 닿았다. 하지만 아빠여서 괜찮았다. 그런데 엄마가 갑자기 문을 열고 옷을 놓고 갔다. 나는 당황했다. 그래도 엄마니까 괜찮은데 노크도 안 하고 불쑥 들어와 당황을 했다.

목욕을 다 하고 옷을 입고 나왔다. 내 꼬추 위에 털이 난 것을 비밀로 하려고 한다. 그 비밀을 감추고 TV를 보았다.

오늘은 목욕을 하면서 내 몸의 변화와 아빠 몸을 보고 나도 크면 저렇게 될 것이라고 생각하는 시간이었다. 나도 커서 아빠처럼 될 것 같다.

그다음에 잠자리로 들어서 잠을 잤다. 잠자기 전에 자꾸 이상한 생각이 들었다. 목욕할 때 그 모습이 자꾸 떠오른다. 그리고 꿈을 꾸었다. 비가 오고 천둥 치는 날에 어떤 이상한 여자가 집에 들어오는 꿈이었다. 생생하지 않은 꿈이고 이상한 꿈이었다.

아침이다. 목욕을 해서 개운한 아침이지만 그 생각이 잊혀지지 않는다. 어서 그 생각을 잊고 싶다. (4학년 남)

남자아이는 아버지와, 여자아이는 어머니와 함께 목욕을 하면서 자기 몸과 어른 몸을 견주어 보기도 한다. 그러면서 점점 어른처럼 변해 가는 자기 몸을 자연스럽게 이해하게 되는 것이다.

사춘기에는 몸의 변화가 한꺼번에 많이 일어나서 아이들이 매우 당황스러워하거나 이상하게 생각하기도 한다. 더구나 그런 이야기를 다른 사람에게 하는 것도 부끄럽게 생각해서 혼자 끙끙 앓거나 고민에 빠지기 쉽다. 그럴 때일수록 부모의 역할이 중요하다.

나의 성장

나는 다른 여자아이들보다 덩치가 큰 편이다. 키도 크고 살도 조금 쪘다. 작년, 이런 나에게 이상한 일이 일어났다. 밖에서 잘 뛰어놀고 있는데 이상하게 팬티가 축축해진 것이다. 그래서 나는 오줌을 싼 것 같아 얼른 집으로 왔다. 화장실에 가서 팬티를 보니 이상한 피가 묻어 있었다. 얼른 엄마에게 갔다.

"어 엄마, 큰일났다! 팬티에 피, 피 묻었다!"

그런데 엄마는,

"아고, 우리 딸 장하다."

하고 말하는 것이었다. 그것이 이 세상 여자들이 다 하는 '생리'라는 것이다. 나는 생리란 걸 알고는 있었는데 이렇게 빨리 찾아올 줄은 몰랐다.

그날 저녁 나는 정말 밤에 잘 때 불안하였다.

'이게 새면 어떡하지?'

나는 불안하고 배도 살살 아파 와 미칠 것만 같았다. 그리고 다음 날 학교에 가서도 아이들이 뛰어노는데도 나는 그럴 수 없었다. 조금만 움직여도 이상해서 계속 몸을 비벼 댔다. 나는 너무너무 찝찝하였다. 화장실에 가도 다른 아이들보다 배로 시간이 걸렸다. 종이 만지작거리는 소리가 날 때마다 누가 들을까 봐 겁이 났다. 화장실에서 나와 누가 나를 이상한 눈으로 보면 괜히 창피하고 부끄러웠다. 그래서 나도 모르게 화가 나고 짜증이 났다.

어떨 때는 생리를 하지 않는 아이들이 부럽다. 마음대로 뛰어놀고 아프지도 않고 편하고 하지만 나는 한 달에 한 번 하는 생리를 할 때는 자주 나 혼자 살짝 뒤로 돌아 거울로 비추어 본다. 그래서 묻어 있지 않으면 나 혼자 속으로 좋아한다.

　TV에서 어떤 학생은 고등학생인데도 생리를 하지 않아 고생하는 것을 보았다. 그걸 보니 내가 자랑스러울 때도 있다.

　생리를 하고 나면 기분이 너무너무 좋다.

　'어휴, 아직 한 달이나 남았다.'

　그게 끝나면 너무 편하다.

　전에 한번은 수영을 갔다. 나는 그거 때문에 수영도 하지 못하고 구경만 하고 왔다. 그런데 한번은 생리가 있는데도 수영을 하다가 속에 끼워 두었던 생리대가 빠져나가 강으로 흘러가는 것이었다. 나는 그때 너무나 창피하고 부끄러워 고개도 들지 못하였다. 정말 어디론가 뛰어가고 싶었다. 어휴우, 한 달에 한 번 나는 지옥에 다녀온다. 무슨 행사가 있고 즐겁게 놀아야 할 때는,

　'하느님, 제발 며칠만 더 있다가 해요. 예?'

이렇게 기도할 때도 있다.

　나는 뭐든지 다른 아이들보다 빠르다. 생리도 빨리 하고, 언제부터인지 유방도 계속 커져 미치겠다. 엎드려 누워 있을 수도 없다. 방바닥에 닿으면 유방이 아프기 때문이다. 그리고 나는 목욕탕에도 아이들과 가기 싫다. 나는 치구에 털이 조금 났기 때문이다. 엉덩이도 크고 여드름도 나고……. 이 모든 걸 떠나 아기로 돌아가고 싶을 때도 있다.

　하지만 나는 주위에서 조금만 도와준다면 그냥 헤쳐 나갈 것이다. 왜냐하면 이건 자연 현상이니까. (6학년 여)

우리 나라 아이들 대부분이 초등학교 5~6학년(12~13세) 때 초경을 경험한다고 한다. 이 글을 보면 여자아이가 처음 생리를 겪는 고통스런 마음

을 잘 알 수 있다.

대부분 여성은 월경 전기에 몸이나 정신에 여러 가지 변화를 겪게 되는데 두통, 유방 팽만감, 얼굴이나 팔다리 부종, 일시적 체중 증가, 피로감, 정서 불안, 우울증 같은 것이다. 사람에 따라서는 생리통이 심한 경우도 있다. 그 고통에다 불안한 마음까지 겹치면 견디기가 쉽지 않을 것이다.

그럴수록 모든 여자가 다 겪는 일이며, 아주 소중한 일이라는 것을 일깨워 주어야 한다. 아기를 가질 수 있는 어른이 되었다는 뜻이니 축복받을 일이라고 설명해 주면 된다.

이상한 일

어느 날이었다. 낮에 텔레비전을 보고 있으니 오줌이 마려웠다. 그래서 바깥 화장실에 가서 오줌을 누고 왔다. 참고 참았던 오줌을 누고 나니 속이 다 시원했다. 그리고 텔레비전을 보다가 지겨워 끄고 잠을 자기로 했다. 요를 깔고 이불을 덮고 나서 쿨쿨 자는데 꿈을 꿨다.

내가 술이 취해 오줌이 아주 마려웠다. 그래서 전봇대가 있는 곳에서 벽에 대고 오줌을 시원하게 누었다. 누고는 바지를 올리려고 했는데 오줌이 그칠 줄 모르고 계속 나오는 것이다. 오줌을 누며 갈 수도 없고 고추를 실로 자맬 수도 없고 해서 계속 누고 있었다. 날이 다 새려고 하는데도 그치지 않았다.

어느 날 병원에 갔다. 병원에서 수술을 받게 되었다. 의사가 미쳤는데 내 고추를 가위로 막 자르려고 했다. 자르려고 손을 드는데,

"안 돼! 안 돼! 안 돼예에에에에!"
그러고는 벌떡 일어났다.

"헤, 헤, 허유우, 꿈이잖아!"

이마에는 식은땀이 철철 흐르고 몸에 막 열도 났다. 그래서 나는 알약을 먹고서 누웠다. 좀 쉬기 위해서다. 잠을 또 자려고 했는데 또 오줌이 마려웠다. 그런데 아까 꿈에서 내 고추를 자르려고 해서 어떤지 확인을 해 보았다. 팬티 속에 손을 넣으니 내 작은 고추는 잘 있었다. 그런데 팬티가 왜 그러는지 꿉꿉하고 축축했다. 그래서 나는 당장 팬티를 갈아입었다. 갈아입으니 좀 나았다. 좀 있다 보니 또 축축해지고 꿉꿉했다.

"어? 이상하네? 또 이렇잖아. 어? 왜 카지?"

이렇게 중얼거렸다.

그때 자연 학습원에서 배운 것이 생각난다. 여자 양호 선생님께, 여자가 생리를 한 달에 한 번 한다고 들었다. 그리고 여러 가지를 자세하게 설명해 주셨다. 이처럼 생리라는 것은 여자만이 하는 거라고 생각했다. 팬티가 축축해지는 것이 내가 오줌을 싸서 버린 거라면 말도 안 된다. 5학년인 지금 내가 세 살짜리 어린이처럼 오줌을 싸서 그렇게 된 것은 아니지 싶다. 그러면 내가 생리를……. 말도 안 된다. 여자가 하는 생리를 남자가……. 말도 안 된다. 나는 고추 달린 남자인데…….

이렇게 나는 이상한 꿈을 꾸고서 팬티가 축축해져서 고민을 하게 되었다. 그렇다고 누구에게 물어볼 수도 없고 그렇다고 가만히 있으면 가슴만 두드리며 한숨을 내리쉴 텐데 답답해서 못 산다. 그래서 책을 보거나 사전에서 찾아보기로 하였다.

"내 큰 사전이 어디 있더라? 여기에 있지 싶으던데……. 아, 여기 있네."

이렇게 하여 사전을 이용하기로 하였다. 사전을 뒤적거린 지 몇 분이 흘렀다. 드디어 찾았다. 읽어 보니 생리는 남자도 여자처럼 한다고 되어 있었다. 이것을 알게 되어도,

"내가 병에 걸린 게 아닐까? 아아, 걱정이 되네."

이렇게 걱정도 되었다.

"아아, 진짜 병이라도 나면 어떻게 하노. 미치겠다. 무슨 방법이 없나?"

이렇게 나 혼자 알고 있으니 걱정이 무척 되고, '병에 걸린 건 아닐까' 하고 겁도 났다. 그래서 방법을 곰곰이 생각했다.

'무슨 방법이 없을까? 어휴 답답해 죽겠네. 어휴우 어휴우. 아, 엄마라면 아시겠지! 그래 엄마에게 물어보자.'

그래서 엄마가 오시기를 기다리고 있었다. 엄마가 마을에 뭐 사러 나갔으니까 곧 오시겠지. 10분 뒤 엄마가 돌아오셨다.

"엄마, 뭐 하나 물어봐도 돼요?"

"뭐? 엄마한테 뭐 물으라고?"

"저기 있잖아요……. 아이, 됐어요."

"싱겁기는, 자석."

"엄마, 저기 있잖아. 왜 있잖아 왜, 응?"

"뭐를 물어볼라 카다가 말라 카노?"

"물어보께요. 저기 엄마, 내가 이상한 꿈을 꾸고서 일어났는데 팬티가 축축하잖아요."

"아아 그거 괜찮다. 다 크면서 그렇다. 병도 아이고 하니까 그냥 모른 체해라 마. 다 그렇다."

"엄마, 병은 아니지요?"

"병은 아니다 캐도."

"어휴우, 살았다. 병은 아니죠?"

"그렇다 카이끼네."

이렇게 말씀하셨다. 나는 걱정이 풀렸다. 이런 현상은 종종 있다니 살

았다 싶었고 기뻤다. (5학년 남)

어머니가 몽정에 대해 바로 이야기해 주지 못하고 있다. "다 크면서 그렇다" "모른 체해라" "괜찮다"는 말로 그쳐 버렸다. 아이 걱정이 조금은 줄었겠지만 궁금증은 아직 풀리지 않고 있다. 그래서는 대답이 시원찮다.

'몽정'에 대해 이야기하기에 앞서 먼저 '사정'에 대해 알려 주는 게 좋겠다. 부고환에 가득 찬 정자가 어떤 자극 때문에 밖으로 배출되는 현상을 사정이라고 한다. 처음 경험하는 사정을 정통 현상이라고 하는데, 음모가 나기 시작한 지 3개월에서 6개월 뒤나 늦으면 일이 년 뒤에 시작된다고 한다. 여자의 첫 생리 경험과 같이 축하할 일이라고 설명해 주면 되겠다.

그다음에 몽정에 대해 알려 주면 된다. 청소년 시기에는 조금만 자극이 가도 발기가 되고 정액이 흘러 나오는데, 낮에는 함부로 사정을 하지 않게 뇌가 조절을 해 준다. 그러나 밤에 자는 동안에는 뇌 신경 조절이 약해져서 자극이 가면 정액이 흘러 나온다. 주로 자극적인 그림을 보고 나서 자거나 성행위에 대한 꿈을 꿀 때 그렇다. 그저 이불깃이 음경을 스치거나 손이 음경에 닿아도 그럴 수 있다. 이렇게 자면서 자기도 모르게 사정하는 것을 몽정이라고 한다. 알기 쉽게 이야기해 주어야 그런 일이 일어났을 때 당황하지 않을 것이다.

내 ㅈㅈ가 커졌다

하루는 내가 무엇을 사러 갔다가 배가 이상하게 아프고 급해서 화장실 문을 활짝 열었다. 그런데 이상하게도 어떤 여자가 남자 화장실에서 볼일을 보는 것이다. 그런데 나는 그것도 모르고 갑자기 화장실 문을 여니까 그 여자 ㅂㅈ에 시커멓게 털이 나 있는 것이었다. 또 여자 ㅂ ㅈ에는 빨갛게 피 같은 것이 묻어 있는 것이었다. 그 여자를 보자 갑자기 볼일 보고 싶던 게 없어져 버렸다. 나는 안 보아야 한다는 것을 알았지만 그 여자 쪽으로 눈길이 자꾸만 가는 것이었다. 그것을 보자 갑자기 내 ㅈㅈ가 커졌다. 손으로 자지를 만지니까 이상하게도 기분이 좋아지고 그 여자를 자꾸 보고 싶어졌다. 그래서 나는 놀라 밖으로 나와 버렸다.

커졌던 ㅈㅈ가 작아져도 계속 그 여자 생각이 났다. 집으로 돌아오는 차를 타니까 차 안에는 거의 다 여자들이고 남자는 기사 아저씨와 나뿐이었다. 그래서 자꾸 여자 ㅂㅈ만 보고 싶었지만 참고 집에 왔다.

집에 와서 어머니께서 보시는 책을 훔쳐보니까 여자들이 속옷만 입고 속옷 선전을 하는 것이었다. 그것을 보니까 여자 유방이 다 보이는 속옷을 입고 여자 ㅂㅈ도 다 보이는 속옷이 있었다. 여자 ㅂㅈ 쪽에 꺼 멓게 털이 나 있는 것이었다. 그것을 보니까 기분이 좋았다. (6학년 남)

이 글을 보면 남자의 생리를 조금은 알 수 있을 것이다. 이런 생각과 행동을 병이라고만 여기는 것은 잘못이다. 여자 성기를 보게 되면 기분이 달라지고 관심이 가는 것은 자연스러운 현상이다. 여자도 마찬가지다. 다만 지나칠 경우에는 문제가 되겠지. 아이들에게 남자 음경이 발기되는 까닭을 또렷이 이야기해 주는 것이 좋을 듯하다.

자위행위

난 자위행위를 한다. 자위행위란 자신의 성기를 손으로나 아니면 다른 도구로 껍질과 마찰시켜 자신의 욕구를 채우는 것이다. 이런 걸 하고 나면 기분이 2~3분간 짜릿하고 꼭 하늘에 떠 있는 기분이다. 그래서 자꾸 하게 되는 것이다. 근데 하고 나면 내가 왜 했는지 후회할 때가 많다. 이 행위는 2학년 땐가 형들에게서 배웠다.

다리 밑 물 나오는 배수로로 들어갔다. 물이 없어서 형들이 다 따라오라고 했다. 나 말고도 몇몇이 따라 들어갔다. 처음에 형들이 했다. 그다음에 막 웃고,

"아! 좋다 좋다!"

하고 말하길래 나와 친구들도 따라하게 되었다. 그동안에 나 자신과의 약속이 많았다. 다시는 안 한다든지 아니면 차차 줄여 나가겠다는 등 아주 많은 약속을 나와 했다. 하지만 그동안 지켜진 건 거의 없었다. 지금도 탁 끊진 않고 한 주 또는 몇 주마다 한 번씩 한다.

자위행위를 하고 나면 진짜 기분은 꼭 내가 실제로 부모님이 집에서 하는 것처럼 느껴지고 진짜 결혼해서 해 보고 싶고 그런 생각이 든다. 그리고 야한 모습 같은 자극적인 것을 원하게 된다. 사실 자위행위는 그런 거 하고 싶다는 욕구를 채우기 위해 하는 거기 때문에 하고 나면 후련하지 못하고 영 더 찝찝하다. 그래도 자꾸 한다. 자위행위를 하면서 하는 생각은 여자랑 무얼 한다든지 또는 그런 야한 모습을 그려 본다든지 그런 생각을 한다. 그러다 보니 자극적인 걸 원하게 되는 것이다.

자위행위를 한 다음엔 나도 해 보고 싶다는 생각이 계속 난다. 나조차도 멈출 수 없는 이상한 생각 말이다. 그런 욕구를 채우려고 야한 비디오 또는 잡지책을 본다. 그리고 자위행위를 하고 나면,

'내 말고 다른 아들(아이들)도 이카겠제?'

하는 생각에 빠져든다. 그러다가 정신이 나가서 한참 동안 멍하니 앉

아 있는다. 성기를 원래대로 해 놓으려고 기다리는 것이다. 근데 자위 행위를 할 땐 야한 모습이나 성관계 이야기를 들을 때 주로 한다.

　어느 날은 잡지책을 보았다. '고민을 풀어 주세요' 하는 제목으로 고민들이 나왔다. 근데 한 가지 내 눈에 뜨이는 게 있었다. 자신이 자위행위를 하는데 자제할 수 없다는 내용이었다. 하루에 3~4번까지 한다는 소릴 듣고,

　'내보다 많이 하는 아도 있는데 내가 자제할 필요가 뭐 있노?'
하는 생각이 들었다. 그래서 또 하고 또 하다 보니 지금은 참을 수 없게 된 적도 여러 번 있었다. 그러다 참고 참고 하다 보니 또 4~5주마다 한 번씩 하게 되었다. 많이 하고 나면 이런 걸 가르쳐 준 형들이 밉기도 하고 할 땐 좋다고나 할까? 아무튼 미울 때가 더 많다. 그리고 자위행위를 할 때 누가 보는 것 같아서 눈치를 살핀다. 그러다 속으로,

　'어휴우, 확 떼어 낼 수는 없나? 어휴우!'
하고 탄식을 한다. 그럴 때마다 또 약속하고 또 약속하고 이렇게 4년이나 지났지만 떨어지지 않는 게 이 자위행위다. 마약도 이럴 거란 생각을 하면 어느 정도 자제가 된다. 그러나 또 하고 만다. 그 형들이 원망스럽고 내 자신이 원망스럽다. (5학년 남)

성에 대한 상상과 성행위, 성 관련 매체에 집착해서 일상 생활이 어려울 만큼 충동이 생긴다면 중독됐다고 볼 수 있다. 그래도 이 아이는 스스로 조절하려고 노력하니 다행이다.

고등학교 남학생 70에서 80퍼센트, 여학생 20퍼센트 정도가 자위행위 경험이 있다고 한다. 여자나 남자나 자라면서 자기도 모르게 또는 우연히 성기에 자극을 받아서 자위행위를 알아 가게 된다. 이런 자위행위는 자연

스러운 것이다. 예전에는 더럽거나 건강에 안 좋다고 해서 나쁘다고 했는데, 지금은 오히려 성생활을 즐기는 적극적인 방법으로 여기기도 한다. 그런데 요즘은 음란 비디오를 보면서 성 충동을 느껴 자위행위를 하고는 죄책감을 호소하는 아이들이 많이 늘어나서 걱정이다.

이런 자위행위를 아이들 자신이 어떻게 받아들이느냐가 더 중요하다고 본다. 성에 대한 느낌을 알고 싶어서 자위행위를 하거나, 자위행위를 하고 나면 기분이 좋다는 아이들은 오히려 문제가 없다. 자신을 더럽다고 느끼거나 심하게 자책하는 아이들이 문제다. 자위행위를 안 좋다고 생각하면서 자꾸 유혹에 끌려가기 때문에 괴로운 것이다. 이럴 때는 하지 않도록 애쓰거나 줄이라고 일러 주는 것이 좋다고 한다. 중독에 빠질까 두려워하는 아이들에게는 자기를 조절할 힘이 있다는 확신을 심어 줄 필요도 있다. 운동으로 정력을 쏟아 내고 취미 생활을 열심히 하거나 식구와 동무들에게 관심을 주면서 유혹에서 벗어날 수 있다는 자신감을 주면 된다. 그런 과정에서 힘든 문제를 이겨 냈다는 뿌듯함과 함께 성 충동을 다스리는 방법을 알게 되고, 성에 대한 책임 의식도 갖게 된다.

성 충동, 이럴 때 느껴요

십대 아이들의 성에 대한 표현이나 행동이 빠르게 변하고 있다. 열린 성 문화가 앞 세대보다 더 건강하고 솔직한 성 의식을 갖출 기회를 준다고 좋게 볼 수도 있다. 그러나 아직도 우리 사회는 성에 관련된 현실이나 의식은 자유롭지 않으면서, 성을 사고파는 상행위와 폭력적인 음란물로 비뚤어진 성 지식을 주어 아이들을 잘못된 성 문화의 피해자로 만들고 있다. 실제로 음란물을 보고 나서 성 충동을 참지 못해 어리석은 짓을 하거나, 성폭행으로까지 이어지는 사례가 늘어나고 있어 걱정이다.

　어른들이 함부로 놓아둔 음란 잡지나 비디오를 몰래 보는 경우도 흔하지만, 아예 이것들을 내놓고 이용하는 청소년들이 늘어나고 있다고 한다. 고등학교 남학생 80에서 90퍼센트, 여학생 60에서 70퍼센트가 음란 비디오를 보았다는 통계가 있다. 이 남학생들 가운데 본 대로 행동해 보고 싶었다는 학생이 약 50퍼센트, 기분이 좋았다는 학생이 약 45퍼센트, 혐오감이 들었다는 학생이 약 23퍼센트 되었다고 한다. 이제는 초등학교 아이들도 예외라고 할 형편이 못 된다. 음란물을 본 중, 고등학생 가운데 68.2퍼센트는 초등학교 때부터 보았다고 하니 더욱 큰 문제다.

　청소년기에 들어설 준비를 하고 있는 십대 초등학생들이 어떤 상황에서 어떻게 성 충동을 느끼는지 아이들 글에서 살펴보는 것이 좋겠다.

이상한 비디오

　지난 겨울 방학 때의 일이다. 그때는 할머니와 동생과 삼촌 집에 갔다. 삼촌 집에 가고 싶어 했는데 가니까 막상 할 일이 없었다. 거기다가 할머니와 작은어머니는 목욕탕에 가고 삼촌은 회사에 출근을 했다. 집에 남아 있는 사람은 나와 동생 둘뿐이었다. 동생은 또 밖에 새로 사귄 친구가 있다며 밖에 나갔다. 집에는 나 혼자뿐이었다.

　"아아 뭐 하지? 비디오나 보자."

하고 비디오를 볼라고 하니 청소년 비디오는 없었다. 그렇다고 테이프를 빌리러 갈 수도 없고 해서 누워 있는데 침대 이불 속에 뭐가 만져졌다.

　"어? 이게 뭐지?"

보니까 비디오테이프였다. 테이프에는 '연소자 관람 불가'라고 적혀 있었고 빨간색으로 표시되어 있었다.

"에이 몰라, 이거라도 보자!"

비디오테이프를 넣고 켰다. 그런데 켜자마자 화면에는 여자가 옷을 홀라당 벗고 있는 장면이 나왔다. 처음에는 옷을 벗더니 아래의 치마도 벗었다. 그러고는 브라자를 빼고 팬티를 스르르 벗었다. 노란 머리칼의 예쁜 여자가 옷을 다 벗고 홀몸으로 가만히 서 있었다. 처음에 볼 때는 눈을 손으로 가렸다. 소리만 듣고 있었다. 영어로 이상한 소리가 나오니까 가렸던 손이 자꾸 내려갔다. 왜 그런지 자꾸 보고 싶었다. 침이 꼴깍 넘어갔다. 조금 있으니 어떤 키 크고 잘생긴 남자 한 명이 들어왔다. 남자는 아예 발가벗고 들어왔다. 그러고는 여자와 침대에 누웠다. 그러고는 입과 입을 맞추고 여러 가지 이상한 행동을 했다. 정말 야했다. 침이 자꾸 꿀걱 넘어갔다.

'이런 거 봐서는 안 되는데……'

하고 눈을 딱 감고 비디오를 껐다.

다시 집은 조용해졌다. 그리고 다시는 안 봐야지 생각하고는 절반쯤 본 테이프를 다시 비디오에서 꺼내 이불 속에 넣었다. 그리고는 세수 한번 하고 밖으로 나갔다. 밖에서 친구들과 놀고 있는데 아까 그 비디오가 머리에서 떠나가지 않았다. 고개를 몇 번 흔들어도 자꾸만 뭐랄까? 보고 싶었다. 형들이 그런 이야기를 하는 것을 몇 번 들은 적이 있다. 뭐 한 판 한다던가?

나는 호기심에 눌려서 다시 집에 들어와서 비디오를 봤다. 나머지 반은 더 야했다. 이번에는 남자 여자가 차 안에서 입을 맞추면서도 자꾸 이상한 행동을 하는 것을 보았다. 남자가 여자에게 이상한 행동을 했다. 여자 어디어디를 손으로 만지지를 않나, 아니면 빨지를 않나! 또 입은 입대로 맞추고 있고 가운데는 가운데대로 뭐 이상한 행동, 더 자세히 말하면 넣었다가 뺐다가 하고 있었다. 여자는 이상한 소리도 냈다.

"식아, 문 열어라!"

밖에서 무슨 소리가 들렸다. 얼른 비디오를 끄고는 테이프를 이불 속에 집어넣었다.

"네, 나가요!"

문을 여니 작은어머니였다.

"왜 이렇게 문을 늦게 열었노!"

"아아 그냥요. 밖에 좀 갔다 오께요."

말을 더듬거리며 밖에 나갔다.

밖에 나갔을 때였다. 바로 앞 전봇대에 이상한 광고 용지까지 붙어 있었다. 그것도 역시 아까처럼 남자와 여자가 하는 장면이었다. 성기는 안 보였지만 남자 여자 발가벗고 아까처럼 하고 있었다. 침이 꼴깍 넘어가면서 내 ㅈㅈ가 커지는 것 같았다. 내 ㅈㅈ를 만져 보니 정말 힘이 들어가 있었다. 정말 묘한 기분이었다.

지금 생각해 보니 그런 것에 내가 중독된 것 같다. 그때 왜 또다시 집으로 들어가서 봤는지 모르겠다. 지금은 그런 행동이 남자의 정자를 난자와 만나게 한다는 것을 알고 있지만 그때는 무엇인지 몰랐고 호기심도 있었기 때문에 본 것 같다. 이제는 어른이 되면 보겠다. (5학년 남)

자기를 돌아보는 힘이 있는 아이다. 이런 아이는 음란 비디오의 중독성을 알고 자제하지만, 그렇지 못한 아이들은 거기서 본 장면을 그대로 흉내내기도 한다.

소꿉 놀이하다가

내가 4학년 때의 일이다. 친구 명진이 집에 놀러를 갔다. 거기엔 명진이의 사촌 동생이 있었다. 남자다.

명진이가,

"야, 우리 엄마 놀이 하자. 내 동생 비위도 맞춰 줘야지."

하고 말하였다. 나는 알겠다고 하였다. 명진이는,

"내가 엄마 하고 니는 내 딸 하고 니는 내 남편 해래이."

하였다. 나는 딸을 하고 명진이의 사촌 동생은 남편을 하라고 했다. 사촌 동생은 열한 살이다. 나는,

"엄마, 나 잘게."

하며 아기 흉내를 냈다. 명진이는 엄마 흉내를 내며,

"그래 잘 자라."

하며 내 옆에 앉았다. 그러면서,

"어휴우, 이이는 왜 이리 안 와?"

하며 엄마 흉내를 냈다. 그러더니 사촌 동생이 오며,

"여보, 나 왔어."

명진이는,

"왜 이제야 와요? 비디오는 빌려 왔죠?"

하였다. 사촌 동생은 고개를 끄덕이며 무슨 비디오를 냈다. 그러더니 비디오를 틀어 보았다. 비디오에선 여자와 남자가 서로 관계를 맺고 있었다. 그런데 명진이가 사촌 동생에게,

"우리도 저거 해 볼래?"

하였다. 나는 갑자기 가슴이 두근두근했다. 내 친구가 저런 걸 따라하고 싶은 줄은 몰랐다. 거기에다 친구 명진이는 순진한 아이다. 사촌 동

생은 고개를 끄덕이며 옷을 벗고 이불에 누웠다. 명진이도 옷을 벗고 비디오를 앞으로 돌려 다시 보았다. 나는 일어나며,

"느거 뭐 하노? 느그들 미쳤나?"

하였다. 그런데 명진이는,

"몰라! 내 자유다! 니도 하고 싶으면 해라!"

하며 비디오를 따라하였다. 비디오에선 여자가 남자 위에 올라타며 몸을 흔들어 댔다. 명진이도 그걸 따라하였다. 또 명진이는 자기 손을 머리 쪽으로 올리며 사촌 동생에게 다시 누웠다. 그러더니 사촌 동생의 온몸에다 뽀뽀를 하였다. 그리고 몸을 흔들며 소리를 질렀다. 나는 더 이상 볼 수가 없어,

"야! 느그들 미쳤나!"

해도 둘이는 내 얘기를 듣지도 않고 계속 소리를 지르며 뽀뽀를 하며 온몸을 흔들었다. 나는 명진이를 밀쳐 내며 정신을 차리라고 뺨을 때렸다. 그랬더니 사촌 동생은 혼자 땀을 흘리며 후후거렸다. 나는 사촌 동생에게 뺨을 때렸다. 나는,

'이것 때문에도 사람이 미치나?'

생각하니 무서운 생각이 들었다. 그러더니 사촌 동생과 명진이는 정신이 들었는지,

"엄마야, 내가 뭐 했노?"

하며 옷을 주섬주섬 들고 입었다. 나도 눈이 동그래지며 내 가슴이 쿵쿵거렸다. 나도 그걸 계속 즐겨 보았기 때문이다. 사실 나도 야한 걸 좋아했다. 하지만 나는 그때 그걸 보고 절대로 불법 비디오를 보거나 따라하지 않겠다고 생각했다. (5학년 여)

아이들은 음란 비디오를 보고 이렇게 흉내를 내기도 한다. 죄책감을 느끼면서도 자꾸 빨려들어 가기 쉬운 것이 음란 비디오다.

더구나 인터넷 같은 새로운 매체에서는 더욱 노골화된 음란물이 대상을 가리지 않고 흘러 다니고 있다. 또래가 건네 주거나 스스로 찾는 잡지, 비디오테이프 따위와 달리, 인터넷에 떠다니는 음란물은 그런 것을 볼 준비가 전혀 안 되어 있는 아이들 앞에 불쑥 나타난다. 도덕감이나 죄책감을 느낄 겨를도 없이 순식간에 마구잡이로 아이들에게 침투한다. 혐오스럽고 반여성적인 장면들이 아이들 마음과 머릿속에 새겨지고 있다. 더구나 인터넷은 손가락 한 번만 까딱해도 아주 쉽게 이곳저곳 옮겨 다니며 볼 수 있다. 요즘은 성인 주민등록번호를 대신 만들어 주는 프로그램까지 등장했다 하니 우리 아이들을 지키려면 정신 바짝 차려야겠다.

아이가 이런 음란물을 보는 것을 발견했을 때나 이미 보았다는 것을 알았을 때도 당황하지 말고 자연스럽게 이야기해 주는 게 좋다. 아이들은 성을 여러 가지 방식으로 팔고 사는 어른 사회의 피해자일 뿐이다. 씻을 수 없는 죄를 저지른 것처럼 심하게 야단치지 않았으면 한다. 그러기 전에 건전한 방법으로 호기심을 풀어 주는 예방 교육을 해야 한다.

음란 비디오에 나오는 성행위의 폭력성이 나쁜 영향을 주는 까닭을 잘 설명해 주어 스스로 자제할 수 있게 해 주는 것이 무엇보다 중요하다. 여기서 폭력성이란 마음을 나누는 성관계가 아니라 남성이 성욕을 채우기 위해 여성 몸을 도구로 이용하는 것을 말한다. 비디오에 나오는 성행위 장면은 실제가 아니라 가짜다. 그것도 여성이 성을 대하는 태도나 심리를 배려하지 않고 일방으로 여성의 소중하고 은밀한 몸을 과장되게 보여 주고 있는 것이다. 이런 장면을 흉내 내면서 남자아이들은 저도 모르게 성폭력을 배우게 된다는 사실을 알려 주어야 한다. 여자아이들이라면 이렇게 남성의 도구로 이용당하지 않게 해야겠지.

친척 언니와 목욕하다가

여름 방학 때였다. 민숙이 언니와 나는 고모 댁에 놀러를 갔다. 고모와 고모부, 아이들과 할아버지는 서울 가셔서 나, 민숙이 언니, 유정이 언니 세 명만 집에 있게 되었다.

유정이 언니가,

"야, 우리 셋이서 샤워하자, 더워 죽겠다!"

하고 말했다. 내가,

"유정이 언니야, 우리 저녁에 같이 하자."

하니 민숙이 언니는,

"유정아, 나는 내 혼자 지금 하께."

하였다. 내가,

"야아, 우리 같이 하자."

하는데도 민숙이 언니는 끝까지 혼자 한다고 하였다. 내 생각에는 민숙이 언니는 가슴도 크고 털도 났기 때문에 부끄러워서 혼자 한다고 하는 것 같았다. 민숙이 언니 혼자서 샤워를 하고 우리는 저녁 일곱 시쯤에 샤워를 시작하였다. 난,

'같은 여자끼리니까 좋다.'

생각하고 옷을 거침없이 벗었다. 유정이 언니도 마찬가지였다. 난 가슴은 꼭지만 나오고 알라(아기) 같았다. 나도 얼른 가슴도 커지고 여자다워졌으면 좋겠다 생각했다.

샤워를 시작했다. 탕에 물을 가득 담아 놓고 그 안에 들어갔다. 둘이 같이 말이다. 난 이상한 생각이 들었다. 어른들이 하는 것을 한번 해보고 싶었다. 온몸이 찡해지는 느낌이었다. 유정이 언니도 그런 것 같았다. 언니가,

"야, 우리 몸 마사지해 주는 거 할래?"

하였다. 나는 기다렸다는 듯이,

"그래. 내 먼저 해 주게."

하고는 시작하였다. 먼저 얼굴부터 해 주었다. 정말 찡했다. 얼굴을 막
쓰다듬어 주며 키스도 해 보고 싶었다. 난 눈빛으로,

'언니야, 키스한데이.'

하고는 슬그머니 입술을 언니 입술에다가 맞추었다. 정말 찡하고 기분
이 좋은 것 같았다. 목으로 해서 내려와 가슴을 만지고 떼는 순간 전기
가 찌리리했다. 난 종종 엄마의 가슴을 만지기도 하는데 그 느낌과는
달랐다. 탱글탱글 물렁물렁 정말 좋았다. 언니는 생리도 한다.

다음은 언니가 나한테 마사지를 해 주었다.

'언니도……'

기분이 괜히 좋았다. 역시 나랑 똑같이 해 주었다. 내 몸을 만지니
간지럽기도 하고 그랬다.

"언니야, 이런 거 하니깐 재미있나?"

하니까,

"응, 재미있다."

하고는 싱긋이 웃었다. 어른들이 하는 것을 보니 징그럽고 그랬는데
직접 조금 해 보니 기분이 좋았다. 한 시간이 넘도록 있으니 민숙이 언
니가,

"야들아, 안 나오나?"

하며 불렀다. 그래서 우리는 깜짝 놀라 나갔다. 어른들이 없으니까 자
유였다.

저녁을 먹고 우리는 비디오를 빌리러 갔다. 홍콩 영화 재미있는 게
있어서 1~3편까지 빌려 왔다. 비디오를 켜고 거실에 누웠다. 맨 중간

에 내가 눕고 양 가에 언니들이 누웠다. 나는 비디오를 열심히 보고 있었다. 무서운 것이었다. 유정이 언니가,

"니 재미있나?"

하고 물었다. 나는 그냥,

"응, 재미있는데 왜?"

하니,

"난 재미 없다."

하며 웃는 것이었다. 그러더니 갑자기 유정이 언니가 다리 한쪽을 내 다리에 털썩 올리는 것이었다. 난 깜짝 놀랐고 또 찡했다. 유정이 언니가 베개를 빼고 내 쪽으로 파고들어 왔다. 민숙이 언니와는 다른 이불이었다. 나도 기분이 좋아 자는 척하며 이불 안으로 들어갔다. 유정이 언니의 가슴을 막 만지고 뽀뽀하고 막 그랬다. 기분이 좋았다. 결혼도 하고 싶다는 생각도 들었다. 난 다리를 막 만졌다. 중심부도 만졌다. 기분이 묘하게 좋았다. 위에 올라가 막 하였다. 재미있는 것 같았다. 하다가 쉬고 하다가 쉬고 막 그랬다. 남자와 손을 잡아도 찡한데 그걸 하니 더욱 찡하였다. 내가 제일 좋아하는 민구와도 하고 싶었다. 아니 안아 보는 것, 뽀뽀하는 것만이라도 해 보고 싶었다.

다 하고 비디오를 보았다. 다 보고 잠을 잤다. 난 기분이 좋았다. 지금 생각해도 기분이 좋다. (6학년 여)

아이들도 같은 성끼리 이런 행동을 하는 일이 가끔 있다. 이것을 한마디로 설명하기는 힘들다. 아직 우리 사회는 아이들 성은 말할 것도 없고 어른들 성에 대해서도 깊이 있게 이해하기 힘든 현실이기 때문이다.

먼저, 어릴 때 기억을 떠올려 보면서 아이들을 지도하는 데 도움을 받아

보자. 누구나 어릴 때 소꿉놀이 같은 형식을 빌어 성에 관한 유희를 즐기며 자랐을 것이다. 그러나 성은 말할 수 없는 것이라는 금기 때문에, 그런 기억을 수치스럽게 여기거나 모르는 척하면서 건강한 성 의식을 키우지 못한 채 자라 왔다. 그러면서 어른이 되어서도 불행한 성생활을 이어 가고 있는 사람들이 많다. 이 글을 쓴 아이는 성에 대한 느낌이나 생각을 솔직하게 드러내는데, 이럴 때 어른은 아이들도 성 욕구가 있다는 사실을 받아들여 나이에 맞는 건강한 성 의식을 가지도록 도와야 할 것이다.

"제일 좋아하는 민구와도 하고 싶었다. 아니 안아 보는 것, 뽀뽀하는 것만이라도 해 보고 싶었다"고 했는데, 이성 교제를 하다 보면 기분대로 행동해서 성행위를 할 수도 있다. 바람직한 성행위가 어떤 것인지, 책임을 질 줄 아는 성관계를 하려면 어느 시기가 적당한지 따위를 놓고 이야기를 나누면서, 위험한 일이 일어나지 않게 예방 교육을 해야 한다.

남자에게서 자기 몸을 지켜야 한다는 식으로 순결 관념에 매인 방어 교육을 할 게 아니라, 남녀의 성행위에 대해 적극으로 자기 생각을 세우고 결정할 수 있는 힘을 기르도록 해야 한다. 그러면서 내면을 넉넉하게 가꾸고 삶에 기쁨을 주는 이성 교제를 할 수 있도록 지도하는 것이 필요하겠다.

어떤 신문에서 읽은 내용

얼마 전에 있었던 일이다. 밖에 놀러 가려고 골목 앞에 나왔다. 그때 ㅁ 신문 나르는 아저씨가 오토바이를 타고 오면서 나에게,

"아부지 갖다 드리고 읽어 보라 캐라."

하면서 신문을 주었다. 나는 주길래,

"고맙습니다."

하고 받아 가지고는 별거 아니라고 생각하고 이 신문을 마루에 던져

놓고 동무들과 놀러 갔다.

한참 놀다가 집에 들어왔다. 하도 땀이 나서 마루에 다리를 기대고 걸터앉았다. 그리고 있다가,

'여기 있던 신문 어디 갔노?'

더듬더듬거리다가 방 안에 들어가 봤다. 방 안에는 아버지 혼자 있었다. 아버지가 신문을 들고 읽고 있는데 자세히 보니까 아까 그 신문이었다. 그냥 아버지가 읽고 있구나 생각했다.

"아빠 그거 마루에 있던 신문 맞지예?"

"그래."

더 이상 아무 말도 없었다. 그런가 보다 하고, 덥길래 부엌에 우유 먹으러 갔다. 아버지께서는 그때까지 아무 말도 없이 신문에만 집중하고 있었다.

'뭘 저렇게 재미있게 읽노?'

궁금하기는 했지만 별로 읽고 싶지는 않았다. 방 안은 조용했다. 신문 넘기는 소리도 나지 않았다. 그러고 있는데 아버지께서,

"혁아, 지금 몇 시 됐노?"

"바로 옆에 시계 있잖아요."

"어! 벌써 세 시 반이네!"

아버지께서 읽던 신문을 내려놓고 밖에 나갔다. 아버지가 밖에 나가니까,

'아까 이 신문에 뭐 어떤 내용이 있길래 그렇게 아빠가 보노.'

하는 생각이 들었다.

"뭐 있노? 뭐 재밌는 거 있나?"

읽어 봤다. 그런데 아무리 읽어 봐도 재미있는 게 없었다. 그런데 맨 아래 틀로 짜여진 'ㅇ ㅂ ㄷ ㅅ'란 글을 봤다. 그런데 처음부터가 말이

아니었다. 두 남녀 어린이가 서로 좋아했다는 이야기가 맨 처음 나왔다. 그리고는 고등학교까지 가고 거기서 일이 벌어지는 거였다. 방 안은 조용했다. 나 혼자 읽고 있으니까 편안했다. 우유를 마셔 가며 읽었다. 이 이야기는 진지하다고 해야 하나 하여튼 그랬다. 남자아이의 방에서 있었던 일부터가 눈이 휘둥그레졌다. 남자아이가 여자아이와 성교를 해 버린 거다. 여자아이도 남자아이를 좋아했기 때문에 반항 같은 것은 하지 않고 따랐다. 남자가 여자의 옷을 벗겼다. 겉옷을 벗기고 속옷까지 벗겼다. 마지막 남은 하얀 천 조각까지 벗겼다. 남자아이는 여자아이의 몸을 더듬더듬거렸다. 여자아이가 자기 가슴을 남자아이의 입에 댔다가 나중에는 성기를 입에 댔다. 남자는 입으로 여자 성기 부위를 빨았다. 혀로 핥기도 하고 만져 보기도 했다. 그러니까 남자아이는 자기의 성기를 여자의 질구에 넣었다. 내 몸이 찌릿찌릿했다. 여자는 소리를 질렀다.

"어어 으으어어어……."

이 소리를 듣고 남자아이가,

"우리는 한 몸이 되었다."

이렇게 말하는 거다. 정말 뭐 어떻게 말을 해야 할지 모르겠다. 나는 그래도 계속 읽어 나갔다. 그렇게 몇 차례 한 뒤 남자가 더 이상 움직이지 않았다. 여자는 다리를 벌리고 계속 바닥에 누워만 있었다. 여자 몸과 자기 몸을 비비더니 여자를 일으켜 세웠다. 그리고 팬티와 브라자를 입혀 주었다. 겉옷을 입혀 주고 자기도 옷을 입었다. 둘은 아무 이야기 없이 밖으로 나갔다. 남자아이가 여자아이를 집으로 데려다 주고 이야기는 끝이 났다.

나는 신문을 읽고 아랫방 책상에 앉아서 침을 꿀꺽 삼켰다. 아무것도 생각나지 않았다. 자꾸 읽었던 신문 내용만 생각났다. 아버지가 저

것을 열심히 읽었다니 잘 믿어지지가 않았다. 전혀 아버지의 다른 모습이었다. 나도 읽었던 글이 자꾸 생각났다. (6학년 남)

어떤 신문인지는 모르지만 아마 로맨스 소설 따위를 싣는 신문인가 보다. 아이들은 이런 신문이나 잡지도 많이 보고 자란다. 아이 말대로 '처음부터가 말이 아닌' 이야기지만, 좋아하는 사람과 성 경험을 갖는다는 설정에서부터 야한 장면에다 낭만적인 분위기까지 겹쳐 야릇하고 짜릿한 기분에 젖어 들기 쉬운 것이 로맨스 소설이다. 그것을 읽은 아버지를 이상하게 여기고 있지만, 아이 자신도 시간이 지날수록 더 생각날 테고 좋아하는 사람과 이렇게 해 보고 싶다는 환상을 키울지 모른다.

좋아하는 사람과 몸을 나누는 것이야 뭐라 할 수 없다. 문제는 대책 없는 성행위를 사랑의 행위로 잘못 그리고 있다는 데 있다. 남자 중심으로 성을 다루고 상품화하는 로맨스 소설은 비디오물과 그 성격이 다르지 않다. 폭력성과 음란성이 노골적으로 드러나는 비디오물보다 오히려 아이들 판단을 더욱 흐리게 한다. 실제로 성 경험을 할 때 과정이나 느낌은 이런 것들과 다르다는 사실을 아이들이 구분할 수 있게 해 주어야 한다.

먼저, 성과 사랑에 대해 자기 생각과 태도를 세우도록 도움을 주어야 한다. 대체로 남자는 여자를 성욕 해소 대상으로 삼거나 좋아하는 마음과 성을 따로 생각해도 되는 문화에서 자라 왔고, 여자는 좋아하는 마음에 파묻혀 남자의 성행위에 이끌리는 문화에서 살아 왔다는 사실을 알기 쉽게 알려 주어, 아이가 실제로 성관계를 하게 된다면 어떤 태도를 가질 것인지 생각해 두게 하는 것이 좋겠다.

성관계는 임신으로 이어지므로, 당연히 성을 임신과 이어서 생각하도록 가르쳐야 한다. 임신, 피임, 낙태를 생각해 두지 않고 성관계를 했을 때 피해와 상처를 받는 쪽은 여자라는 현실과, 당당하게 책임질 수 있는 성행위를 해야 한다는 사실을 일깨워 주는 것도 잊지 않아야 한다. 여자아이, 남자아이 모두에게 그렇게 해 주어야 한다.

인터넷에서

며칠 전에 있었던 일이다. 집에 아무도 없었다. 그래서 인터넷에 들어갔는데, 드라마 주인공 사진이 있어서 클릭했는데 다른 한 장면이 넘어가 버렸다. 이미 그 사이트에 들어가 버렸다.

거기에는 남자가 비키니 입은 여자의 가슴과 ××를 만지는 장면이 나와 있었다. 나는 끔찍했다. 하지만 호기심이 생겨 계속 보게 되었다. 이제는 여자가 팬티만 입은 남자의 가슴을 만지게 되었다. 나는 내 손이 나의 가슴 쪽으로 다가가려고 했다. 당황스러웠다. 그 동영상이 계속 중복되는 것 같았다. 안 보려고 했지만 계속 보게 되었다. 영어 학원 갈 시간이라 꺼야 했다. 영어 학원에서도 계속 생각이 났다.

집에 돌아오자 손도 씻지 않고 컴퓨터 앞에 앉았다. 계속 그 사이트에 들어가려고 했다. 결국은 '딱 한 번만!'이라는 생각을 하고 그 사이트에 들어갔다. 그런데 한 개의 동영상이 더 올라와 있었다. 남자 고추와 여자의 ××를 테이프로 붙여 놓고 뽀뽀를 하고 있는 장면이었다. 서로의 ××를 만지며 "우리 좋은 하루!"를 외쳤다. 그리고 그 동영상 밑에는 '이 동영상은 섹스라는 것입니다'라고 쓰여 있었다. 왠지 나도 하고 싶었다. 나는 계속 그 생각이 났다. 이상한 느낌이 들었고 가슴과 ××이 간지러웠다.

다음 또 비슷한 동영상을 보게 되었다. 어느 호텔에서 여자와 남자가 속옷만 입고 뽀뽀를 하는데 입을 마주치고 입을 약간 벌리면서 뽀뽀를 했다. 왜 그런지 모르겠지만 갑자기 나도 하고 싶었다. 계속 온통 그 생각뿐이었다. 하면 안 되는 것을 알면서도 하고 싶었다.

그날 저녁에 동생이 와서 나는,

"○○아, 뽀뽀!"

"응."

내가 인터넷에서 본 그대로 하자 ○○이가,

"느낌 좋다!"

하고 말했다.

동생이 나가고 나는 내 머리를 마구 때렸다.

'동생한테 안 좋은 것만 가르치고 ○○○ 잘한다.'

빨리 상담하러 가서 검사받아야 할 것 같다. 이렇게 나를 낳아 준 엄마가 미웠다. 그냥 어른이 되어서 하고 싶은 대로 무진장 하고 싶었다. 그래서 나는 계속 고치려고 애를 쓰지만 잘되지가 않는다.

요즘도 가끔 그러고 싶을 때가 많다. 빨리 이런 이상한 느낌을 없애고 싶다! (4학년 여)

요즘 인터넷에는 원하지 않아도 마구잡이로 뜨는 음란물 사이트가 많아 참 큰일이다. 이 아이도 그런 것을 보고 따라서 해 보고 싶은 충동을 느낀다고 했다. 그리고 실제로 제 동생에게 흉내를 내어 보기도 했다. 한번 빠져들면 헤어 나오려고 해도 잘 안 되는 것 가운데 하나가 성 충동이다. 중고등 아이들은 말할 것도 없고 초등 아이들도 생각보다 아주 많이 이런 사이트에 들어가 보았다는 통계도 있다.

음란물 사이트를 만들어 퍼뜨리는 나쁜 사람들이 없어야 하는데 참 걱정이다. 부모들은 그런 사이트 접속을 차단하기도 해야 하지만 아이들 스스로 가까이하지 않도록 잘 지도해야 한다. 또 뜻하지 않게 그런 것을 보았을 경우엔 왜 나쁜지를 잘 이해시켜 다시 말려들어 가지 않도록 도와주어야 할 것이다. 무조건 야단만 치는 건 오히려 더 부추길 수도 있는 아주 잘못된 방식이다.

덧붙여 아이가 음란 사이트에 접속하는 낌새가 전혀 없더라도 한번씩 살펴보는 것이 좋겠다.

어른들의 비밀스러운 모습 들키지 마세요

지금 우리 사회는 성에 대한 서로 다른 생각이 복잡하게 뒤섞여 있다. 성행위를 자손을 낳기 위한 것으로 생각했던 전통 사회 개념에서부터, 쾌락을 주는 놀이나 오락으로까지 이해하게 된 것이 지금 현실이다. 그런가 하면 사람마다 자라 온 문화 환경과 관습, 그 사람이 갖고 있는 가치관에 따라서도 성에 대한 표현이나 생각이 다 다르다. 그러나 분명한 사실은 성행위가 서로 몸과 마음을 나누는 의사 소통 행위, 소중하고 비밀스럽게 지켜야 할 사생활이라는 것이다.

여기서는 어른들의 분별없는 성행위를 본 아이들이 어떻게 느끼고 생각하는지 아이들 글에서 알아보고, 성숙한 성 의식과 성 문화를 가꾸어 갈 책임에 대해 생각해 보기 바란다. 제대로 된 성교육을 받아 보지 못한 데다가 어른들에게 성에 대한 고민을 말할 수도 없는 아이들. 저희끼리 은밀하게 알게 된 탓에 성에 대해 이중의 태도를 갖고, 그 때문에 부모나 어른들 성행위를 불편하게 받아들이는 우리 아이들을 생각하면서 말이다.

자다가 생긴 일

오늘은 아빠가 술을 먹고 늦게 오기 때문에 지금 없어서 엄마 아빠 침대에 자게 되었다. 자다가 오줌이 마려워 눈을 떴는데 엄마 아빠가 이렇게 하고 있었다. 엄마가 아빠 위에 올라가 옷을 다 벗고 있었다. 나는 이불 속에서 이렇게 중얼거렸다.

"아이 시, 오줌 마려워 죽겠는데 왜 하필이면 이럴 때 그러는데? 엄 마 아빠 왜 저런담?"

나는 이상하게 생각했다. 그런데 엄마는 아빠한테 이렇게 하는 소리 가 들렸다.

"아! 하지 마라, 아프다!"

아빠가 어떤 행동을 해서 엄마가 저렇게 말하는지 궁금했다. 나는 도저히 잠이 안 와 또 이런 생각을 하고 중얼거렸다.

"나, 언제 끝나지? 쉬 마려워 죽겠는데……."

그런데 엄마가 아빠한테 또 이렇게 말했다.

"아, 냄새! 좀 그만해라!"

나는 코를 벌컥 열어 냄새를 맡아 보니 아무 냄새도 나지 않았다. 냄 새나는 엄마의 코가 이상한지, 내 코가 이상한지 모르겠다.

그런데 아빠가 헉헉거리면서 엄마에게 계속 이상한 짓을 했다. 나는 나도 모르게 이불을 조금 열어 엄마 아빠가 하는 행동을 본 것이다. 엄 마 아빠가 어떤 행동을 하고 있었냐, 하면 아빠가 엄마 위에서 몸을 대 고 또 엄마의 보물 1호와 아빠의 보물 1호가 서로 마주쳐서 춤을 추고 있었다. 나는 놀래서 이불 속으로 다시 들어갔다. 나는 왠지 기분이 꿈 틀거리면서 이상했다. 나는 혼자 이렇게 생각했다.

"미쳤나? 왜 저래?"

나는 오줌이 나올려고 했는 것이 나오지 않고 이제는 마렵지도 않았다. 나는 눈을 감아 그 생각을 잊고 잘려고 했는데 잊혀지지가 않았다. 나는 그래서 엄마 아빠 반대쪽으로 고개를 확 돌렸다. 나는 엄마 아빠한테 그만하라고 확 말하고 싶었는데 말이 나오지가 않았다. 그런데 내가 그 생각을 안 하려고 했는데 점점 더 생각나고 있었다. 나는 내 자신이 왜 이런지 이상했다.

그런데 이어서 엄마 아빠가 엉덩이를 마주쳐서 덩실덩실 춤을 추었다. 나는 점점 더 이상한 생각만 들었다. 차라리 나를 내 동생이 있는 옆에 눕혀 주지. 나는 점점 더 짜증이 나고 생각이 점점 더 커지고 있었다. 나는 그래서 내 자신의 머리를 한 대 세게 때렸다.

그런데 아무리 내 이마를 세게 때려도 생각은 잊혀지지가 않았다. 나는 눈을 꼭 감고 코를 거렁거렁대며 자는 척을 했다. 내가 잠을 자서 그 생각을 잊고 싶어서 자는 척을 했다. 그런데 엄마가 내 코 고는 소리를 들었는지 나한테 이렇게 말했다.

"아이고 우리 ○○이 잘도 자네."

나는 코를 골며 이렇게 생각했다.

'자기는 뭐를 자, 엄마 아빠 때문에 잠을 못 자겠구만.'

나는 엄마 아빠가 미웠다. 그런데 내가 잠을 자도 꿈속에서 계속 그런 생각을 할 것이다. 그리고 내가 커서 죽어도 이 생각은 잊혀지지가 않을 것 같다. (4학년 여)

뜻밖의 장면을 고스란히 본 아이는 매우 혼란스러워한다. 비슷한 경우를 한 편 더 보자.

자다가 본 어머니 아버지

밤에 이상한 소리와 함께 나를 미는 듯한 느낌을 받았다. 그래도 아빠의 몸부림이려니 생각하고 또 잠을 잤다. 그런데 화장실이 가고 싶어 일어났을 때가 한 새벽 여섯 시 삼십 분인가 그 정도 되었을 것이다. 그날따라 잠이 잘 오지를 않았다. 어떤 이유인지는 몰라도 가슴이 답답한 게 숨이 막혔다. 공기가 아주 탁해졌다는 걸 대번 느낄 수 있었다. 하여튼 전번에는 그런 일이 없었는데 오늘은 좀 이상하다는 생각을 했다. 거기다 그날은 TV에서 아기가 수정되어 성장해 나가는 모습을 보았다. 그래서 뭔가 좀 이상한 점을 가슴속에 간직하고 있었다. 수정되어서 자라는 과정은 알겠는데 어떻게 정자를 놓을까 하는 고민이 있었다. 솔직히 한 번 보고 싶었다. 대충은 TV나 잡지로 인해 알고 있었기 때문이었다. 그런데 그날 볼 줄이야 누가 알았겠나? 지금 생각하면 속이 느글거린다. 그렇지만 호기심에 그땐 지켜 보게 되었다. 내가 미는 것을 느끼게 하는 원인은 바로 그것이었다. 그것이란 내가 눈을 떴을 때 본 광경이었다. 어머니와 아버지가 한 행동은 아이들이 보기에는, 영화로 말해서 '관람 불가'였다. 하지만 내가 그 방에서 잠을 잔 이상 볼 수밖에 없었다.

어머니와 아버지가 홀딱 벗고 요 위에서 무얼 하는 것이 보였다. 자는 척하면서 지켜봤더니 어두운 곳에서 어렴풋이 보이는데 어머니가 밑에 있고 아버지가 위에 올라가 있었다. 그때 생각나는 게,

'어이쿠! 이러다 동생 생기겠다. 저 늙은 엄마가? 어이구 싫어!'

하는 생각이 팍 스쳐 갔다. 근데 그렇다고 내가 일어나 말릴 수도 없고 미칠 지경이었다. 가슴은 콩닥콩닥 죽을 것 같았다. 그러나 나의 호기심은 눈을 세워 버렸다. 보고 있자니 아버지의 성기가 어머니의 그 밑

으로 들어가는 것처럼 보였다. 까만 밖은 왜 밝지를 않는지, 이런 모습을 보여 주는 하나님이 원망스럽기도 했다. 내일 당장 아버지 어머니 얼굴을 어떻게 맞대고 살지 걱정이 되기도 했다. 그때 나는 소리는 내 심장을 멈출 듯한 이상야릇한 소리였다. 이 소리는 허벅지와 허벅지가 부딪치는 소리였다. 그런데 처음엔 우리 집 안마기 소리인 줄만 알았다. 안마기 두드리는 소리가 이 소리와 너무 흡사했기 때문이었다. 나중에야 그 사실을 안 다음 놀랄 뿐이었다. 난 이런 짓은 젊은 부부, 그러니까 철없는 신혼 부부가 어떤 자기도 모르는 유혹에 빠져 하는 줄 알았다. 근데 우리 부모가 이런 짓을 한다니, 참 세상에 믿을 사람 하나 없다더니 우리 부모님이 그러다니 미칠 것 같았다. 그때 어머니의 목소리도 너무 생생히 기억난다. 목소리라기보다 신음 소리가 더 알맞은 말인지 모른다.

"으으…… 으음…… 으어…….″

이런 소리를 아주 작게 내었다. 그 소리는 정말 가장 잊을 수 없는 소리일지도 모른다. 옛날 어릴 적 기억은 잘 안 난다지만 이 소리는 날 끝없이 따라다닐 듯한 소리다. 그런데 그때 기억나는 것은 아버지가 참 이상하다는 생각이 들었다. 어떻게 말로 표현할 수는 없지만 일종의 배신감이라고나 할까? 그런 느낌을 받았다.

그날 이후 일주일이 지났을까? 또 부모님이 홀딱 벗고 그걸 하는 모습을 보았다. 그러나 이번에는 보지 않겠다 하고 잤다. 10분이나 눈을 감고 있었을까? 그 소리, 그 소리 때문에 도저히 잘 수가 없었다. 그래서 눈을 떴는데 아버지가 내 눈 뜨는 모습을 보셨는지 손으로 눈을 가렸다. 그러다 옷을 주섬주섬 입더니 이불을 눈에 덮고 손을 빼셨다. 지금 생각엔 아무래도 내가 꿈을 꾼 것처럼 하려고 하셨는지 두 분은 자는 척했다. 속으로,

'내가 뭐 모를 줄 아나. 참 나, 아들한테 이런 모습 보여 줘도 되나?'
하며 생각했다.

그것 때문에 난 다른 방으로 가서 혼자 자게 되었다. 근데 후유증인
지 자꾸 꿈에서 그런 일이 나왔다. 어머니나 아니면 다른 사람들이 홀
딱 벗고 그걸 하는 모습이 나타났다. 그때의 기억은 아직도 생생하다.
근데 난 그때 생각은 나도 커서 저런 징그러운 짓을 할까 두려웠다. 또
두려운 것은 아버지와 어머니의 그 모습을 또 보면 어쩌나 하는 것이
다. 지금도 그 걱정은 여전하다. 그리고 내가 그 모습을 닮아 나도 모르
게 그런 행동을 하고 싶어서 와락 저질러 버릴까 하는 두려움도 있다.

근데 지금 생각해 보면 부모님을 조금은 이해할 수 있는 면이 있다.
그러나 이해가 안 가는 점이 더 많다. 알고 싶지만 지금 알 수 없는 내
가 원망스러울 때가 많다. 지금 내 가슴속은 시원하다. 이것을 써서 후
련하기도 하고 다시 한 번 부모님을 이해해 보려는 마음을 가지게 되
었기 때문이다. 근데 그 이후 나 자신도 해 보고 싶은 마음을 가진 적이
많다. (5학년 남)

부모가 성행위하는 장면을 본 아이 글이다. 부모 방과 따로 떨어진 방도
있는데 왜 다 큰 아이를 바로 옆에 재우면서 그랬는지 이해가 안 간다. 아
이를 아무것도 모르는 어린애로만 여겼기 때문이 아닌가.

"참 나, 아들한테 이런 모습을 보여 줘도 되나?" 하는 생각에는 자기 존
재가 무시당했다는 뜻이 들어 있다. 또 어린애가 아니라는 것을 강조하고
있다. 하지만 아이는 다 이해할 것 같으면서도 호기심, 죄책감, 배신감, 성
충동 같은 이해하기 어려운 여러 가지 감정 때문에 매우 혼란스러워하고
있다. 꿈에도 나타난다니 충격이 컸던 모양이다. "그 이후 나 자신도 해

보고 싶은 마음을 가진 적이 많다"는 말을 보면 성 충동도 많이 일어난 것 같다.

부부 관계는 어른들 사생활이므로, 아이들 눈에 띄지 않도록 해야 한다. 자칫 잘못해서 아이들 눈에 띄었을 때는 충격을 받지 않게 풀어 주어야 하지 않을까? 어떻게 풀어 줄까 하는 것은 숙제로 남긴다.

목욕하는 엄마 아빠

엄마 방에 텔레비전을 보러 갔다. 근데 아빠만 계셨다. 조금 있다가 엄마가 들어오셔서,

"나는 좀 씻어야 되겠다."

하시면서 속옷을 챙겨 가셨다. 나는 계속 텔레비전만 보고 있었다. 엄마는 욕실 문을 닫고 계셨다. 나는 양말을 주워서 바구니에 넣었다. 물이 금방금방 찼다. 그래서 문을 닫고 목욕을 하는데 아빠가 문을 열어,

"등 밀어 주까?"

하셨다. 엄마는 가만히 계셨다. 아빠가 문을 열어 놓고 들어가셨다. 그래서 등을 조금 밀어 주더니 아빠까지 옷을 벗고 계셨다. 나는,

'어! 아빠까지 저렇게 목욕하실 건가?'

하고 벽에 붙었다. 아빠는 욕실에 들어가서,

"아이고 뜨뜻하이 조오타!"

하셨다. 문이 열려서 우리가 보고 있다는 것은 모르고 엄마 아빠는 계속 이야기를 하셨다. 아빠는 자꾸만 엄마만 바라보았다. 나는,

'아무리 부부지만 지킬 것은 지켜야 하는 것 아닌가……'

하면서 중얼거렸다. 아빠가,

"때 벗겨 주까?"

하셨다. 나는,

　'엄마, 아빠, 아이들 보는데 그러는 것은 삼가해 주셔야 하는 것 아
　니에요?'

하면서 당당하게 말하고 싶었지만 지금은 내가 엄마 아빠한테 이상한
감정을 느껴서 말하고 싶지가 않았다. 나는,

　'어른들은 다 이러면서 생활하고 이렇게 장난치는구나!'

했다. 또 나는 곰곰이 생각했다.

　'엄마는 우리 사랑하는 마음보다 아빠 사랑하는 마음이 더 많을까?
　맞아. 엄마는 아빠를 사랑하는 마음이 더 많으니까 저러실 거야. 아
　빠도 마찬가지야.'

　엄마는 비누칠을 한다고 일어서셨다. 아빠가,

　"궁디가 통통하이 이쁘네!"

하셨다. 엄마는 가만히 계셨다. 그러면서도 속으로는 웃으셨다. 나는,

　'쯧쯧쯧쯧쯧⋯⋯.'

했다. 아빠는 엄마보고,

　"왜 돌아서가 하노. 나 좀 봐라."

하셨다. 나는,

　'어휴! 인제 내가 방에 가 자야지 되겠다.'

하면서 방에 왔다. 나는 잠이 오지 않았다. (3학년 여)

　가정마다 성에 대한 관습과 문화도 다를 수밖에 없다. 아이들 앞에서 발
가벗는 것이 자연스러운 성교육이라고 여기는 부모도 있고 발가벗는 것
자체를 싫어하는 부모도 있다. 또 부모가 사랑해서 애정 표현 하는 모습을
아이들에게 자연스럽게 보여 주는 게 좋다고 생각하는 부모도 있고, 그런

행동을 꺼리는 부모도 있다.

이 글에서 아이 부모는 서로 몸을 친밀하게 느끼면서 거리낌 없이 애정 표현을 하고 있다. 부부라면 이렇게 사랑하면서 살아가야겠지. 그러나 아이들에게 보여 주어야 할 애정 표현 정도를 잘 생각해야 할 것 같다.

이 아이는 "엄마는 우리 사랑하는 마음보다 아빠 사랑하는 마음이 더 많을까?" 하고 생각한다. 부모가 서로 애정 표현이 각별하거나 지나치면 이렇게 아이가 질투할 수도 있다고 한다. 아이가 보는 앞에서는 아이가 이해할 수 있는 만큼만 애정 표현을 해야 한다는 생각이다.

차 안의 두 사람

7월달쯤에 마을 형이 댐에 놀러를 가자고 해서 따라갔는데 댐 둑 위에 차가 한 대 있었다. 낚시를 하러 온 사람인 줄 알고 댐 밑에 보니까 사람은 없었다. 그래서 차를 보니까 어떤 사람 둘이가 옷을 다 벗고 차 뒤에 누워서 뭐를 하고 있었다. 아저씨가 여자 위에서 엉덩이를 올렸다 내렸다 하였다. 여자는 "아아 아아 아아" 소리를 질렀다. 그래서 우리는 더 자세히 보았다. 보니까 아저씨가 ㅈㅈ를 여자 ㅂㅈ에다가 넣었다가 뺐다가 넣었다가 하면서 여자 유방을 막 만졌다. 여자는 입을 딱딱 벌리며 소리를 냈다. 그다음에는 밑으로 내려가더니 여자 ㅂㅈ를 혓바닥으로 핥는 것이었다. 여자는 "윽윽" 소리를 내었다. 조금 그러다가 이제는 여자가 아저씨 위로 올라가더니 아저씨의 ㅈㅈ를 입에 넣어서 맛있는 사탕을 빨듯이 막 빨아 먹었다. 그것을 보니까 이상하게도 내 ㅈㅈ가 점점 커져 가고 있었다. 나도 아저씨처럼 이쁜 여자를 데리고 와서 좋은 차 속에서 그렇게 해 보고 싶었다. 그러자 마을 형이 형의 ㅈㅈ를 만지면서 나에게,

"나는 언제 저렇게 이쁜 여자 데리고 와서 저렇게 해 보노."

하고 말했다. 형도 하고 싶은지 자꾸 ㅈㅈ를 만지는 것이었다. 나는 그
래서 형에게,

"형, ㅈㅈ 아프나?"

하고 물으니까 다시 안을 보면서 형 ㅈㅈ를 꺼내더니 형 ㅈㅈ와 차 안
에 있는 아저씨의 ㅈㅈ를 보면서 있는 것이었다. 형이 나에게,

"와아아! 니는 언제 ㅈㅈ 키아서 저 아저씨처럼 해 볼래? 아직 포경
수술도 안 했제? 포경 수술이나 해서 저런 거 해래이."

하면서 다시 ㅈㅈ를 꺼내서 보여 주는 것이었다. 형은 포경 수술을 해
서 ㅈㅈ가 많이 크고 자지 옆에는 검은 털이 붕실붕실하게 나 있는 것
이었다. 그리고 이제는 ㅈㅈ를 넣어 두고 웃옷을 걸어올리더니 배에
힘을 주니까 임금 '왕'자가 나오는 것이었다. 그래서 나도 옷을 올려서
보니 임금 '왕'자가 나오는 것이었다.

이제 차 안을 보니까 여자는 누워 있고 남자는 사 온 물을 마시고 있
는 것이었다. 그래서 그것을 형에게 말하니까 빨리 뛰어 내려가는 것
이었다. 그래서 나도 형을 따라 뛰어 내려갔다. 그리고 숨어 있으니까
아저씨가 차를 몰고 내려가는 것이었다. 그래서 우리도 집에 왔다. 자
꾸 그 생각을 하면서 왔다. (6학년 남)

낚시하러 온 어른이 차 안에서 성행위하는 장면을 아이들이 본 것이다.
아이 자신도 예쁜 여자를 데리고 차 안에서 그렇게 해 보고 싶다고 했다.
이런 자극을 받으면서 성 충동을 느끼는 아이들도 많을 것이라고 생각한
다. 성 산업의 발달로 성의 쾌락만을 좇는 어른들이 늘어나는 가운데, 마
을 쉼터까지 향락 문화가 들어와 있다. 그걸 접한 아이들이 여성 몸을 오락

이나 놀잇감으로 소비할 수 있는 것이라 여기는 현실이 안타깝다. 아이들이 이런 향락 문화에 되풀이해서 자극을 받으며 자라다가 자칫 충동을 자제하지 못하면 문제를 일으킬 수도 있다.

아무 데서나 지나친 애정 표현이나 성행위를 하는 어른들 때문에 아이들 마음이 다치지 않도록 조심해야겠다. 아이들 눈은 어디에나 있다는 사실을 잊지 말고 성 질서를 지켰으면 한다.

할아버지와 다방 여자

우리 집 옆 농협 건물 위는 다방이었다. 그때는 한여름이라 우리 마당에는 청마루가 있었는데 어느 날 동네 어떤 할아버지와 다방 아가씨 한 명이 우리 청마루에 앉아서 맥주 두 병과 안주를 먹으면서 할아버지가,

"오늘 열두 시에 거기서 보제이."

하니 그 아가씨가 할아버지 옆에 바싹 다가앉았다. 할아버지는 그 여자 엉덩이를 툭툭 쳤다.

"참, 참하다."

"에이 오빠도 참."

"살이 포동포동 쪘는 기……."

하며 엉덩이를 살살 비비듯 만지며 계속 술을 마셨다. 그때 엄마가 나와,

"어이구 망측해라. 아들(아이들) 보는데 뭐라는공 모르겠다. 영미야, 어떡(얼른) 방에 들어가라."

방에 들어가 있는데 밖에서 계속 큰 소리로 막 웃고 있는 것이다. 나는 살그머니 나가 보았다. 어떤 할아버지 두 명이 더 와서 막 웃으며 노

래를 부르는 것이다.

"오빠, 노래 한 곡 뽑아 봐."

하며 계속 옆에 앉아서 노래를 불렀다. 그때 또 다른 여자 한 명이 오더니 또 다른 할아버지 옆에 앉았다. 그 여자의 옷차림을 보니 위의 옷은 가슴은 보일 듯 말 듯한 옷에 밑에는 아주 짧은 미니 스커트를 입고 맨다리로 왔다. 어떤 할아버지가,

"이야아, 잘빠졌네!"

하며 보일 듯 말 듯한 웃옷을 보더니 눈이 동그래지면서 침을 꿀꺽 삼키셨다. 그리고는 주머니에 있는 지갑을 꺼내어 만 원짜리 몇 장을 꺼내,

"팁이다."

하며 웃옷 가슴 있는 데 그 돈을 넣으며,

"이야아, 통통그리하데이."

하셨다. 그 여자는,

"어머 어머 왜 이래."

하며 막 웃었다. 그 할아버지는,

"우리 할마이는 젖이 축 늘어났는지 만져도 그기 그긴데 오랜만에 젖다운 젖을 만져 본다."

하며 또 엉덩이를 툭툭 쳤다. 또 다른 할아버지가 다른 여자에게 맨손으로 가슴을 만지려고 하자,

"나는 팁 없어?"

했다. 그러니 할아버지가,

"그래 기분이다. 주머니가 두둑한데 뭐."

하며 시퍼런 만 원짜리 몇 장을 꺼내 아까와 같이 가슴을 만졌다. 쪼물락쪼물락 계속 집어넣었다가 뺐다가 하며 만졌다. 그 여자가,

"내 젖 떨어지겠네."

하자 손을 뺐다.

"와 이래 만지고 싶노."

하며 계속 보았다.

한 할아버지가 미니 스커트를 입은 여자 옆에 바싹 앉더니,

"헤헤헤 한(한번) 보자."

하며 손을 미니 스커트 속으로 집어넣었다 뺐다 하다가 또 손을 넣어 손을 폈다 오므렸다 하며 막 만졌다. 나는 마음속으로,

'저, 미쳤나.'

하고 있을 때 한 할머니가 오셔서는,

"일어나이소."

그래서 다른 할아버지도 다 갔다. 어떻게 그런 망측한 짓을 하는지 모르겠다. 나는 너무 심하다고 생각했다. (6학년 여)

동네 할아버지들이 돈으로 성을 사는 짓을 아이 앞에서 버젓이 하고 있다. 이렇게 아이들은 매매춘에서부터 음란물이나 광고와 일상에 이르기까지 여성의 성을 물건처럼 사고파는 사회에 둘러싸여 하루하루를 버티고 있다.

세상을 바로 보고 자기를 되돌아보는 힘을 키우면서 자라는 아이라면 모르겠지만, 보통 남자아이들은 알게 모르게 여자 성을 물건처럼 다루는 어른들의 빗나간 성생활을 보고 배운다. 그러면서 여자를 이중으로 대하는 태도를 가지게 된다. 자기 편리대로 정숙한 여자와 정숙하지 않은 여자로 갈라서, 좋아하는 여자에게는 순결을 바라고 그렇지 않은 여자들은 함부로 대한다.

이렇게 자라는 아이들이 자기와 남을 바로 보고, 온전하게 세상을 살아갈 수 있겠는가?

노래방에서 본 것

몇 주 전에 아빠 친구들과 함께 송년회를 마치고 ○○○○ 노래방에 갔다. 갑자기 나는 화장실에 가고 싶어서 화장실에 갔다가 1번 방이 우리 방일 줄 알고 들어갔다. 그런데 이게 웬일인가?

"엄마야!"

나는 너무 놀라서 문을 덜컥 닫았다.

한 아가씨가 팬티만 입고 소파에 누워 있는데 그 위에 어떤 아저씨가 올라타고 아가씨의 젖가슴에 뽀뽀를 하고 막 만지고 있었다. 나는 아저씨의 몸은 생전 처음 봤다. 몸에는 울룩불룩 근육이 있고 그 중요한 성기에는 여자처럼 털이 막 나 있었다. 정말 보기가 흉했다. 다시 생각해도 머리가 떵하고 속이 안 좋다. 내가 어쩌다가 그런 모습을 봤는지 모르겠다.

나는 도망치듯 엄마와 아빠가 있는 방을 찾아 들어갔다. 엄마가 날 보고,

"니 어디 아프나? 얼굴이 하얗다."

"아, 아니! 안 아프다."

나는 노래 부르는 것을 정말 좋아하는데 노래방에서 아까 봤던 그 아가씨와 어떤 아저씨의 그 생각밖에 떠오르지 않았다.

이 일은 아직까지 아무한테도 말하지 않은 이야기다. 이렇게라도 푸니까 속이 다 시원하다. 하지만 그때 일은 정말 잊혀지지 않는다. 약이라도 좀 먹고 잊고 싶다.

그래서 그런지 요즘 내 몸이 이상하다. 쇄골이 조금씩 들어가고 가슴이 조금 아프기 시작했다. 며칠 전부터는 몽우리가 튀어나올라 한다. 엄마는 내 답답한 마음을 몰라주고,

"미영아, 좀 많이 묵으라. 지금 안 묵으면 키 안 큰다. 얼릉 묵으라."

나는 억지로 먹는다.

또 엄마랑 샤워를 할 때 엄마의 젖가슴에 자꾸 눈이 간다. 머리에서는 안 그럴려고 하는데 내 눈은 계속 보게 된다. 누가 날 병원에 좀 데려가서 정신 치료 좀 해 줬으면 좋겠다. 아 그러면 누가 날 좀 말려 줬으면 좋겠다. (4학년 여)

아이가 노래방에서 어른들 성행위를 보고 충격을 많이 받은 모양이다. 혹시 부모가 이 상황을 알고 있다면, 왜 그런 행위를 하는지, 그것이 왜 옳지 않은지 이해할 수 있도록 친절하게 이야기 해 주어야 할 것이다.

어른들은 아이들 눈이 어디에고 따라다닌다는 것을 잊지 말고 이성 잃은 행동은 하지 않았으면 싶다. 그리고 어른들만의 공간에 아이를 데리고 가는 것에도 좀 더 신중해야 한다.

무서운 성폭행, 잊지 못해요

흔히들 폭행이나 범죄에 가까운 강간만을 성폭력이라고 생각한다. 그러나 상대 동의 없이 일방으로, 강압을 띤 분위기에서 또는 강제로 성과 관련된 행위를 하는 경우, 심신이 위태롭거나 항거할 수 없는 상태를 이용하여 간음이나 추행을 하는 행위를 다 성폭력이라고 한다.

실제로 성폭력이 잘 아는 사람에 의해 일어나기 때문에, 당하는 여성들조차 성폭력이라는 사실을 깨닫지 못하기도 하고 누구에게도 말할 수 없는 고통을 겪고 있는 게 현실이다. 그동안 성폭력 상담소와 여러 여성 단체, 사회 단체의 노력으로 제정된 성폭력 특별법이 1998년부터 시행되면서 성범죄를 사회적으로 인식시키는 데 중요한 몫을 하고 있다.

우리 나라 여자들은 어릴 때부터 대부분 크고 작은 성폭력을 경험하면서 자라고 있다. 버스 안이나 길거리에서 낯선 남자가 엉덩이나 가슴을 만진다든가, 가까운 이웃 아저씨나 친척 오빠가 은밀한 곳을 더듬거나 불쾌한 접촉을 해 온다든가, 심지어 아버지나 오빠가 딸이나 동생을 강간하는 일도 있다. 어린아이를 대상으로 한 성폭력이 흔하게 예사로 벌어지고 있는데도, 많은 사례가 드러나지 않은 채 묻혀 있다. 이것은 아이들 인권을 하찮게 여기는 현실과 함께, 여자 몸을 함부로 해도 되는 물건쯤으로 여기는 남성 중심 성차별 문화에 오랫동안 지배되어 온 탓이다.

성범죄 피해자의 나이가 갈수록 어려지고 있다는 연구 결과도 나왔다. 한국형사정책연구원이 내놓은 '청소년 대상 성범죄의 발생 추세와 동향 분석' 보고서를 보면, 2000년에서 2008년 사이에 형이 확정된 청소년 대상 성범죄에서 피해 청소년이 갈수록 어려지고 있다는 것이 뚜렷이 드러난다. 성범죄 피해자 가운데 16살 이상 청소년 비율은 47.3퍼센트(2000년)에서 37.5퍼센트(2008년)로 줄었지만, 15살 이하 청소년 비율은 52.7퍼센트에서 62.5퍼센트로 늘었다고 한다. 특히 7살에서 13살 피해자 비율은 22퍼센트밖에 안 되던 것이 40.7퍼센트로 갑절 가까이 급증했다고 한다. (《한겨레 신문》 2010년 9월 24일에 실린 내용을 요약함)

어린아이를 상대로 저지르는 성폭력이 갈수록 늘어나고 있지만, 여기에 여러 사례를 담지는 못했다. 실제로는 더한 성폭력 사례가 많을 것이라고 본다. 아이들이 아직 어려서 드러낼 힘이 없거나, 가해자 대부분이 가까운 사람이기 때문에 쉽게 드러내지 못하는 것 같다.

어른들의 이상한 짓

3학년 때인가 4학년 때인가 확실히는 모르겠고, 어느 한 아저씨가 이상한 짓을 했다.

나의 친한 친구인 미리와 함께 피아노 학원에서 다 치고 나와 놀이터에서 놀고 있는데 우리 동네에 매일 장사를 하러 오던 아저씨가 와 있었다. 미리가,

"정인아, 우리 구경 가자."

라고 하자,

"그래."

하고 반갑게 대답했다. 미리와 손을 잡고 뛰어갔다. 아저씨는,

"안녕? 정인이랑 미리네."

하고는 빙그레 웃었다.

옷 파는 것을 구경하다 보니 장사를 마무리지었다. 아저씨는,

"너희들 집까지 데려다 줄게, 타라."

하고 말했다. 미리는 좋아하며 올라탔는데 갑자기 어머니의 이런 말씀이 떠올랐다.

"잘 아는 아저씨는 괜찮지만 그렇게 잘 알지도 않는 사람은 함부로 따라가지 마라."

하신 말씀.

"정인아, 빨리 타라. 뭐 하노?"

라고 하는 미리는 좋은 표정이었다.

어쩔 수 없이 올라타고는 붕붕 신나게 달렸다. 그런데 이상하게도

집으로 가지 않고 다른 쪽으로 가는 것이었다.

　"아저씨, 집은 저쪽인데요."

하며 손으로 가리키니,

　"너희들, 차 타니 안 재밌나? 재미있으라고 공원 한 바퀴 돌아 줄려
　고 하는데……."

하고 말했다. 난 느낌이 이상하고 무서웠다.

　'혹시 깡패? 인신매매범? 아니야. 그럴 리 없어.'

　그러나 언제나 출랑대고 설쳐서 별명이 팔방미인인 미리는 좋아서
어쩔 줄 몰라 하는 표정이었다. 아직 차는 신나게 달리고 있었다.

　그런데 갑자기 섰다. 그곳은 차도 잘 다니지 않고 사람도 잘 다니지
않는 길이었다. 가슴이 철렁 내려앉는 듯한 충격을 받았다. 아저씨는,

　"좀 쉬다 가자."

하면서 나보고 먼저 내리라고 했다. 아니 나보고 말하기 전에 바지 속
으로 손을 넣어 비닐봉지를 넣는 것 같았다. 미리는 차 뒤 창문으로 보
고 깔깔 웃었다. 떨리는 목소리로,

　"미리야, 안 무섭나?"

하니,

　"왜?"

라고만 했다. 좀 답답했지만 미리가 옆에 있어 주는 것만으로도 다행
이었다.

　그 후 아저씨가 오더니 나보고 먼저 내리라고 했다. 겁이 났지만 어
쩔 수 없이 내렸다. 아저씨는 사방 둘러보고는 아무도 없자 내 손을 잡
아 아저씨의 바지 속으로 넣었다. 그런데 약간 따뜻하고 물렁한 것이
었다. 짐작이 되었다. 아저씨는,

　"이거 뭔지 아나?"

하고 물어도 어색해 아무 말도 하지 않았다. 또 차 문에 기대어 놓고……. 아, 무서워! 끔찍해! 아저씨의 ××와 나의 ××를 맞대는 것이었다. 그리고는 좀 있었다. 그 다음은 미리도 나와 똑같이 했다. 정말 지옥 같았다. 아저씨가 우리에게 500원인가? 700원인가? 돈을 주면서 아무에게도 말하지 말라고 했다. 다행히도 무사히 집으로 돌려보내 주었다. 미리가,

"정인아, 우리 이 돈으로 초콜릿 사 먹자."

하고는 나를 가게로 데려가 사 먹었다.

"미리야, 이 일 어떻게 할래? 엄마한테 말해야 되나 그냥 있어야 되나."

하고 묻자 미리는,

"말하면 걱정하실 테니 덮어 두자."

하고 말했다. 이렇게 하기로 하고 헤어졌다.

오늘은 아버지께서 숙직이고 엄마, 오빠, 나 셋이 집에 있었다. 엄마는 오빠와 밥을 드시며 나보고도 먹으라고 하셨다. 그런데 오후의 일 때문에 겁이 나서 견딜 수가 없었다. 나도 모르게 눈물이 흘러내렸다. 엄마는,

"정인아, 어디 아프나, 응? 왜 우니?"

"……."

계속 울자 엄마는,

"무슨 일 있나? 왜?"

하고 물으셨다. 정말 견딜 수가 없어 다 털어놓았다. 오빠는 다른 방으로 가고 말았다. 그러나 다 들었을 것이다. 아저씨가 우리를 데려간 데까지는 말씀드렸으나 더 이상 말할 수가 없었다. 엄마는 눈물을 흘리며 나를 꼭 끌어안으셨다.

"엄마, 미리한테 전화해서 오라고 해라. 더 이상 말 못 하겠다."

그러자 미리에게 전화를 걸었다. 미리 집은 우리 집과 아주 가까워 빨리 왔다. 미리 엄마도 함께 말이다. 그다음은 미리가 말했다. 미리 엄마와 엄마는 깜짝 놀라셨다.

그다음 날 엄마와 미리 엄마 두 분이 경찰서에 신고했는지 모르겠다. 경찰서 아저씨들이 수사해 본 결과 우리 말고도 이 일을 당한 아이들이 무척 많았다. 그러나 아무도 말을 하지 않고 있었던 것이다. 어느 한 집에서 경찰 아저씨와 당한 아이와 엄마들이 모여 경찰 아저씨께 말했다.

그 후 그 옷 장사 아저씨는 구속되었다. 그 아저씨 동생은 병원에서 앰뷸런스를 끌고 있었다. 그런데 그 동생이란 사람이 찾아와서 당한 아이의 엄마들을 찾아다니며 좀 꺼내 달라고 애원을 했다. 그러자 도장을 다 찍어 주고 우리 집만 남았다. 그러나 우리 엄마는 절대로 찍어 주지 않았다. 아저씨 동생은 10시, 11시 계속 찾아와 벨을 눌러 잠을 깨워서 정말 화가 났다. 매일 찾아와서, 외출을 하실 때에는 오빠가 차가 왔나 안 왔나 살펴본 후에 엄마가 나가셨다. 이런 일이 하루하루 계속되자 정말 지칠 대로 지쳐 끝내 도장을 찍어 주고 말았다.

그 후 그 아저씨와 가족들을 ○○에서 모두 내쫓았다.

이 일은 결코 잊지 못할 것이라 생각한다. 속은 시원하다. (4학년 여)

대체로 부모들은 성폭력 가해자가 모르는 사람이라고 생각한다. 그래서 이 아이 어머니도 "잘 아는 아저씨는 괜찮지만 그렇게 잘 알지도 않는 사람은 함부로 따라가지 마라" 하고 아이에게 가르친 것이다. 그러나 어린아이를 상대로 하는 성폭력 가해자는 잘 아는 동네 아저씨, 가겟집 아저씨,

경비, 배달원, 이웃집 오빠, 학교 교사, 학원 강사 들이라고 한다.

이들은 겉으로는 멀쩡하게 살아가면서 속 깊숙이에서는 무섭게도 신체 폭력과 성폭력에 탐닉하는 자들이다. 이런 사람은 평소 사내다움에 자신이 없거나 사람 사이 관계를 원만하게 풀지 못해서 어디에도 끼어들지 못하는 특성도 가지고 있다고 한다. 그래서 약하고 어린 여자아이를 성폭행하며 욕구를 채운다.

이 아이는 다행히 부모가 빨리 신고했기 때문에 그만큼 빨리 마음에 안정을 찾을 수 있었으리라고 본다.

어떤 오빠가

나는 3학년 때 두 번이나 무서운 일을 겪어 보았다. 한 가지는 내가 ㅎ에 있는 ㅂ 피아노 학원에 다닐 때였다. 버스에서 내려 학원으로 가는데 어떤 오빠가,

"ㅎ 초등학교가 어디니?"

라고 물어보았다. 나는,

"저기요."

라고 가르쳐 주었다. 그런데 이리 오라고 손짓을 했다. 그 오빠는 나를 아파트 뒤로 데리고 가서 성폭행을 했다. 나는 무서웠다. 그런 뒤 다행히도 오빠는 학원으로 보내 주었다. 그 당시 나는 세상에 나쁜 사람이 많다는 것을 알았지만 겪을 줄은 몰랐다. 비밀로 지켜 달라는 오빠의 말대로 나는 학원이나 아빠에게 그 이야기를 말씀드리지 않았다. 나의 가장 친한 'ㅇㅎ'밖에 그 이야기를 모른다. 다시는 겪고 싶지 않은 일이다.

또 하나는 ㅇㅎ와 놀다가 다투었다.

"나 간다."

라고 말을 하고 뛰쳐나왔다. 그런데 도로로 가는데 어떤 차가 나의 앞에 멈추었다. 그 차에는 아저씨 몇 분이 있었다. 나는 나쁜 사람이라고 짐작한 뒤 다시 ㅇㅎ 집으로 들어갔다. 숨을 몰아쉬면서,

"있잖아……."

ㅇㅎ에게 모든 이야기를 했다. 조금 놀다가 ㅇㅎ가 집까지 데려다 주었다. 정말 나는 그런 일을 잊고 싶다. 하지만 큰 충격이어서 그런지 그 이야기는 죽을 때까지 나를 괴롭히고 못 살게 할 것이다. 그러나 이일은 그냥 내 기억 속에 영원히 묻고 싶다. (4학년 여)

글로 봐서는 어느 정도 성폭행을 당했는지 또렷이 알 수 없다. 어떤 오빠라고 했는데 동네 아는 오빠인지 낯선 오빠인지도 잘 모르겠다. 아이가 아직도 충격에서 벗어나지 못하고 있고, 그 내용을 밝히지 못하는 걸로 봐서 아는 오빠한테 당했을 가능성도 크다.

성폭행을 당한 뒤 일어나는 심리 피해는 아주 크다. 피해 사실을 누구한테도 말할 수 없어서 더 괴로울 수밖에 없다. 가해자는 말하면 죽인다고 협박하거나, 서로 아는 사람일 경우에는 비밀로 해 주지 않으면 죽어 버린다거나 가출해 버리겠다고 하면서 애원하기도 한다. 피해를 당한 아이도 부모에게 야단맞을까 겁을 내고, 이웃 사람이나 학교 선생님하고 상담하고 싶어도 힐난을 받을까 두려워한다.

아이가 두려워서 말을 하지 못해도 부모가 잘 살피면 심리 피해를 알아볼 수 있다. 이런 아이에게 아이 잘못이라거나 아무 일 없는 듯 지내자거나 하는 부모가 있는데, 이럴 때 아이는 더 큰 상처를 입게 된다. 자기가 큰 잘못을 저질렀거나 더럽혀졌다고 생각하게 되면 그 후유증은 더 커진다.

아이를 믿고 사랑하는 마음으로 아이 말을 들어 주면서 "네 잘못이 아니다" 하는 말로 사실을 일깨워 주어야 한다. 그리고 괴로운 기억을 떨쳐 버릴 수 있도록 자꾸 들어 주어야 한다. 이 글을 쓴 아이같이 불안과 공포가 심하면 소아정신과 의사를 만나 상담을 받아서 심리 피해를 줄이는 것이 좋겠다.

찌찌

학원에 갔다가 깜깜한 차를 타기 위해 정류소에서 혼자 기다렸다. 7시 45분 차인데 7시 40분에 차가 들어왔다. 보통 때는 7시 30분에 들어왔다. 차에 타고 있으니 기만이 오빠가 차에 탔다. 내 뒤에 탔다. 버스는 썰렁했다. 환하던 버스가 출발하면서 불을 다 끄고 출발했다. 버스 안이 으스스했다. 기만이 오빠가 버스에 달린 작은 불을 켰다. 그러니 조금 밝았다. 그런데 기만이 오빠가 내 찌찌를 주물럭거리며 만졌다.

"오빠, 왜 카는데!"

작은 소리로 중얼거렸다. 기만이 오빠가 징그럽게 생각되고 싫었다. 내가 다시 불을 껐다. 기만이 오빠가 불을 또 켜며 만졌다.

"오빠야, 왜 카는데!"

나는 다시 버스 앞으로 왔다. 운전사 아저씨 옆에 앉아서 왔다.

나는 키가 커서 그런지 찌찌가 점점 커져서 부끄러웠다. 다른 친구들은 생기지 않는데 나는 벌써 튀어나오고 목욕탕도 가기 싫을 때가 많았다. 목욕탕에 가면 친구들을 만날까 봐 걱정이 되기도 했다. 그런데 연이는 일부러 손수건을 옷에 집어 넣어서,

"이쁘제?"

말하기도 했다. 하지만 목욕탕에 가거나 친구들을 보면 찌찌가 벌써

어른만 한 5학년, 4학년도 있었다. 지난 일요일날 목욕탕에 갔을 때는 키도 좀 작고 3학년, 4학년 정도 되어 보이는 빼빼 마른 아이가 찌찌가 아주 컸다. 우리 어머니께서도 보고,

"자는 찌찌 억수로 크네. 봐라, 찌찌 크니까 얼마나 이쁘노."

하고 말했다. 작은 아이가 찌찌가 커서 한참 그 아이만 쳐다보았다. 우리 반 예순이도 찌찌가 큰데 나도 예순이처럼 크면 불편하겠다는 생각이 들었다. 찌찌가 생길 때는 찌찌가 점점 아프면서 튀어나왔다. 그게 참 궁금하다. (5학년 여)

가슴이나 성기 부분을 만지는 성추행도 성폭력에 들어간다. 이렇게 가까이 알고 지내는 사람들에게 이런 짓을 당하는 일이 많다. 불쾌하다는 표현을 해도 아무렇지 않게 가슴을 만진다. 여성의 기분은 생각해 보지도 않고 자기 멋대로 하는 이런 행동은 성차별 문화에서 나온다. 여성을 차별하는 태도가 그대로 성추행으로 이어지고 있는 것이다.

이 글을 쓴 아이가 가슴을 만진 사람을 비판하지 않고 오히려 자기 가슴이 커지고 있는 것을 걱정하는 것을 보면, 성추행이 무엇인지 모르는 것 같다. 이 또래 여자아이들은 성 의식이 덜 자라서, 성추행 당한 것을 자기 몸이 변화한 탓으로 돌리기도 한다.

앞으로 어른이 되어서도 되풀이될 수 있는 성폭력에 대처할 수 있게 하려면, 불쾌하고 징그러운 느낌이 바로 성폭력 때문이라는 사실을 일깨워 주어야 한다. 불쾌하고 싫을 때는 "싫다" "하지 말라"고 분명하게 말해야 한다고 가르쳐 주어야 한다. 자기 몸의 주인은 자기이므로 스스로 건강한 성 문화를 가꾸어 갈 수 있는 힘과 책임감을 가지도록 도와주는 일도 잊지 않아야 한다.

기분 나쁜 호기심

초등학교 5학년 때 난 우리 반 부반장이었고 소위 '인기 있는 아이'
에 속했다. 그중에 날 유별나게 좋아했던 아이가 있었는데 그 아인 날
좋아한다고 떠들고 다녀서 모르는 사람이 없었다. 그러면서 나도 그
아이에게 관심이 갔다. 그해 가을에 수학여행을 갔다. 자는 방이 넓은
편이어서 한 방에 열 명 이상 잤는데 그 애가 있는 방만 유달리 작아서
세 명이 쓰고 있었다. 그날 밤에 그 애와 방을 같이 쓰는 다른 두 명의
남자애들이 나에게 할 말이 있다고 했다. 그 방 앞으로 갔을 때 그 애들
이 날 방으로 밀어 넣고 문을 닫았다. 그 방엔 날 좋아하던 그 아이밖에
없었다. 난 나와 그 애를 놀리려고 그러는 줄 알고 나가려고 했는데 밖
에서 그 애들이 문을 세게 밀고 있어서 나갈 수가 없었다. 그때 방 안에
있던 그 애가 이리 오라고 불렀다. 그리고 날 당기더니 끌어안았다. 난
너무 놀랐지만 그때까진 차라리 괜찮았다. 그런데 그 애가 내 가슴을
만지기 시작했다. 기분 나쁜 것도 그렇지만 막 오르기 시작해서 손만
대도 너무 아파서 소리를 질렀다. 그리고 울었다. 내 소리에 밖에 있던
그 아이들이 들어왔고 난 밖으로 뛰어나갔다. 그다음부턴 잘 기억나지
않지만 그날 이후 난 졸업할 때까지 그 애와 말 한마디 안 하고 쳐다보
지도 않았다. 다른 애들이 왜 그러느냐고 그러면 그냥 싸웠다고 하며
넘겼다. 그때 그 앤 왜 그랬을까? 아무리 호기심이 많은 때이지만 지
금 생각해도 기분이 나쁘다. 그 애 아직도 그 일을 기억하고 있을까?

_《우리가 성에 관해 너무나 몰랐던 일들─어린이 및 청소년 성폭력을 중심으로》(김성애·전명희 씀, 또하
나의문화, 2000)에서

어느 여고생이 초등학생 때 성추행 당한 경험을 쓴 글이다. 여자아이들은 가까운 이웃 사람만이 아니라 이렇게 한 반 아이에게도 성추행을 당한다. 남자아이들이 좋아하는 여자아이를 자기 마음대로 해도 된다고 생각하는 것은 남자 어른들에게 이미 보고 배운 것이다.

"좋아하는 이성에 대한 호기심에 장난기까지 겹쳐서 그럴 수도 있는 거 아닌가" "남자아이들은 다 그러면서 자라는 거야" 하고 예사로 넘기는 동안, 여자아이들은 이런 불쾌한 경험을 되풀이해서 당하게 된다.

남자아이를 둔 부모들은 장난기 어린 행동과 이렇게 남성 중심으로 생각하고 행동하는 폭력적인 짓을 구분해서 가르쳐 주어야 한다. 아주 어릴 때부터 여자아이들의 성을 존중하도록 가르치는 것이 성폭력을 예방하는 길이다.

여자의 그것

내가 아홉 살쯤에 있었던 일이다. 용민이 형과 나, 병우, 진구가 공놀이를 하고 있는데 애영이가 걸어가고 있었다. 용민이 형이 애영이에게 가서 병우 할머니 집에 가서 놀자고 하였다. 나도 병우도 다 같이 용민이 형을 따라갔다. 병우 할머니 집에 갔을 때는 할머니도 없었다. 원래는 마루에서 주로 노는데 오늘은 돌아가신 할아버지 방에서 놀자고 했다. 용민이 형이 씩 웃기도 해서 어떤 재미있는 놀이를 하는 줄 알고 우리도 따라갔다. 그때는 철이 없어서 분위기도 알지 못하고 단지 으스스하였다.

갑자기 용민이 형이,

"애영아, 옷 벗어 봐라."

하였다. 그때 애영이는 일곱 살이라 아무것도 모르고 시키는 대로 옷을 벗었다. 웃통은 벗기지 않았다. 용민이 형은 6학년이라 성에 대해서 알고 있었다. 왜 웃통을 벗지 않아도 되는가 하면 애영이의 가슴이 나오지 않아서 그렇다.

　내 친구들은 옷을 벗었다고 막 웃는데 용민이 형은 진지한 표정으로 뭐라고 해야 할까? 주로 쓰는 말로 여자의 ㅂㅈ만 바라보고 있었다. 다시 용민이 형 표정이 커졌다. 그 후 주위가 더 깜깜해지는 것 같았다. 애영이는 몸만 비틀면서 부끄러워만 하였다. 용민이 형은 애영이의 ㅂㅈ를 막 만졌다. 그리고는 우리에게,

　"니도 만져 봐라."

하였다. 호기심이 있었지만 왠지 이상하였다. 호기심 많은 병우와 진구가 막 만졌다. 애영이는 팬티를 올리려고 하였다. 망초 형은 밖에서 망을 보았다. 나도 만지려고 하는데 비디오에서 혀를 맞대고 키스하는 장면만 보아도 꺼 버리는 누나 생각이 나서 만지지 않았다. 형이 이상하게만 보였다.

　망초 형이,

　"할매 온다, 할매."

하고 말하자 애영이는 얼른 옷을 입었다. 그런데 그 할머니는 오지도 않고 다른 곳으로 갔다. 망초 형이 씨익 웃자 용민이 형이 망초 형을 막 때렸다.

　"여기는 안 좋다. 다른 데 가자."

하고 용민이 형이 말하자 내하고 병우, 진구가,

　"히야(형), 그냥 집에 가자."

하고 말하자,

　"참 나, 시발놈 한(한번) 보자이. 다음부터는 노나 봐라."

하고 말했다. 안 논다는 말에 할 수 없이 따라갔다.

시멘트로 만든 커다란 파이프로 갔다. 어른들이 볼까 봐 중간으로 갔다. 길이 아주 길었다. 다시 옷을 벗어라 하였다. 옷을 벗었다. 용민이 형이 이제 나무 작대기 짧은 것 두 개만 구해 오라고 하였다. 밖으로 나가니 눈이 부셨다. 나무 작대기를 가지고 파이프 안으로 들어갔다. 용민이 형이 작대기를 가지고 ㅂㅈ를 벌려서 안을 살피고는 진구보고 옷을 벗어라 하였다. 진구는 나보다 더 철이 없어서 벗었다. 용민이 형이 낑가(끼워) 봐라고 하였다. 진구는 자기의 고추를 애영이의 ㅂㅈ에 갖다 대었다. 용민이 형이,

"어 붙었다."

하였다. 그때 마을 스피커에서 갑자기 청소를 한다기에 집으로 왔다.

지금 생각해 보면 자세히는 모르겠지만 용민이 형은 좋겠다고 생각할 때도 있고 나는 그런 짓은 나쁜 거라고 생각할 때도 있다. 어떨 때는 아쉽다고 생각할 때도 있었다. 그리고 진구는 어떤 느낌이 들었는지 궁금해진다. (6학년 남)

이렇게 힘 앞에서 자기를 방어할 수 없는 어린 여자아이를 상대로 성에 대한 호기심을 풀려고 하는 남자아이들이 늘어나고 있다고 한다. 이런 짓은 단순한 호기심에서 나오는 것이 아니다. 이런 짓을 하는 아이들이나, 나쁜 짓인 줄 알면서도 못 한 것을 아쉬워하는 아이나, 어쩌면 그렇게 여자 성기를 남자 성욕을 푸는 데 쓰는 물건쯤으로 여기는 남자 어른들을 닮았는지 안타깝다.

여자아이는 아직 어려서 모르는 것 같아도 본능으로 부끄러움을 느끼고 있다. 그리고 나무 작대기로 여자아이 성기 안을 살폈다고 하는데, 잘못하면 성기에 상처를 입힐 수도 있다. 뿐만 아니라 여자아이 자아와 성 의식이

자라기 시작할 쯤이면, '그때 왜 저항하지 못했을까' 하는 자책으로 마음의 상처가 커질지 모른다.

이런 현실이니만큼 부모들은 아주 어린 여자아이를 성폭력에서 지켜 주는 교육도 해야 한다. 옷 속에 있는 몸은 소중한 것이니까 남이 만지게 해서도 안 되고 남 앞에서 함부로 옷을 벗어도 안 된다고 일러 주고, 인형으로 실제 모습을 보여 주면서 성폭행이 무엇인지 가르쳐 주는 것이 좋다고 한다. 남자아이에게도 여자의 자궁이 아기를 키우는 곳이기 때문에 여자 몸을 소중히 하는 것이 곧 생명을 존중하는 것이라고 일깨워 주어야 한다.

아버지가 무서워요

성폭력을 당하는 아이들이 늘고 있는 가운데 두드러진 상담 사례는 근친 성폭력이라고 한다. 한국성폭력상담소가 2001년에 발표한 〈2000년도 상담 현황 분석〉이라는 자료에 따르면, 성폭행 피해자를 보호하고 생활할 수 있게 마련한 '열림터'를 찾아오는 유형을 살핀 결과, 친아버지, 의붓아버지 또는 친족에게 피해를 입은 사례가 78퍼센트나 된다. 이들 피해자 대부분이 유아기나 아동기 때부터 피해를 당하다가 사춘기가 되어 주위에 알려지면서 찾아오는 경우라고 한다. 흔히 어른들은 십대 남자아이들이 여자를 성폭행하는 충동 범죄를 문제 삼아 청소년 문제로만 보려 하지만, 실제로는 많은 성폭행이 이렇게 집 안에서 어른들에 의해 저질러진다. 큰 문제다.

다음 글 두 편은 《우리가 성에 관해 너무나 몰랐던 일들—어린이 및 청소년 성폭력을 중심으로》라는 책에 나온 것으로, 고등학생 여자아이들이 쓴 것이다.

아빠가 싫다

내가 어릴 때부터 우리 아빠는 성에 관해 좀 밝히는 면이 있었다. 나와 같이 야한 영화를 보는 것을 좋아하셨다. 하지만 그런 행위를 나에게는 안 하셨으면 한다. 나의 가슴을 만지고…… 하다못해 중요한 곳까지도. 나는 하지 말라고 아빠께 말씀드리지만 왜 자꾸만 그러시는지 모르겠다. 내가 딸이라서 그러신다고 말씀하실 때마다 나는 화가 난다. 딸이지만 그 정도가 너무 심하신 것은 아닐까? 아빠가 어딘가를 만진 다음에는 그 흔적이나 느낌이 계속 지워지지 않아 정말 기분이 더럽다고 해야 할까? 요즘에는 내가 커 감에 따라 많이 변하기는 했지만 아직도 나는 주말 휴일에 아빠 옆에 앉기가 무섭다. 아빠와는 특별한 갈등은 없다. 하지만 난 그런 면의 아빠가 너무 싫다. 아빠의 학식이나 지금까지 하시는 일은 존경스럽지만 또 다른 그런 면이……. 내가 자꾸 하지 말라고 그러거나 피하면 나를 반항한다고 생각한다. 그렇다고 큰소리를 칠 수도 없다. 부모님께 나는 어떻게 해야 할까?

엄마가 없으면 정말 무섭다

나는 어렸을 때부터 항상 아빠랑 같이 목욕을 했다. 혼자 하면 깨끗이 씻기도 힘들고 심심할 텐데 아빠랑 같이 하니까 너무 재미있었다. 그런데 중학교에 들어가서 여러 차례 성교육을 받으면서 성에 대한 눈이 조금씩 떴다. 그러면서 아무렇지도 않게 생각되었던 아빠와 함께하는 목욕이 너무나 더럽고 혐오스럽기까지 했다. 그래서 난 아빠한테 이제부턴 혼자 하겠다고 했더니 왜 그러냐면서 좋은 말로 타이르기 시작했다. 내가 끝까지 거부하자 막 때리더니 억지로 욕실로 끌고 가서 옷을 벗기더니 목욕을 시키는 것이다. 그 후로 여러 차례 거부를 했다. 그럴수록 몸에는 상처만 늘어 갔다. 엄마가 외출하면 늘 당했기 때문에 엄마가 없으면 정말 무서웠다. 이렇게 사느니 차라리 죽고 싶었다.

흔히들 근친 성폭력을 정신이 이상한 아버지나 오빠, 의붓아버지한테 당하는 특별한 경우라고 생각한다. 그러나 이렇게 평범한 가정 안에서 벌어지는 사례가 꽤 많고 다양하다. 열림터에 접수된 근친 성폭력 가운데 친아버지에 의한 것이 가장 많다는 보고도 있다. 그 가운데 정신에 이상이 있는 사람은 한 사람도 없었다고 한다.

여기 두 아이 글은 아버지가 아이를 소유물로 다루면서 성추행이나 신체 폭력을 동반한 성폭력을 일삼고 있는 사례이지만, 어머니가 없는 가정에서 일어나는 성폭행 가운데 아예 아버지가 딸을 강간하고 집안 살림을 맡기는 경우도 있다. 마치 부인에게 하듯이 말이다. 이렇게 아버지와 딸의 경계선을 넘어서는 아버지들 대부분이 집 바깥에서는 아무 문제 없이 멀쩡하게 살고 있는 사람들이라고 한다.

이것은 우리 사회 가부장제가 남자들에게 준 힘과 권력이 성폭력의 원인이 되고 있다는 뜻이다. 가정 안에서 벌어지는 성폭력은 성 억압과 성차별 문화와 함께 부모의 아이 학대 문제가 겹쳐 있어서 아직 제대로 드러나고 있지 않을 뿐이지, 이런 사례가 많이 묻혀 있을 것이라고 생각한다.

한국성폭력상담소 자료에 따르면, 친족 성폭력은 피해자와 가해자가 한 공간에 살거나 일상으로 마주치기 때문에 피해가 한두 번으로 그치지 않고 지속된다는 점이 특징이다. 또 가해자가 자기 욕구를 충족시키기 위해 물리적인 힘이나 권력 또는 나이나 가족 안의 지위가 주는 권위를 이용한다. 어린 시절부터 시작해서 청소년, 성인이 되어서도 이어지는 데다, 가장 믿었던 사람에게 피해를 입기 때문에 신체, 심리, 사회적으로 더 심각한 후유증과 어려움을 겪게 된다.

우리 사회의 성차별 문화를 바꾸어 건전한 성 문화와 성 의식을 회복하고 사회 복지 차원에서도 지원해 줄 수 있는 체계를 마련해야 한다. 그것이 아이들 목숨을 살리고 인권을 존중하는 길이다. 그리고 성폭행 피해를 당한 아이들이 그것을 비밀로 하면서 고통을 몇 배로 겪지 않도록 성교육의 장을 마련하는 일도 함께 이루어져야 한다. 피해를 당한 아이들이 말이나 글로 자기 경험과 감정을 드러내는 일도 성 피해를 줄이고 상처를 치유하는 길이 된다.

아이가 성폭력 경험을 이해하고 충격과 혼란에서 벗어나 자기를 바로 세울 수 있도록, 그 과정에서 성에 대한 주체성을 찾아가도록 손잡아 주어야 할 책임이 우리 어른들에게 있다. 자기를 순결 관념의 희생양으로 삼지 않고, 훼손된 자기 성과 삶을 희망으로 바꾸어 가는 용기 있는 사람으로 자라도록 해 주어야 한다.

도움받을 수 있는 곳

한국 아동 학대 예방 협회
서울시 중구 신당 6동 292-61
전화 02-2231-4737

보건복지부 아동 학대 신고 센터
1577-1391

한국 성폭력 상담소
서울시 마포구 합정동 366-24 2층
전화 02-338-5801~2 누리집 www.sisters.or.kr

한국 여성의 전화 부설 성폭력 상담소
서울시 은평구 녹번동 1-15번지 1층
전화 02-2263-6465 누리집 www.hotline.or.kr

성폭력 신고 전화
국번 없이 1366

한국 여성민우회 부설 성폭력 상담소
서울시 마포구 성산동 249-10번지 시민공간 나루 3층
전화 02-739-8858 누리집 fc.womenlink.or.kr

청소년을 위한 내일 여성 센터(탁틴내일)
서울 서대문구 창천동 114-9번지
전화 02-338-7480 누리집 www.ausung.net

위 단체들은 전국 곳곳에 지부나 사무실이 있습니다.
그 밖에 YMCA, YWCA, 가정 법률 상담소, 대한 가족 계획 협회, 시립 아동 상담소,
여러 복지 기관, 여성 단체 들에서도 도움을 받을 수 있습니다.

살아 있는 교육 14

엄마 아빠, 나 정말 상처받았어!

2001년 7월 10일 초판 1쇄 펴냄
2011년 3월 15일 고침판 1쇄 펴냄
2017년 9월 28일 고침판 5쇄 펴냄

글쓴이 이호철

편집 김성재, 김소영, 김용란, 양선화, 이경희 | **디자인** 큐리어스 권석연, 정지은 | **제작** 심준엽
영업 안명선, 양병희, 이옥한, 정영지, 조병범, 조서연, 최민용
경영 지원 임혜정, 전범준, 한선희
인쇄와 제본 (주)상지사P&B

펴낸이 윤구병 | **펴낸곳** (주)도서출판 보리 | **출판 등록** 1991년 8월 6일 제 9-279호
주소 (10881)경기도 파주시 직지길 492
전화 (031)955-3535 | **전송** (031)950-9501
누리집 www.boribook.com | **전자우편** bori@boribook.com

ⓒ 이호철, 2011

보리는 나무 한 그루를 베어 낼 가치가 있는지 생각하며 책을 만듭니다.

값 15,000원   ISBN 978-89-8428-655-9 03370

이 책의 국립중앙도서관 출판시 도서목록(CIP)은 e-CIP 홈페이지(http://www.nl.go.kr/ecip)에서 볼 수 있습니다.
(CIP 제어번호: CIP2011000639)